中信改革发展研究基金会
中国道路丛书 · 智库

大变局

从“中国之制”到“中国之治”

强世功　张佳俊◎主编

THE GREAT
CHANGE

中信出版集团 | 北京

图书在版编目（CIP）数据

大变局：从“中国之制”到“中国之治”/ 强世功，张佳俊主编 . -- 北京：中信出版社，2022.9
（中国道路丛书）
ISBN 978-7-5217-4609-9

Ⅰ . ①大… Ⅱ . ①强… ②张… Ⅲ . ①发展战略－研究－中国 Ⅳ . ① D60

中国版本图书馆 CIP 数据核字（2022）第 137863 号

大变局——从“中国之制”到“中国之治”

主编：　强世功　张佳俊
出版发行：中信出版集团股份有限公司
（北京市朝阳区惠新东街甲 4 号富盛大厦 2 座　邮编　100029）
承印者：　宝蕾元仁浩（天津）印刷有限公司

开本：787mm×1092mm 1/16　　印张：20.25　　字数：265 千字
版次：2022 年 9 月第 1 版　　印次：2022 年 9 月第 1 次印刷
书号：ISBN 978-7-5217-4609-9
定价：73.00 元

服务热线：400-600-8099
投稿邮箱：author@citicpub.com

“中国道路丛书”学术委员会

编　委　会

本书编委会

主　编：强世功　张佳俊

副主编：常　伟　史　庆　周元松

编　委（按姓氏笔画排序）：

王世杰　王立波　王世蓉　王玉锦　王加骥
王依琪　毛俊畯　尹子尤　皮罗茜　毕歆悦
吕绚黎　朵　悦　刘环宇　刘嘉澍　江　珊
孙文帅　李　月　李　萌　李子逸　李羽睿
李振宇　杨　冉　何　康　辛秋蓉　汪家雨
林　玲　林子韬　杭佳佳　赵高雅　赵麟鑫
胡海娜　胡雅雯　姚无铭　袁伊劲　贾　冉
徐梦瑶　翁雯雯　栾书剑　郭　煜　郭雅颂
涂仕涛　葛　迎　董　宸　董立扬　蔺绍春
熊　涛　籍　婷

“中国道路丛书”总序言

中华人民共和国成立六十多年以来，中国一直在探索自己的发展道路，特别是在改革开放三十多年的实践中，努力寻求既发挥市场活力，又充分发挥社会主义优势的发展道路。

改革开放推动了中国的崛起。怎样将中国的发展经验进行系统梳理，构建中国特色的社会主义发展理论体系，让世界理解中国的发展模式？怎样正确总结改革与转型中的经验和教训？怎样正确判断和应对当代世界的诸多问题和未来的挑战，实现中华民族的伟大复兴？这都是对中国理论界的重大挑战。

为此，我们关注并支持有关中国发展道路的学术中一些有价值的前瞻性研究，并邀集各领域的专家学者，深入研究中国发展与改革中的重大问题。我们将组织编辑和出版反映与中国道路研究有关的成果，用中国理论阐释中国实践的系列丛书。

“中国道路丛书”的定位是：致力于推动中国特色社会主义道路、制度、模式的研究和理论创新，以此凝聚社会共识，弘扬社会主义核心价值观，促进立足中国实践、通达历史与现实、具有全球视野的中国学派的形成；鼓励和支持跨学科的研究和交流，加大对中国学者原创性理论的推动和传播。

“中国道路丛书”的宗旨是：坚持实事求是，践行中国道路，发展中国学派。

始终如一地坚持实事求是的认识论和方法论。总结中国经验、探讨中国模式，应注重从中国现实而不是从教条出发。正确认识中国的国情，正确认识中国的发展方向，都离不开实事求是的认识论和方法论。一切从实际出发，以实践作为检验真理的标准，通过实践推动认识的发展，这是中国共产党的世纪奋斗历程中反复证明了的正确认识路线。违背它就会受挫失败，遵循它就能攻坚克难。

毛泽东、邓小平是中国道路的探索者和中国学派的开创者，他们的理论创新始终立足于中国的实际，同时因应世界的变化。理论是行动的指南，他们从来不生搬硬套经典理论，而是在中国建设和改革的实践中丰富和发展社会主义理论。我们要继承和发扬这种精神，摒弃无所作为的思想，拒绝照抄照搬的教条主义，只有实践才是真知的源头。“中国道路丛书”将更加注重理论的实践性品格，体现理论与实际紧密结合的鲜明特点。

坚定不移地践行中国道路，也就是在中国共产党领导下的中国特色社会主义道路。我们在经济高速增长的同时，也遇到了来自各方面的理论挑战，例如将改革开放前后两个历史时期彼此割裂和截然对立的评价，再如极力推行西方所谓“普世价值”和新自由主义经济理论等错误思潮。道路问题是大是大非问题，我们的改革目标和道路是高度一致的，因而，要始终坚持正确的改革方向。历史和现实都告诉我们，只有社会主义才能救中国，只有社会主义才能发展中国。在百年兴衰、大国博弈的历史背景下，中国从积贫积弱的状态中奋然崛起，成为世界上举足轻重的大国，成就斐然，道路独特。既不走封闭僵化的老路，也不走改旗易帜的邪路，一定要走中国特色的社会主义正路，这是我们唯一正确的选择。

推动社会科学各领域中国学派的建立，应该成为致力于中国道路探讨的有识之士的宏大追求。正确认识历史，正确认识现实，积极促进中国学者原创性理论的研究，那些对西方理论和价值观原教旨式的顶礼膜拜的学风，应当受到鄙夷。古今中外的所有优秀文明成果，我们都应该兼收并蓄，但绝不可泥古不化、泥洋不化，而要在中国道路的实践中融会贯通。以实践创新推动理论创新，以理论创新引导实践创新，从内容到形式，从理论架构到话语体系，一以贯之地奉行这种学术新风。我们相信，通过艰苦探索、努力创新得来的丰硕成果，将会在世界话语体系的竞争中造就立足本土的中国学派。

“中国道路丛书”具有跨学科及综合性强的特点，内容覆盖面较宽，开放性、系统性、包容性较强。其分为学术、智库、纪实专访、实务、译丛等类型，每种类型又涵盖不同类别，例如在学术类中就涵盖文学、历史学、哲学、经济学、政治学、社会学、法学、战略学、传播学等领域。

这是一项需要进行长期努力的理论基础建设工作，这又是一项极其艰巨的系统工程。基础理论建设严重滞后，学术界理论创新观念不足等现状是制约因素之一。然而，当下中国的舆论场，存在思想乱象、理论乱象、舆论乱象，流行着种种不利于社会主义现代化事业和安定团结的错误思潮，迫切需要正面发声。

经过六十多年的社会主义道路奠基和三十多年的改革开放，我们积累了丰富的实践经验，迫切需要形成中国本土的理论创新和中国话语体系创新，这是树立道路自信、理论自信、制度自信、文化自信，在国际上争取话语权所必须面对的挑战。我们将与了解中国国情，认同中国改革开放发展道路，有担当精神的中国学派，共同推动这项富有战略意义的出版工程。

中信集团在中国改革开放和现代化建设中曾经发挥了独特的作用，它不仅勇于承担大型国有企业经济责任和社会责任，同时也勇于承担政治责任。它不仅是改革开放的先行者，同时也是中国道路的践行者。中信将以历史担当的使命感，来持续推动中国道路出版工程。

2014 年 8 月，中信集团成立了中信改革发展研究基金会，构建平台，凝聚力量，致力于推动中国改革发展问题的研究，并携手中信出版社共同进行“中国道路丛书”的顶层设计。

“中国道路丛书”的学术委员会和编辑委员会，由多学科多领域的专家组成。我们将进行长期的、系统性的工作，努力使“中国道路丛书”成为中国理论创新的孵化器，中国学派的探讨与交流平台，研究问题、建言献策的智库，传播思想、凝聚人心的讲坛。

孔丹

2015年10月25日

目　录

导 言

就在人类文明历经3次工业革命洗礼，刚刚完成向现代化转型的历史性时刻，一个高速流变、充满风险的21世纪又将人类历史推向一场全新的、旷日持久的大变革时代。

21世纪之初的恐怖主义威胁、2008年的全球金融危机以及当前肆虐的新冠肺炎疫情三重危机叠加，可以看作大变革时代的序曲，预示着高风险时代的到来。这些危机对于承平日久的当代人而言，多少有些猝不及防。创造了5000多年灿烂文明的中华民族，近代以后，遭遇了文明难以延续的千年未有之大变局，西方列强入侵和封建统治腐败，使国家蒙难、人民蒙难、文明蒙尘，中华民族遭受前所未有的劫难。在民族危亡之际，中国人进行了可歌可泣的奋起反抗，但未能改变中国沦入半殖民地半封建社会的境地。中国迫切需要新的思想引领救亡运动，迫切需要新的组织凝聚革命力量，直至马克思主义在中国传播，中国共产党应运而生，改变了中国的命运。当今世界正经历百年未有之大变局。如今，东西方文明冲突、全球化与逆全球化潮流，以及在新世纪国际秩序和地域政治经济变化，引发了全球对既有现代化道路和现代性系统的反思，全球政治经济秩序在持续动荡中开启了新一轮重组调整。特别在过去10多年间，地缘政治、全球治理、社会运动等方面的变化，在全球政治社会领域产生巨大回响。英国“脱欧”、美国“退群”、右翼保守力量等不断涌现，民粹主义和民族主义思潮泛起，对后冷战时代逐渐建立起来的以美国为主导的全球秩序造成强烈冲击，形成了逆全球化冲突局面。全球化断裂带来纷乱局面，以新技术革命为代表的生产力跃升，则在经济基础层面对传统生产力起着颠覆性的、潜移默化的作用，不仅加速了经济形态重组和新旧产业的优胜劣汰，引发了各国科技竞争，而且推动了信息的快速流动，改变了人类传统的生活方式和社会交往方式。大数据、云计算、移动互联网、人工智能等新技术正在引领人类第四次工业革命，目前逆全球化的冲击并不能完全阻挡全球化的发展趋势，人类将不可避免地进入科技与产业深度融合的全球化时代。2020 年以来，在全球暴发的新冠肺炎疫情进一步表明，全人类已经变成相互依赖的命运共同体，“天下一家”不再是简单的比喻，而正在逐步变成历史现实。在这种背景下，如何提升国家治理水平，如何参与全球治理，都将成为这个时代必须面对的主题。

在这场大变革中，中国的崛起，无疑在动摇西方几百年来建立起来的世界帝国体系。二战后特别是冷战后形成的新自由主义世界秩序，背后无不贯穿着“世界帝国”运用经济、法律和军事等手段所实施的强大控制力。[①] 在南北分化、难民危机、环境污染以及饥饿、贫病与文盲依然广泛存在的两极分化的世界里，西方霸权却通过操控民主、人权等问题的话语权，高筑知识产权、市场准入、优先保护等壁垒，或实施经济制裁，继续享受丰厚的“剪刀差”收益。随着以中国为引擎、诸多新兴工业化国家为节点的全球生产贸易网络新格局的出现，资本主义世界体系内在的不平衡性更为凸显，旧的全球利益分配和流动机制越来越难以维持，中国和新兴发展中国家的崛起挑战了西方的价值观和发展模式。

---

① 强世功．超大型政治实体的内在逻辑：“帝国”与世界秩序［J］．文化纵横，2019（2）．

党的十八大以来，中国特色社会主义进入崭新的发展阶段。习近平总书记对当今时代做出“世界处于百年未有之大变局”的重大战略判断。[①]大变局适逢“两个一百年”历史交汇点，当前中国处于近代以来最好的发展时期。在中国共产党建党百年之际，在全国各族人民共同努力下，中国如期完成新时代脱贫攻坚目标，消灭了绝对贫困，创造了人类减贫历史上的奇迹。“十三五”时期，中国经济进入高质量发展的新阶段，实现了第一个百年奋斗目标——全面建成小康社会。2021 年，中国开启了向第二个百年奋斗目标迈进的新征程。在党的领导下，我国抓住机遇，攻坚克难，治国理政思路正在发生重大变化，深入推进内政外交、国防、治党治国、治军工作，解决了许多以前想解决而没有解决的难题，办成了许多过去想办而没有办成的大事，随之产生一系列有目共睹的重大变革。

第一，在重修宪法的基础上，中国推进了历史性的党政改革，重组党和国家机构、调整中央和地方关系，为推进国家治理体系与治理能力现代化构建了新的体制框架。与此同时，军队改革基本到位，军队建设更加强化练兵备战、提升现代军事体系作战能力，为国家发展提供了强有力保障。

第二，聚焦经济高质量发展，中国首次提出构建“现代化经济体系”的新纲领，从助力实体经济降成本、调结构到防范金融风险、促开放，从持续优化营商环境到打造区域协同版图，从提出乡村振兴战略、发展现代化都市圈到布局新一轮前沿科技，中国经济保持稳中有进，成为全球经济增长的最大贡献者。

第三，为了实现现行标准下农村贫困人口脱贫，中国构建了更加完善

---

① 习近平：关于《中共中央关于坚持和完善中国特色社会主义制度、推进国家治理体系和治理能力现代化若干重大问题的决定》的说明［EB］. 新华网，2019－11－05.

的扶贫制度体系，为 2035 年基本实现社会主义现代化夯实社会基础。截至 2020 年底，我国 9899 万农村贫困人口全部脱贫，832 个贫困县全部摘帽，12.8 万个贫困村全部出列，完成了消除绝对贫困的艰巨任务，全面建成小康社会取得历史性成就。在此基础上，面向未来的共同富裕图景也逐步展开。

第四，以美丽中国、法治中国、平安中国、健康中国为目标，国家治理现代化进程全面提速，生态环境治理、扫黑除恶、网络治理、社会领域改革等齐头并进，党管一切、多方共治的社会治理格局初步形成，全国人民众志成城，经受住了新冠肺炎疫情等重大挑战。

第五，面对内外压力，中国成功地应对了国家安全和边疆治理中出现的一系列风险挑战，国家安全体系不断完善，恐怖主义、极端主义等威胁得到有效遏制。

一个时期，受各种内外复杂因素影响，香港局势一度出现“反中乱港”严峻局面，党中央坚持和完善“一国两制”制度体系，落实中央对特别行政区全面管治权，落实“爱国者治港”原则，实现由乱及治的重大转型，风雨过后的“一国两制”更为稳固。台湾问题变数增多，未来解决国家统一问题，需要更多政治智慧，也将迎来新的挑战。

在国际上，中国从容应对西方挑起的一系列争端，在坚定捍卫主权、安全和发展利益的同时，以公平正义为理念，积极参与并引领全球治理，坚定维护多边主义，全面提高对外开放水平，打造国际合作和竞争新优势，开展新型外交，构建人类命运共同体，发展自由贸易，主动承担国际责任，凝聚国际共识，为全球治理贡献中国智慧。

2020 年以来，国际秩序风云突变和新冠肺炎疫情全球大流行相互交织影响，党中央统筹国内国际两个大局，统筹“五位一体”总体布局，协调推进“四个全面”，为构建新发展格局迈出新步伐，为“十四五”规划实现良好开局。总的来看，中国将从不充分不平衡发展阶段步入全面高质量新发展阶段，中国因时而动、因势而变，为应对百年变局，做了必要的准备。

党的十八届三中全会通过了《中共中央关于全面深化改革若干重大问题的决定》，提出了推进国家治理体系和治理能力现代化，这是新时期指导中国改革的纲领性文件，也是中国全面深化改革的顶层设计。国家治理更加强调协同，强调多元主体，人民是社会的主体，人民利益为治理切入点。“中国之制”着重建设法治国家、法治政府、法治社会，强调依法治国、依法执政、依法行政，通过完善国家各项制度，治理社会各方面事务。“中国之制”标志着我国进入制度建设、制度创新的新阶段。“中国之制”不断成就中国的辉煌，同时让“中国之制”成就“中国之治”，成为推进国家治理现代化的着眼点和关键点。推动构建“中国之治”，对中国参与全球治理，应对国际秩序发生颠覆性巨变，具有十分重要的意义。从“中国之制”到“中国之治”，本书从经济建设、政治建设、全面依法治国、文化建设、社会建设、生态文明建设、外交工作 7 个方面对此进行了具体展现。

第一编　加强党的政治建设和政治优势

党的十八大以来，中国意识形态领域的形势发生全局性、根本性转变。党着力解决党的领导弱化的问题。党的政治建设是党的根本性建设，决定党的建设方向和效果。而党的政治建设的首要任务就是保证全党服从中央，坚持党中央权威和集中统一领导。全党全国全社会凝聚力和向心力极大提升，为新时代开创党和国家事业新局面提供了强大的精神力量和坚固的思想保障。

党的十八大以来，中国特色社会主义进入新时代。党面临的主要任务是，实现第一个百年奋斗目标，开启实现第二个百年奋斗目标新征程。新一代中央领导集体领导人民守正创新，以伟大的历史主动精神、巨大的政治勇气、强烈的责任担当，推动党和国家事业取得历史性成就、发生历史性变革。

党的十九大对实现第二个百年奋斗目标做出两个阶段战略安排。在全面从严治党上，党的自我净化、自我完善、自我革新、自我提高能力显著增强，管党治党宽松状态得到根本扭转。通过提升党员质量、加强群众路线、改革纪检体制、加大反腐力度等一系列措施，党在革命性锻造中更加坚强。反腐败斗争取得压倒性胜利并全面巩固。党的政治领导力、群众组织力、社会号召力显著增强。

中国共产党更加注重强调发扬革命精神，坚持把马克思主义基本原理同中国具体实际相结合、同中华优秀传统文化相结合，从新的实际出发，创立了习近平新时代中国特色社会主义思想。其对关系新时代党和国家事业发展的一系列重大理论和实践问题进行了科学判断，就新时代建设什么样的社会主义现代化强国，建设什么样的长期执政的马克思主义政党等重大时代课题，提出一系列原创性的治国理政新理念新思想新战略，实现了马克思主义中国化的新飞跃。

中国共产党始终坚持党要管党，治国必先治党，治党务必从严，不断推进党的建设新的伟大工程。打铁还须自身硬，办好中国的事情，关键在党，关键在党要管党、全面从严治党。党制定了关于党内政治生活的若干准则，健全民主集中制，实现党内生活正常化；有计划有步骤进行整党，着力解决党内思想不纯、作风不纯、组织不纯等问题；多举措加强干部队伍建设。党围绕提高党的领导水平和执政水平、提高拒腐防变和抵御风险能力，把党风廉政建设和反腐败斗争提高到关系党和国家生死存亡的高度，推进惩治和预防腐败体系建设；以先进性建设为主线，加强党同人民群众的联系，加强改进党的作风建设，开展保持党员先进性的教育活动，同时开展反对历史虚无主义、党史学习教育和爱国主义教育活动。

在政治建设上。2018 年修正的宪法把“中国共产党领导是中国特色社会主义最本质的特征”写进关于国家根本制度的条文，全方位的党和国家机构改革确立了新的党政体制和架构，党的十九届四中全会总体擘画了推进国家治理体系和治理能力现代化的蓝图，重点部署坚持和完善支撑中国特色社会主义制度的根本制度、基本制度、重要制度。进入新时代的中国共产党，全面加强政治建设、思想建设、组织建设、作风建设、纪律建设、制度建设，更加强调保持政治定力、驾驭政治局面、防范政治风险，尤其注重以自我革命推动政治建设。在全面从严治党的形势下，重拳反腐，构筑起惩防腐败的“高压线”与“防火墙”。

在国防和军队建设上。党中央强调，强国必须强军，军强才能国安，必须建设同我国国际地位相称、同国家安全和发展利益相适应的巩固国防和强大军队。党提出新时代的强军目标，确立新时代军事战略方针，制定了到 2027 年我国实现建军一百年奋斗目标、到 2035 年我国基本实现国防和军队现代化、到 21 世纪中叶全面建成世界一流军队的国防和军队现代化新“三步走”战略。通过推进政治建军、改革强军、科技强军、人才强军、依法治军等措施，加强军事理论现代化、军队组织形态现代化、军事人员现代化、武器装备现代化，在面对国际军事格局深刻调整、地缘军事竞争愈演愈烈、美国挑起“新冷战”和“混合战争”的压力态势时，中国军队全面加强练兵备战，坚持走中国特色强军之路。

在全面依法治国上。党的十八大以来，中国特色社会主义法制体系不断健全，法制中国建设迈出坚实的步伐。党中央强调，法治兴则国家兴，法制衰则国家乱，全面依法治国是中国特色社会主义的本质要求和重要保障，是国家治理的一场深刻革命。全面依法治国被定位于“国家制度和国家治理体系的显著优势”，成为习近平法治思想的核心内容之一。在此基础上，中国法治呈现出党内法治和国家法治同步发展、党管政法与政法改革一体推进的总体格局。党中央强调，必须坚持依法治国、依法执政、依法行政共同推进，坚持法治国家、法治政府、法治社会一体建设；必须坚持依法执政，要依宪执政。还强调，全面依法治国最广泛、最深厚的基础是人民，必须把体现人民的利益、反映人民的愿望、维护人民的权益、增进人民福祉落实到全面依法治国的全过程，保障和促进社会公平正义。

第一章　新时代党的建设新的伟大工程

党的十九大以来，围绕实现第二个百年奋斗目标，中国共产党强调党要以咬定青山不放松的执着奋力实现既定目标，以行百里者半九十的清醒不懈推进中华民族伟大复兴，坚持党的基本理论、基本路线。党的十八大以来，中国共产党在政治信念和意识形态建设上有几个新变化：一是基于“中国特色社会主义新时代”这一历史方位的总体判断，强调发扬革命精神，以中国共产党的自我革命来推动整个国家的社会革命；二是以新时代重述马克思主义中国化的政治历史进程，致力于不断开辟当代马克思主义、马克思主义中国化新境界；三是开展“不忘初心、牢记使命”主题教育，通过党内集中教育的方式推进全党自我革命，不断增强党自我净化、自我完善，从而重塑政治生态；四是以宣扬革命精神、传统文化与爱国主义为重点，促进全体人民在理想信念、价值理念、道德观念上的紧密团结，从而形成具有强大凝聚力和引领力的社会主义意识形态；五是借助庆祝中华人民共和国成立70周年、庆祝中国共产党成立100周年等重大活动，在全党开展党史学习教育，在全社会开展爱党爱国教育，强调以史为鉴、开创未来，从历史经验中汲取智慧，为实现民族复兴提供“更为主动的精神力量”。

总的来看，党的十八大以来，中国特色社会主义的思想理论体系进一步继承发展了马克思主义革命传统和中华优秀传统文化，改革开放进一步深化。马克思主义革命传统，构成中国共产党不断自我革命、引领社会革命的精神动力；40余年的改革开放，为新时代全面深化改革提供了宝贵经验；优秀传统文化始终蕴含于政治实践之中。针对过去一段时间以来历史虚无主义思潮汹涌、各种否定革命历史和优秀传统文化言论盛行的现象，相关部门也组织开展了应对和抵制历史虚无主义的活动，扭转了意识形态领域一度失之于宽、失之于软的局面。2021年11月发布的《中共中央关于党的百年奋斗重大成就和历史经验的决议》指出："党的十八大以来，我国意识形态领域形势发生全局性、根本性转变，全党全国各族人民文化自信明显增强，全社会凝聚力和向心力极大提升，为新时代开创党和国家事业新局面提供了坚强思想保证和强大精神力量。"

一、新时代政治发展的新动向

2018年，《求是》杂志第一期发表习近平《在党的十九届一中全会上的讲话》；随后，习近平在新进中共中央委员会的委员、候补委员和省部级主要领导干部学习贯彻习近平新时代中国特色社会主义思想和党的十九大精神研讨班（以下简称"研讨班"）的开班式上发表重要讲话。① 两次讲话对国家现代化治理、马克思主义理论构建、民生改善、先锋型政党建设等重点问题做了专门阐述，并多次提及"革命"一词，传递出新时代政治发展的新动向。

第一，从严治党提升执政能力。党的十八大以来，中国共产党不仅继续深化经济和社会领域改革，持续推动经济发展和民生改善，还在政治上

① 以时不我待只争朝夕的精神投入工作 开创新时代中国特色社会主义事业新局面［N］. 人民日报，2018－01－06.

表现出继承优秀传统的基本态势：新一届中央领导集体着眼于全方位塑造风清气正的政治生态，聚焦制度、组织、干部、纪律、政法、军队等领域，以全面从严治党为抓手，通过控制党员数量、强化群众路线、改革纪检监察工作体制、加大肃贪反腐力度等一系列手段，彰显共产党人政治本色，提升长期执政能力。治国理政新实践，推动党和国家事业取得历史性成就、发生历史性变革。2017 年底，党的十九大宣布，中国特色社会主义进入新时代。这是对中国发展历史方位的新的判断，也迎来了中华民族从站起来、富起来到强起来的伟大飞跃，坚定了中国共产党的时代使命。

第二，强调革命精神与伟大自我革命。习近平在党的十九届一中全会上进一步阐述了“新时代的中国特色社会主义”，着重强调 6 个“全面”：其一，全面把握中国特色社会主义进入新时代的新要求，不断提高党和国家事业发展水平。其二，全面贯彻新时代中国特色社会主义思想和基本方略，不断提高全党马克思主义理论水平。其三，不断提高社会主义现代化建设水平，全面完成决胜全面建成小康社会各项任务。其四，全面推进各领域各方面改革，不断提高国家治理体系和治理能力现代化水平。其五，全面落实以人民为中心的发展思想，不断提高保障和改善民生水平。其六，全面推进党的建设新的伟大工程，不断提高全面从严治党水平。① 此外，习近平在会议中还着重强调了自我革命的重要意义。面对未来可能出现的各种风险挑战与腐化思想，中国共产党必须坚持自我革命，才能保持自身旺盛的生命力和对于中国发展的影响力。因此，习近平对党内高级干部提出了坚定理想信念、强化政治责任、全面增强本领、扎实改进作风 4 项要求。②

---

① 习近平．在党的十九届一中全会上的讲话［J］．求是，2018（1）．

② 同上。

在研讨班开班式上，习近平同样强调革命精神的重要性。习近平强调："新时代中国特色社会主义是我们党领导人民进行伟大社会革命的成果，也是我们党领导人民进行伟大社会革命的继续，必须一以贯之进行下去。历史和现实都告诉我们，一场社会革命要取得最终胜利，往往需要一个漫长的历史过程。"① 为了完成新时代的一系列工作任务，必须始终牢记发挥党先锋模范作用，以党的伟大自我革命推动伟大社会革命。"新时代"语境下的革命包含两个层次，即社会革命和自我革命。首先，这场革命是一场社会革命，意味着中国共产党领导中国展开社会主义建设，推动实现全面建成小康社会、全面建设社会主义现代化国家、实现中华民族伟大复兴等一系列目标；其次，这场革命是党的自我革命，即：以全面从严治党为核心，把领导干部作为关键少数，团结带领全党，做到信念过硬、政治过硬、责任过硬、能力过硬、作风过硬，避免战略性错误，引领开创新时代中国特色社会主义事业的新局面。

第三，革命精神是党和国家的宝贵财富。一方面，改革开放以来，以经济建设为中心成为内政外交基本路线，中国共产党领导人民实现了生活上的历史性跨越。另一方面，近年来，政治话语的变化引人注目。例如，GDP（国内生产总值）不再是衡量领导干部工作水平的唯一标准，革命精神更高频次出现在领导干部的讲话之中。"新时代"语境下的革命精神体现出传统性和现实性的双重革命观：共产党人主动开展自我革命，避免陷入官僚化窠臼，保持"先锋队"的生命力，体现了党领导国家实现现代化的先锋作用与国家的历史性变革实现统一和融合。这向全世界展现出党中央更大的政治抱负：中国共产党将不仅在经济层面，更要在历史维度

① 以时不我待只争朝夕的精神投入工作 开创新时代中国特色社会主义事业新局面［N］．人民日报，2018－01－06.

上，在领导中国全面建设社会主义现代化国家的征程中，实现历史性的超越。

二、谱写新时代马克思主义中国化新篇章

2018 年 4 月，中共中央政治局就《共产党宣言》及其时代意义举行第五次集体学习，强调深刻感悟和把握马克思主义真理力量，谱写新时代中国特色社会主义新篇章。同年 5 月，中央隆重纪念马克思诞辰 200 周年，首次正式以新时代中国具体实际与马克思主义基本原理相结合，要求全党不断开辟当代中国马克思主义、21 世纪马克思主义新境界。王沪宁出席纪念马克思诞辰 200 周年理论研讨会时指出，习近平新时代中国特色社会主义思想是当代中国马克思主义、21 世纪马克思主义。① 连番隆重纪念活动的举行，凸显党继承把握马克思主义真理并使之中国化的时代展望。

（一）新时代：中国特色社会主义根植中国沃土

2012 年末，新一代领导人首次提出以中华民族伟大复兴为要旨的“中国梦”，党对于中国特色社会主义的理解和塑造进入新阶段。进一步统合多元传统，强调中国元素，重视“中国增量”，挖掘中华文明中的精华，是在新的历史阶段下丰富和发展中国特色社会主义的显著特征。党的十八大以来，中国特色社会主义进入新时代，以习近平同志为主要代表的中国共产党准确把握中国特色社会主义历史新方位、时代新变化、实践新要求，对我国社会主要矛盾做出新的重大判断，坚持和完善了中国特色社会主义。

---

① 纪念马克思诞辰 200 周年研讨会举行 王沪宁出席并讲话［N］. 人民日报，2018－05－07.

（二）新阶段：马克思主义中国化的新篇章

2021 年，中国共产党迎来了百年诞辰。从党的百年奋斗史可以看到，中国共产党经过一代一代人的艰苦奋斗，探索出了一条符合中国国情的正确道路，并在新时代新的发展阶段不断完善着。

我们不但要从党的百年奋斗史中认识中国特色社会主义道路，也要从中华民族 5000 多年历史文化的广阔视野中把握这条道路。习近平曾于 2014 年强调："观察和认识中国，历史和现实都要看，物质和精神也都要看。历史是现实的根源，任何一个国家的今天都来自昨天。只有了解一个国家从哪里来，才能弄懂这个国家今天怎么会是这样而不是那样，也才能搞清楚这个国家未来会往哪里去和不会往哪里去。"①

对中国特色社会主义道路的理解，也需要这样来加以把握。中国特色社会主义不是从天上掉下来的，它植根于中华文化沃土、反映中国人民意愿、适应时代发展进步要求，是在改革开放 40 多年的伟大实践中得来的，是在新中国成立 70 多年的持续探索中得来的。习近平总书记在庆祝中国共产党成立 100 周年大会上的讲话中指出，坚持把马克思主义基本原理同中国具体实际相结合、同中华民族优秀传统文化相结合。② 2021 年 3 月，习近平在福建省武夷山市考察时表示："如果没有中华五千年文明，哪里有什么中国特色？如果不是中国特色，哪有我们今天这么成功的中国特色社会主义道路？我们要特别重视挖掘中华五千年文明中的精华，弘扬优秀传统文化，把其中的精华同马克思主义立场观点方法结合起来，坚定不移

---

① 习近平在布鲁日欧洲学院的演讲（全文）［EB］．共产党员网，2014－04－01.

② 习近平：在庆祝中国共产党成立 100 周年大会上的讲话［J］．求是，2021（14）．

走中国特色社会主义道路。”①

党在革命、建设、改革各个历史时期，对马克思主义在中国的运用进行了艰辛探索，推动马克思主义中国化不断取得新的重大成果。中国共产党在百年奋斗中，在破解不同时代课题的过程中，不断推进马克思主义创新发展，不断赋予马克思主义鲜明的中国特色、时代特色。其中最核心的是坚持“两个结合”，即：坚持把马克思主义基本原理同中国具体实际相结合，坚持同中华优秀传统文化相结合，用马克思主义观察时代、把握时代、引领时代，在新的发展阶段继续发展当代中国马克思主义、21 世纪马克思主义。

三、以党内集中教育强化初心使命

党的十八大以来，中央高度重视党内集中教育。2013 年 6 月至 2014 年 10 月，全党深入开展党的群众路线教育实践活动，聚焦作风建设，集中解决“四风”问题，教育引导党员干部牢固树立宗旨意识和马克思主义群众观点。2015 年 4 月至 2016 年 2 月，全党开展“三严三实”专题教育，提出“既严以修身、严以用权、严以律己，又谋事要实、创业要实、做人要实”的要求，强调将严实要求贯穿改革全过程，进一步升华作风建设。2016 年 2 月开始，全党开展“学党章党规，学系列讲话，做合格党员”（“两学一做”）学习教育，推动党内教育从关键少数向广大党员拓展、从集中性教育向经常性教育延伸，推进全面从严治党向基层延伸，并逐步向常态化制度化发展。这是新形势下加强党的思想政治建设的一项重大部署。

2019 年，中国共产党在全党开展了“不忘初心、牢记使命”主题教育。早在 2017 年 10 月，党的十九大报告就提出要在全党范围内开展“不

① 习近平：没有中华五千年文明，哪有我们今天的成功道路［EB］. 求是网，2021 - 03 - 23.

忘初心、牢记使命”主题教育。2019 年 5 月，中共中央政治局召开会议，决定从 2019 年 6 月开始，在全党自上而下分两批开展“不忘初心、牢记使命”主题教育。同年 5 月 31 日，中央召开“不忘初心、牢记使命”主题教育工作会议，强调开展主题教育的“四个迫切需要”：是用习近平新时代中国特色社会主义思想武装全党的迫切需要，是推进新时代党的建设的迫切需要，是保持党同人民群众血肉联系的迫切需要，也是实现党的十九大确定的目标任务的迫切需要。“四个迫切需要”，归根到底是对“初心与使命”的迫切需要。

党的十九大报告中明确指出：“中国共产党人的初心和使命，就是为中国人民谋幸福，为中华民族谋复兴。”2019 年 6 月 24 日，中共中央政治局就“牢记初心使命，推进自我革命”举行第十五次集体学习，习近平强调了不忘初心、牢记使命的重大意义：“要求全党同志不忘初心、牢记使命，就是要提醒全党同志，党的初心和使命是党的性质宗旨、理想信念、奋斗目标的集中体现，越是长期执政，越不能忘记党的初心使命，越不能丧失自我革命精神。”① 按照上述要求，“不忘初心、牢记使命”主题教育主要从 3 方面展开：一是确立思想指南，确保理论扎实。这次主题教育把中共中央宣传部组织编写的《习近平新时代中国特色社会主义思想学习纲要》作为重要学习材料，重点就在于学习贯彻习近平新时代中国特色社会主义思想。二是设立中央指导组，坚持严督实导，确保取得实效。主题教育在中央政治局常委会领导下，由中央指导组进行巡回指导，各级党委（党组）加强督促指导，以学习教育、调查研究、检视问题、整改落实等举措具体展开。“不忘初心、牢记使命”主题教育开展以来，各中央指导组坚持从严从实，加大对主题教育重点工作和解决突出问题的督促指导力

① 习近平主持中央政治局第十五次集体学习并讲话［EB］，中国政府网，2019－06－25.

度，注重方式方法，提高督促指导工作质量，接连印发《关于认真学习贯彻习近平总书记在中央政治局第十五次集体学习时重要讲话的通知》《关于在“不忘初心、牢记使命”主题教育中对照党章党规找差距的工作方案》等文件，确保取得实效。三是各地各部门开展“不忘初心、牢记使命”主题教育，把主题教育与工作实践紧密结合起来，广大党员干部带着问题深入实际，坚持效果导向，让主题教育的成效切实体现在各项事业的蓬勃发展上。

2021 年，中国共产党成立 100 周年，在重温党的百年历史的基础上，开启面向未来的政治新征程，成为全年政治生活的核心内容。2 月 1 日，习近平在同党外人士共迎新春时指出：“中共中央决定，2021 年在全党开展中共党史学习教育，激励全党不忘初心、牢记使命，在新时代不断加强党的建设。”[①] 2 月 20 日，党史学习教育动员大会在京召开，习近平强调：“在全党开展党史学习教育，是党中央立足党的百年历史新起点、统筹中华民族伟大复兴战略全局和世界百年未有之大变局、为动员全党全国满怀信心投身全面建设社会主义现代化国家而作出的重大决策。总的来说就是要做到学史明理、学史增信、学史崇德、学史力行，教育引导全党同志学党史、悟思想、办实事、开新局。要坚持统筹兼顾，以昂扬姿态奋力开启全面建设社会主义现代化国家新征程，以优异成绩迎接建党 100 周年。”[②] 2 月 26 日，中共中央印发《关于在全党开展党史学习教育的通知》，就党史学习教育做出部署安排。7 月 1 日，习近平在庆祝中国共产党成立 100 周年大会上发表重要讲话，全面回顾 100 年来党团结带领人民开辟伟大道

---

① 习近平同党外人士共迎新春 代表中共中央，向各民主党派、工商联和无党派人士，向统一战线广大成员，致以诚挚的问候和新春的祝福 汪洋韩正出席［EB］. 新华网，2021－01－29.

② 习近平：在党史学习教育动员大会上的讲话［EB］. 求是网，2021－03－31.

路、创造伟大事业、取得伟大成就的历史征程，系统阐述以史为鉴、开创未来的“九个必须”。[①] 11月，党的十九届六中全会召开，审议通过《中共中央关于党的百年奋斗重大成就和历史经验的决议》（以下简称《决议》）。这是党的历史上第三份“决议”，深刻总结了中国共产党百年奋斗的十条历史经验，坚持自我革命是其中之一，坚持自我革命，揭示了百年大党风华正茂的基因密码。强大的党是在自我革命中锻造出来的，勇于自我革命，是中国共产党区别于其他政党的显著标志。在总结历史经验的基础上，《决议》指出：“党确立习近平同志党中央的核心、全党的核心地位，确立习近平新时代中国特色社会主义思想的指导地位，反映了全党全军全国各族人民共同心愿，对新时代党和国家事业发展、对推进中华民族伟大复兴历史进程具有决定性意义。”“两个确立”立足当前、面向未来，为全党统一思想、统一意志、统一行动，夺取新征程新胜利提供了根本保证，也为走好实现第二个百年奋斗目标新的赶考之路，实现中华民族伟大复兴提供了思想指引。[②]

党的十九届六中全会通过的《决议》，其中总结的十条历史经验是经过长期实践积累的宝贵经验，是党和人民共同创造的精神财富，贯通了历史、现实和未来，进一步团结了全党力量，凝聚了全党意志，进一步激活党作为先锋队组织的政治伦理，从而营造良好的政治生态。

四、革命精神与爱国主义教育

2018年召开的全国宣传思想工作会议，为新时代如何开展宣传思想

---

① 习近平：在庆祝中国共产党成立100周年大会上的讲话［J］. 求是，2021（14）.

② 马建堂. 深刻认识“两个确立”的重大意义（深入学习贯彻党的十九届六中全会精神［N］. 人民日报，2021-11-26.

工作、加强意识形态建设做了全面规划。这次会议提出的思路和方向，对于近年来扭转国内意识形态领域的形势，有着直接影响。其要点包括：第一，推动宣传思想工作不断强起来，促进全体人民在理想信念、价值理念、道德观念上紧紧团结在一起，建设具有强大凝聚力和引领力的社会主义意识形态，把培养担当民族复兴大任的时代新人作为重要职责，重中之重是以坚定的理想信念筑牢精神之基。① 第二，宣传思想工作应以统一思想、凝聚力量作为工作的中心环节，强信心、聚民心、暖人心、筑同心，始终遵循“九个坚持”，即：坚持党对意识形态工作的领导权；坚持思想工作“两个巩固”的根本任务；坚持用新时代中国特色社会主义思想武装全党、教育人民；坚持培育和践行社会主义核心价值观；坚持文化自信是更基础、更广泛、更深厚的自信，是更基本、更深沉、更持久的力量；坚持提高新闻舆论传播力、引导力、影响力、公信力；坚持以人民为中心的创作导向；坚持营造风清气正的网络空间；坚持讲好中国故事、传播好中国声音。② 第三，宣传思想工作应担负起“举旗帜、聚民心、育新人、兴文化、展形象”的使命任务，做好做强马克思主义宣传教育工作，把坚定“四个自信”作为建设社会主义意识形态的关键，把握正确舆论导向，提高新闻舆论传播力、引导力、影响力、公信力，巩固壮大主流思想舆论。加强传播手段和话语方式创新，让党的创新理论“飞入寻常百姓家”。第四，宣传思想工作要不断提升中华文化影响力，主动宣介习近平新时代中国特色社会主义思想，主动讲好中国共产党治国理政的故事、中国人民奋斗圆梦的故事、中国坚持和平发展合作共赢的故事，让世界更好了解中

① 习近平：举旗帜聚民心育新人兴文化展形象 更好完成新形势下宣传思想工作使命任务［EB］. 新华网，2018－08－22.

② 强起来！习近平为新形势下宣传思想工作划重点［EB］. 新华网，2018－08－23.

国。中华优秀传统文化是中华民族的文化根脉，其蕴含的思想观念、人文精神、道德规范，不仅是中国人思想和精神的内核，对解决人类问题也有重要价值。要把优秀传统文化的精神标识提炼出来、展示出来，把优秀传统文化中具有当代价值、世界意义的文化精髓提炼出来、展示出来。

从近年来宣传思想领域的具体实践看，突出表现在以下几个方面。

其一，推动理想信念教育，突出革命精神，宣扬和传承以“红色基因”为核心的革命精神，成为弘扬光荣传统、赓续红色血脉的突出特点。习近平在“七一”重要讲话中概括出了“坚持真理、坚守理想，践行初心、担当使命，不怕牺牲、英勇斗争，对党忠诚、不负人民的伟大建党精神”，指出“这是中国共产党的精神之源”。[①] 与传承革命精神相对应，“接班人”一词也频繁出现在领导人的重要讲话之中。习近平在参加十三届全国人大第一次会议山东代表团审议时强调，“数理化之外，爱国主义教育要加强，要让孩子们知道自己是从哪里来的，红色基因是要验证的”[②]；习近平在北京大学考察时强调，“衷心希望每一个青年都成为社会主义建设者和接班人”[③]；中央军委印发的《传承红色基因实施纲要》指出，大力传承红色基因是新时代政治建军的战略任务和基础工程；习近平在同团中央新一届领导班子成员集体谈话时强调，“必须把培养社会主义建设者和接班人作为根本任务”[④]；在全国组织工作会议上，习近平将“接班人之问”上升到国家事业发展的高度[⑤]；中共中央办公厅、国务院

① 习近平：在庆祝中国共产党成立100周年大会上的讲话［J］．求是，2021（14）．

② 习近平：“功成不必在我”意在打基础、谋长远［EB］．中国日报网，2018－03－08．

③ 习近平：在北京大学师生座谈会上的讲话［N］．人民日报，2018－05－03．

④ 习近平同新一届团中央领导班子谈话，这些论断非常重要［EB］．新华网，2018－07－02．

⑤ 红色江山永固 习近平这样书写“中国特色社会主义事业接班人之问”的新时代答卷［EB］．中国青年网，2018－08－07．

办公厅印发的《关于实施革命文物保护利用工程（2018—2022 年）的意见》，强调发挥革命文物在巩固党的执政地位、筑牢意识形态阵地中的战略作用；在全国教育大会上，习近平指出，“教育必须把培养社会主义建设者和接班人作为根本任务”①。总的来看，中央把传承“红色基因”、保证“根正苗红”、培育中国特色社会主义建设者和接班人作为意识形态建设的重点工作，具有深远的政治意义。

其二，将中华优秀传统文化引入社会主义核心价值体系，作为中国特色社会主义思想的重要组成部分。民族文化身份的认同是民族复兴的应有内涵，优秀传统文化是中华民族独特的文化标识和最基本的精神基因。因此，确立文化属性、筑牢文化根基、建立文化自信、克服文化虚无，不仅被视为重塑文化认同、突破文化困境、丰富社会主义思想的“治本之策”，也是在世界文化各种思潮激荡中“站稳脚跟”、提出中国方案、确立话语地位的重要举措。对于党而言，崇尚优秀传统文化不是狭隘的“文化保守”，而是要推动中华优秀传统文化创造性转化、创造性发展。

其三，公民道德建设和爱国主义教育成为新时代意识形态建设的两大基础。党的十八大以来，国家积极倡导发挥优秀传统文化、道德、价值、家风、乡规民约等因素的作用，以道德涵养社会风气、约束社会行为、协调社会关系。中共中央印发的《社会主义核心价值观融入法治建设立法修法规划》，强调法律法规应体现鲜明的价值导向，发挥社会主义核心价值观在法治建设中的灵魂作用，使法律契合人民道德意愿、社会公序良俗，实现“法安天下、德润人心”的良好互动。2019 年 11 月，中共中央、国务院印发《新时代公民道德建设实施纲要》（以下简称《道德纲要》），明确新时代公民道德建设的总体要求、重点任务和具体措施，对新时代公民

① 习近平出席全国教育大会并发表重要讲话［EB］. 中国政府网，2018－09－10.

道德建设做出了全面部署，这是继2001年《公民道德建设实施纲要》之后又一次专门针对公民道德建设做出总体规划。

《道德纲要》共有7个部分，主要包括新时代公民道德建设的总体要求、重点任务、深化道德教育引导、推动道德实践养成、抓好网络空间道德建设、发挥制度保障作用和加强组织领导等内容。《道德纲要》明确了新时代公民道德建设的总体要求，即：坚持马克思主义道德观、社会主义道德观，倡导共产主义道德，以为人民服务为核心，以集体主义为原则。同时，要把社会公德、职业道德、家庭美德、个人品德建设作为着力点。基于此，《道德纲要》提出新时代公民道德建设的重要任务是筑牢理想信念之基，培育和践行社会主义核心价值观，传承中华传统美德，弘扬民族精神和时代精神。

2019年11月，中共中央、国务院又印发《新时代爱国主义教育实施纲要》（以下简称《爱国纲要》），这是继1994年8月颁布的《爱国主义教育实施纲要》之后，又一份以爱国主义为主题的实施纲要。《爱国纲要》提出了新时代爱国主义教育的8项内容：坚持用习近平新时代中国特色社会主义思想武装全党、教育人民，深入开展中国特色社会主义和中国梦教育，深入开展国情教育和形势政策教育，大力弘扬以爱国主义为核心的民族精神和以改革创新为核心的时代精神，广泛开展党史、国史、改革开放史教育，传承和弘扬中华优秀传统文化，强化祖国统一和民族团结进步教育，加强国家安全教育和国防教育。

《爱国纲要》明确，新时代爱国主义教育要面向全体人民、聚焦青少年，丰富新时代爱国主义教育的实践载体，营造新时代爱国主义教育的浓厚氛围。针对青少年爱国主义教育，主要有4方面举措。一是充分发挥课堂教学的主渠道作用，将爱国主义精神贯穿于学校教育全过程，推动爱国主义教育进课堂、进教材、进头脑。二是办好学校思想政治理论课，紧紧抓住青少年阶段的“拔节孕穗期”，推动思想政治理论课改革创新，发挥学生主体作用，在教育灌输和潜移默化中，引导学生树立国家意识、增进爱国情感。三是组织推出爱国主义精品出版物，针对不同年龄、不同成长阶段，推出反映爱国主义内容的高质量读物，让广大青少年自觉接受爱国主义熏陶。四是广泛组织开展实践活动，把爱国主义内容融入各类主题教育活动之中，组织开展丰富多彩的校园文化活动，丰富拓展爱国主义教育校外实践领域，引导大中小学生更好地了解国情民情，强化责任担当。此外，《爱国纲要》还就如何运用多种形式和载体开展新时代爱国主义教育、如何发挥社会各方面在新时代爱国主义教育中的积极作用等问题提出了具体举措。

第二章 从机构重组到治理现代化

自20世纪80年代以来，以改革尤其是政治经济领域的体制机制改革回应时代之问与人民关切，成为当代中国改革发展的一条成功经验。随着市场经济的全面推开和社会结构的深层变化，我国社会经济发展迸发巨大活力。但在政治上，却出现了党的领导弱化、官僚主义突出、一些党员干部腐化堕落等问题，这些都对党的长期执政构成挑战，也对我国推进国家治理现代化造成严重阻碍，如果解决不好，就会影响未来的改革发展。为此，党的十八大以来，我国在政治层面牢牢把握政治建设这个主线条：重申党的政治传统，加强党的集中统一领导，理顺党政体制的权责关系，加强全面从严治党，突出党的先锋队性质，在此基础上，以中央顶层设计作为牵引，自上而下地推动改革。党的十九大以来，中央进一步推动政治改革，以宪法修改为基础，实现党政机构的系统性、整体性、重构性变革。在此基础上，党的十九届四中全会审议通过《中共中央关于坚持和完善中国特色社会主义制度、推进国家治理体系和治理能力现代化若干重大问题的决定》。这一系列变革，都为促进中国特色社会主义制度的成熟和完善、推进国家治理体系和治理能力现代化奠定了制度基础。

一、从制度擘画到机构重组

党的十八大以来，中国共产党为加强和改善党的领导进行持续努力，为党和国家事业发展提供了根本政治保证。改革开放之后，以经济建设为主，曾经有一段时期，党内也存在不少落实党的领导认识模糊、行动乏力问题，出现对党的领导弱化、虚化、淡化、边缘化问题，对党中央重大决策部署不能有力执行，上有政策，下有对策，自行其是。党的领导是党和国家的根本所在，命脉所在。全党必须自觉在思想上、政治上、行动上同党中央保持高度一致，加强党的集中领导，理顺党政体系的权责关系。党的十八届六中全会通过《关于新形势下党内政治生活的若干准则》。在新一轮党政改革中，以宪法修改为基础，推动党政机构实现系统性、整体性、重构性变革，力度之强、规模之大、涉及范围之广、触及利益之深前所未有，对中国的政治结构、治理体系和利益格局都产生了重大影响。只有这样空前的改革，才与新时代的历史方位相匹配，才能够解决上述历史与现实问题，从而保证党的长期执政与国家的发展繁荣。而这一系列变革，都促进了中国特色社会主义制度的成熟和完善，为国家治理体系和治理能力现代化奠定了制度基础。

（一）修改宪法体现党的领导

宪法是国家的根本大法，修改宪法是国家政治生活中的一件大事。自“八二宪法”公布实施以来，全国人大分别于 1988 年、1993 年、1999 年、2004 年对宪法个别条款进行了必要的修改，在 2018 年对宪法进行了较大幅度的修改，以制度化的形式巩固政治实践。2018 年的宪法修正案内容涵盖宪法序言表述增改，国家主席、副主席任期表述调整以及国家监察委员会的机构组织建制等，并就建立宪法宣誓制度、设区的市地方立法权入宪等问题做了强调与宣示。

其一，宪法序言调整折射宪法新秩序。自2004年宪法修正案通过以后，近十余年中国的社会经济属性和政治格局已经发生了重大的变迁，历次全国人民代表大会所形成的政治判断以及据此制定的政策规范，实际上都反映了作为宪法基础的实际政治秩序的显著变化。适时修宪是体现党的领导、人民当家做主与依法治国相统一的必然要求。2018年宪法修正案中，科学发展观与习近平新时代中国特色社会主义思想被正式写入宪法序言，成为国家建设和发展的指导思想。在爱国统一战线的界定问题上，则新增“致力于中华民族伟大复兴的爱国者”表述，扩大了外延。

其二，“党的领导”重新写入宪法条文，成为正式的宪法规定。在1975年宪法中，“中国共产党是全中国人民的领导核心”位列第一章“总纲”的第二条。1982年宪法删除了这一条款，“党的领导”只出现在宪法序言中。党的十八大以来，“党的领导”得以全面强化，“党领导一切”成为重要的政治原则。党的十九大之后，“党政军民学，东西南北中，党是领导一切的”被写入党章。在全面依法治国的语境下，为了理顺党规与国法的关系，要将“党的领导”在宪法规定中予以正式确认。2018年修宪，宪法总纲第一条第二款增加了“中国共产党领导是中国特色社会主义最本质的特征”，为坚持党的领导提供了强有力的宪法保障。

其三，2018年修宪牵动国家领导体制变革。首先，对国家主席、副主席任期表述进行了调整。国家主席作为宪法规定的国家机构，不仅要承担国家元首的宪法职能，还要根据最高权力机关的决议行使一系列政治权力。自江泽民在八届全国人大第一次会议上当选国家主席以来，国家主席由中共中央总书记、中央军委主席兼任，由此形成的“三位一体”领导体制已成为宪法惯例。[①] 在党章并未规定总书记与军委主席任期的情况下，取消宪法中对国家主席任期限制，既实现了党规与国法的衔接，又肯定了“三位一体”领导体制，更是对“党的领导”这一根本政治原则的制度性落实。其次，建立国家监察制度。国家监察委员会作为国家监察机关，充分整合检察机关的职务犯罪侦查权、监察行政部门的行政监察权和中共纪律检查的党内反腐败机制，不仅形成了最高监察权，而且推动了党的纪律检查机关和国家监察机关相统一。

总的来看，2018 年修宪为强化中国共产党的全面领导、构建党政协同体制奠定了基础。在新的宪法秩序下，中国共产党与国家权力制度之间，构建起紧密的同一性联系，这不仅体现了新时代党对政治形势与领导方式的判断与抉择，而且为中国特色社会主义宪制体系的完善提供了路径。

（二）推动党政协同的历史性变革

2018 年 3 月，在党的十九届三中全会上，中共中央做出关于深化党和国家机构改革的决定。这次党政机构改革，与改革开放以来的其他机构改革有着明显不同。此前，国务院机构历经 7 次改革，“大部制”的改革趋势与行业管理的行政模式贯穿始终。此次改革不再局限于国务院系统，而是全方位涵盖党、政府、人大、政协、军警、群团以及地方政权等政治元素，因而被定位为“一场系统性、整体性、重构性的变革”。

1. 中共中央机构改革。

中共中央机构改革是此次改革最具决定意义的部分，将扭转“党政分开”的趋势，通过机构及职能整合理顺党政关系，通过机构改革解决党的

① 强世功．中国宪法中的不成文宪法：理解中国宪法的新视角［J］．开放时代，2009（12）．

机构设置和职能配置不够科学，党政机构职责交叉、权责脱节比较突出等问题。对此，改革将“坚持党的全面领导”列为原则之首，强调要“把加强党对一切工作的领导贯穿改革各方面和全过程”，并且重点就在于“完善保证党的全面领导的制度安排”。此次改革落实到具体层面，主要包括以下方面。

第一，组建国家监察委员会。作为一项“事关全局的重大政治体制改革”，组建国家监察委员会的目的就是要加强党对反腐败工作的统一领导，实现对所有行使公权力的公职人员监察全覆盖。国家监察委员会整合了原监察部和原国家预防腐败局的职责以及最高人民检察院的反贪职责，同中央纪委合署办公，履行纪检、监察两项职责，实行一套工作机构、两个机关名称。

第二，为实现党中央对各项工作的全面领导，一方面，将全新的工作领域纳入中央决策议事协调机构的建制之中，设立中央全面依法治国委员会（办公室设在司法部）、中央审计委员会（办公室设在审计署）、中央教育工作领导小组（秘书组设在教育部）；另一方面，将原有机构层级全面提升，中央全面深化改革领导小组、中央财经领导小组、中央网络安全和信息化领导小组、中央外事工作领导小组全面升级为相对应的委员会。“小组治大国，大事建小组”是具有中国特色的政治领导模式，中央各领导小组在相当长的时间内发挥着重要的决策议事协调功能。此次改革将具有灵活性与非常设性特征的领导小组，升级为直属中共中央政治局及其常委会的委员会，不仅在组织上使得党的领导更趋制度化，也在功能上完成了由“议事协调”到“顶层设计”的跃升，有助于实现党的领导全覆盖。

第三，改革旨在加强党中央工作机关的“归口协调职能”，即：按照一类事项原则上由一个部门统筹，一件事情原则上由一个部门负责的要求，强化党的职能机构对重点工作的统一筹划。

根据《中共中央政治局关于加强和维护党中央集中统一领导的若干规定》，2018年3月，中央政治局同志首次向党中央和习近平总书记书面述职，自此中央政治局同志向党中央与总书记年度书面述职制度正式建立。这一制度旨在通过报告问题、汇报进展、请示事项等形式，在最高领导层中率先落实政治责任。这一具体制度的定型，强化了以习近平同志为核心的党中央权威和集中统一领导这个根本点，并且与党政机构改革举措形成制度呼应，反映出党政工作决策中心化、顶层化的趋势。①

2. 国务院机构改革。

国务院机构改革的主线是深度整合机构职能。以往行政机构改革多采取以单向简政为主导的改革思路。此次国务院机构改革的思路发生明显变化，即避免裁撤精简的单一导向，更多转化为依托职能整合与重组，推进行政治理体系和治理能力的现代化，主要表现在：

第一，坚持优化协同高效的改革思路，推动一类事项原则上由一个部门统筹、一件事情原则上由一个部门负责，将原先分布于不同部门的同类型职能加以收归，重新配置，消除政出多门。

第二，结合实际工作需要，新建相应的职能部门。例如，针对中国老龄化问题的日益严峻，组建卫生健康委员会，整合全国老龄办相关职能，拟定应对老龄化、医养结合相关政策措施，为国民提供现代化的医疗服务；退役军人事务部的设立，整合了民政部、人力资源社会保障部以及中央军委有关部门职能，为退伍军人提供全方位保障服务；又如，针对频发的食品药品安全问题，整合了原国家工商总局、质检总局、食药监总局职责，组建新的国家市场监督管理总局，力求构建起更加行之有效的现代化市场监管体系。

---

① 赖先进．本轮机构改革的主要特征与方式［N］．学习时报，2018－04－02.

通过改革，国务院行政管理体制由“行业管理”向“混业管理”“功能管理”转变，力图解决以往“大部制”改革后多头执法、政出多门等问题，形成大资源、大生态、大应急、大市场的新体制，从而使行政权在实质和形式层面上都趋向集约高效。在此基础上，国务院机构职能与党中央机构职能彼此契合，从而形成党政协同的总体格局。

3. 全国人大和全国政协改革。

全国人大和全国政协改革，主要是调整专委会设置，以完善自身职能。此次改革中，全国人大新组建“社会建设委员会”，时隔15年首次将专门委员会从9个增加到10个，进一步强化人大的监督职能。全国政协则新组建“农业和农村委员会”，凸显出新时代背景下对于农村、社会等议题的重视。部分专门委员会调整，既是基于修宪后的体制变化所做出的回应，也部分揭示了两大机构今后工作的重点方向。对全国人大而言，社会建设与宪法法律监督的职能将得到加强；而全国政协在履行民生、文教等领域参政议政职能的同时，也将承担更多的政策宣教职责，以组织学习等形式实现党的统一领导与统一战线的进一步对接。

此次改革还涉及征税本制、行政执法、跨军地、群团组织及地方机构等的一系列改革，其特点在于理顺机制、整合力量，并做好中央和地方的机构对接。其中，征税体制改革主要以国税、地税合并为主线，构建统一征税体系；行政执法改革通过理顺权责关系，整合优化权力配置，形成大市场、大环保、大文化、大交通、大农业五大综合执法体制；跨军地改革明确军警民分类，彻底理顺武警部队领导管理和指挥使用关系；群团组织改革针对群团组织“机关化、行政化、贵族化、娱乐化”等问题，在机构设置和职能调整上向基层倾斜，突出其公共服务职能；地方机构改革注重集中与放权相结合，确保央地高效对接。比如，改革提出的地方党政机关探索合署办公要求，就是党政关系重构在地方层面的体现。以新设立的雄安新区为例，新区按照党政合署和精简、高效、统一的原则，组建中共河北雄安新区工作委员会、河北雄安新区管理委员会，合设党政办公室、党群工作部、改革发展局等 7 个办公室，即两个委员会不再分别设立职能部门，从而打破“双头领导”格局。[①] 这是着眼于加强党的领导和优化行政职能所采取的重要举措。

总的来看，这轮机构改革，调整幅度之大，触及利益之深，为改革开放 40 余年来之最。为确保顺利推进，改革以机构编制法定化为准绳，要求强化机构编制管理刚性约束，全面推行机构编制实名制管理，严禁越权审批编制、在限额外设置机构、超职数配备领导干部、擅自增加编制种类、突破总量增加编制等行为，避免改革在具体实施过程中失序或走偏。正如习近平所言：“深化党和国家机构改革是要动奶酪的、是要触动利益的，也是真刀真枪的，是需要拿出自我革新的勇气和胸怀的。”[②] 就深层意义而言，改革内含重温革命传统的政治新特征，实际上是新时代背景下革命在政治体制领域的落实，将对中国的政治结构、治理体系和利益格局产生重大而深远的影响。

（三）国家治理现代化的中国命题

随着国家现代化发展，国家治理越来越成为意义重大的社会课题。国家治理的现代化，是世界一切国家的共同追求，也是中国的不懈追求。2019 年 10 月，党的十九届四中全会审议通过《中共中央关于坚持

---

① 张志红．雄安新区建设中的央地关系新特点［J］．国家治理，2018（17）．

② 习近平关于深化党和国家机构改革决定稿和方案稿的说明［EB］．共产党员网，2018－04－11.

和完善中国特色社会主义制度、推进国家治理体系和治理能力现代化若干重大问题的决定》（以下简称《决定》），指出坚持和完善中国特色社会主义制度、推进国家治理体系和治理能力现代化是全党的一项重大战略任务。

制度建设问题是中国共产党长期关注并研究的重要课题。经过多年改革开放，中国特色社会主义进入新时代，势必要求制度与时俱进，奠定全面建成社会主义现代化国家的基础。党的十八大以来，制度建设的重要性愈加凸显。党的十八大报告提出，全面建成小康社会，要坚决破除一切妨碍科学发展的思想观念和体制机制弊端，构建系统完备、科学规范、运行有效的制度体系，使各方面制度更加成熟、更加定型。党的十八届三中全会首次提出“推进国家治理体系和治理能力现代化”，并把“完善和发展中国特色社会主义制度、推进国家治理体系和治理能力现代化”确定为全面深化改革的总目标。党的十八届五中全会进一步强调，“十三五”时期要实现各方面制度更加成熟、更加定型，国家治理体系和治理能力现代化取得重大进展，各领域基础性制度体系基本形成。

党的十九届四中全会具有里程碑意义，其在新中国成立 70 周年之际，在“两个一百年”奋斗目标历史交汇点上，提出推进国家治理体系和治理能力现代化这一主题，具有十分重要的现实意义和深远的历史意义。此次全会集中体现为 5 个第一次：中央第一次将国家治理体系和治理能力现代化作为主题进行研究，第一次对中国特色社会主义制度和国家治理体系做出重要判断和明确定位，第一次系统总结我国国家制度和国家治理体系的显著优势，第一次提出坚持和完善中国特色社会主义制度、推进国家治理体系和治理能力现代化总目标，第一次明确坚持和完善中国特色社会主义制度、推进国家治理体系和治理能力现代化“三步走”的时间表。时间表具体是指：到中国共产党成立 100 年时，在各方面制度更加成熟、更加定型上取得明显成效；到2035年，各方面制度更加完善，基本实现国家治理体系和治理能力现代化；到新中国成立100年时，全面实现国家治理体系和治理能力现代化，使中国特色社会主义制度更加巩固、优越性充分展现。至此，实现国家治理体系和治理能力现代化的“总目标”，已细化为“三步走”战略，这是对党的十九大提出的“三步走”发展战略的进一步细化和拓展。

《决定》首次系统描绘中国特色社会主义制度图谱，主要有3个亮点。

一是明确中国特色社会主义制度包括党的领导制度体系、人民当家做主制度体系、中国特色社会主义法治体系、中国特色社会主义行政体制、社会主义基本经济制度、社会主义先进文化的制度、民生保障制度、社会治理制度、生态文明制度体系、党对人民军队的绝对领导制度、“一国两制”制度体系、独立自主的和平外交政策、党和国家监督体系共13个方面，这些制度体系相互衔接、有机结合，共同构成了一个完整、有层次和行之有效的国家治理体系。

二是对党的领导制度体系提出了6个方面具体要求。《决定》指出，党的领导制度是国家的根本领导制度。为健全总揽全局、协调各方的党的领导制度体系，要落实6个方面要求，即：建立不忘初心、牢记使命的制度，完善坚定维护党中央权威和集中统一领导的各项制度，健全党的全面领导制度，健全为人民执政、靠人民执政各项制度，健全提高党的执政能力和领导水平制度，完善全面从严治党制度。

三是创新中国特色社会主义基本经济制度。1997年党的十五大提出，以公有制为主体、多种所有制经济共同发展，这是我国社会主义初级阶段的一项基本经济制度。在此基础上，《决定》把按劳分配为主体、多种分配方式并存，社会主义市场经济体制明确为基本经济制度。3项制度相互联系、相互支撑，以实现解放和发展社会生产力的重要目标。

中国共产党把制度建设和治理能力建设摆在更加突出的位置，既是顺势而为，也着眼于长远发展。

二、从政治建设到组织建设

进入新时代的中国共产党，要以自我革命引领新的社会革命，前提就在于加强自身建设。党的十九大明确提出党的政治建设这个重大命题，强调党的政治建设是党的根本性建设，把党的政治建设纳入党的建设总体布局，并摆在首位，这是马克思主义党建理论的重大创新。党的自身建设，涵盖政治建设、思想建设、组织建设、作风建设、纪律建设，制度建设则贯穿其中。政治建设是党的根本性建设，政治能力是党员干部的“第一能力”。政治建设决定党的建设方向和效果，组织建设关乎党的组织力量和队伍体系。党的十九大擘画了决胜全面建成小康社会、全面建设社会主义现代化强国的路线图。建设强有力的组织和高素质专业化的干部队伍，培养选拔一批又一批优秀干部接续奋斗，是实现“两个一百年”奋斗目标的战略安排。在发展环境更趋严峻，风险挑战日渐增多的局势下，把握方向、把握大势、把握全局，保持政治定力、驾驭政治局面、防范政治风险的能力更加重要，政治建设的意义尤其凸显。

（一）以党的政治建设为统领

2018 年 6 月，中共中央政治局专门就加强党的政治建设举行第六次集体学习，强调把党的政治建设摆在首位，以政治建设统领党的建设。其主要精神在于：

第一，马克思主义政党具有崇高政治理想、高尚政治追求、纯洁政治品质、严明政治纪律，如果马克思主义政党政治上的先进性丧失了，党的先进性和纯洁性就无从谈起，这就是把党的政治建设作为党的根本性建设的道理所在。

第二，政治方向是党生存发展第一位的问题，党所要坚守的政治方向，就是共产主义远大理想和中国特色社会主义共同理想、“两个一百年”奋斗目标，就是党的基本理论、基本路线、基本方略。加强党的政治建设，就是要发挥政治指南针作用，引导全党坚定理想信念、坚定“四个自信”，推动全党把坚持正确政治方向贯彻到谋划重大战略、制定重大政策、部署重大任务、推进重大工作的实践中去，坚决纠正偏离和违背党的政治方向的行为。

第三，党是最高政治领导力量，要建立健全坚持和加强党的全面领导的组织体系、制度体系、工作机制，切实把党的领导落实到改革发展稳定、内政外交国防、治党治国治军等各领域各方面各环节。坚持党的政治领导，最重要的是坚持党中央权威和集中统一领导。要引导全党增强“四个意识”，自觉在思想上政治上行动上同党中央保持高度一致。

第四，加强党的政治建设，要紧扣民心这个最大的政治，把赢得民心民意、汇集民智民力作为重要着力点，营造良好政治生态。

第五，党的政治建设落实到干部队伍建设上，就是要不断提高各级领导干部特别是高级领导干部把握方向、把握大势、把握全局的能力，辨别政治是非、保持政治定力、驾驭政治局面、防范政治风险的能力，善于从政治上分析问题、解决问题。

2019 年 1 月，中共中央办公厅印发《中共中央关于加强党的政治建设的意见》（以下简称《意见》），对政治建设做出全面部署。《意见》通篇贯彻和体现“两个维护”这一根本要求，将其作为加强党的政治建设的首要任务，强调坚持和加强党的全面领导，最重要的是坚决维护党中央权威和集中统一领导，最关键的是坚决维护习近平总书记党中央的核心、全党的核心地位，推动各级党组织和党员、干部始终在政治立场、政治方向、政治原则、政治道路上同党中央保持高度一致。①

《意见》从坚定政治信仰、坚持党的政治领导、提高政治能力、净化政治生态4个方面具体阐述了加强政治建设的目标和要求。其中值得注意的若干要点是：

第一，对于党内存在的错误思潮，要坚决防止不信马列信鬼神、不信真理信金钱，坚决反对各种歪曲、篡改、否定马克思主义的错误思想，坚决同一切违背、歪曲、否定党的政治路线的言行做斗争。

第二，对于年轻干部，要实施理想信念宗旨教育计划，大力培养造就具有坚定共产主义信仰和较高马克思主义理论素养的社会主义建设者和接班人。

第三，对于政治两面人问题，要以正确的认识、正确的行动坚决做到“两个维护”，坚决防止和纠正一切偏离“两个维护”的错误言行，不得搞任何形式的“低级红”“高级黑”，决不允许对党中央阳奉阴违做两面人、搞两面派、搞“伪忠诚”。

第四，国家机关履行职责、开展工作要提高政治站位，坚决防止和纠正把政治与业务割裂开来、对立起来的错误认识和做法，确保政治和业务融为一体、高度统一。

第五，强化忧患意识、风险意识，增强政治敏锐性和政治鉴别力，对容易诱发政治问题特别是重大突发事件的敏感因素、苗头性倾向性问题，对意识形态领域各种错误思潮、模糊认识、不良现象，保持高度警惕，及时阻断不同领域风险转换通道，防止非公共性风险扩大为公共性风险、非政治性风险演变为政治风险。

---

① 为加强党的政治建设提供基本遵循——中央办公厅负责人就《中共中央关于加强党的政治建设的意见》答记者问［N］. 人民日报，2019-02-28.

第六，要增强斗争精神，发现违反政治纪律、危害政治安全的行为坚决抵制，做勇于斗争的“战士”，不做爱惜羽毛的“绅士”，严防对挑战政治底线的错误言论和不良风气听之任之、逃避责任、失职失察。

第七，坚持“五个决不”，决不允许背离党中央要求另搞一套，决不允许在党内培植个人势力，决不允许擅作主张、我行我素，决不允许搞非组织活动，决不允许领导干部亲属和身边工作人员擅权干政、谋取私利。严肃查处“七个有之”问题，把政治上蜕变的两面人及时辨别出来、清除出去，坚决防止党内形成利益集团攫取政治权力、改变党的性质，坚决防止山头主义和宗派主义危害党的团结、破坏党的集中统一。

第八，坚决抵制庸俗腐朽的政治文化，狠刹权权交易、权钱交易、权色交易等不正之风，破除关系学、厚黑学、官场术等封建糟粕，坚决防止和反对个人主义、分散主义、自由主义、本位主义、好人主义，坚决防止和反对宗派主义、圈子文化、码头文化。

总的来看，《意见》直接针对过去一个时期党内存在的各种形式的政治问题，从正反两面提出了全面的政治纠偏方案，对于保持共产党人的政治本色具有重要意义。

作为政治建设的一项重要制度，2019 年 2 月公布的《中国共产党重大事项请示报告条例》（以下简称《请示报告条例》），对于加强党的集中统一领导，无疑具有重大意义。《请示报告条例》旨在严明党的政治纪律、组织纪律和工作纪律，专门针对一些地方和部门请示报告意识不强、内容把握不准、程序方式不规范，一些党组织在请示报告上打折扣、搞变通、不实事求是等问题，对什么是请示报告、谁向谁请示报告、请示报告什么、怎么请示报告等基本问题做出明确规定，从而推动请示报告工作全面走上制度化、规范化、科学化轨道，保证全党全国服从党中央和政令畅通。

《请示报告条例》明确规定，涉及党和国家工作全局的重大方针政策，经济、政治、文化、社会、生态文明建设和党的建设中的重大原则和问题，国家安全、港澳台侨、外交、国防、军队等党中央集中统一管理的事项，以及其他只能由党中央领导和决策的重大事项，必须向党中央请示报告。此外，《请示报告条例》还首次建立了重大事项请示报告责任追究制度，明确对7种情形追究责任，即：违反政治纪律和政治规矩，擅自决定应当由党中央决定的重大事项，损害党中央权威和集中统一领导的；履行领导责任不到位，对重大事项请示报告不重视不部署，工作开展不力的；违反组织原则，该请示不请示，该报告不报告的；缺乏责任担当，推诿塞责、上交矛盾、消极作为的；搞形式主义、官僚主义，请示报告内容不实、信息不准，造成严重后果的；违反工作要求，不按规定程序和方式请示报告，造成严重后果的；其他应当追究责任的情形。

总的来看，《请示报告条例》突出问题导向，确立了请示报告的工作体制，厘清了请示报告的主体、范围和内容、程序和方式、监督与追责，但也注意抓大放小，主要对请示报告中的基本问题做出规定，对一些需要在实践中细化的问题做出原则性规定，从而为地方结合实际制定具体落实措施留出必要空间。

（二）明确新时代党的组织路线

培养造就一代又一代红色接班人，是一项百年大计。2018年7月，全国组织工作会议首次阐明了新时代党的组织路线，即：全面贯彻新时代中国特色社会主义思想，以组织体系建设为重点，着力培养忠诚干净担当的高素质干部，着力集聚爱国奉献的各方面优秀人才，坚持德才兼备、以德为先、任人唯贤，为坚持和加强党的全面领导、坚持和发展中国特色社会主义提供坚强组织保证。

贯彻新时代党的组织路线不仅继承了党的组织原则，巩固了前期从严治党成果，也反映了新局势下的新要求。党的十八大以来，全面从严治党取得显著成效，但党面临的“四大考验”“四种危险”是长期的、尖锐的，影响党的先进性、弱化党的纯洁性的因素也是复杂的，党内存在的思想不纯、政治不纯、组织不纯、作风不纯等突出问题尚未得到根本解决。在这样的形势下，组织路线必须服务于政治路线。新时代党的组织路线是以习近平新时代中国特色社会主义思想为指导，针对党的领导、党的建设和党的组织工作范畴提出的，核心是明确培养、选拔、使用干部的思想原则和组织原则。政治性是其首位要求，最终目的是从组织上保证党的政治路线的贯彻落实。“正确的政治路线要靠正确的组织路线来保证”，遵循正确的组织路线，选拔出政治过硬、作风优良、敢于担当、能力突出的高素质干部，是党的事业得以推进的基础。

新时代党的组织路线更加注重党的组织体系建设。组织体系建设是全党团结统一和行动一致的根基，能保证党的决定得到迅速有效的贯彻执行，必须遵循民主集中制的根本组织原则。只有在“个人服从组织、全党服从中央”的指导下，党的中央组织、地方组织、基层组织等才会组成严密有序、整肃生动的组织体系。此次全国组织工作会议明确了党的各级组织的地位与任务：党中央必须有定于一尊、一锤定音的权威；党的地方组织的根本任务是保证党中央决策部署贯彻落实，有令即行、有禁即止；党组在党的组织体系中具有特殊地位，要贯彻落实党中央和上级党组织决策部署；每个党员都要强化党的意识和组织观念，自觉做到思想上认同组织、政治上依靠组织、工作上服从组织、感情上信赖组织。此次会议特别强调要加强党的基层组织建设，关键是从严抓好落实。同时要以提升组织力为重点，突出政治功能，加强企业、农村、机关、事业单位、社区、社会组织等各领域的党建工作，并探索加强新兴业态和互联网党建工作。

贯彻新时代党的组织路线重点是要做好干部培育、选拔、管理、使用工作。此次会议提出了通过建立素质培养、知事识人、选拔任用、从严管理、正向激励“五大体系”，建设忠诚干净担当的高素质干部队伍的战略任务，另外，还要求各级党委肩负起发现、培养起用年轻干部的政治责任，在培养选拔优秀年轻干部时，要放眼各条战线，并让他们经受重要岗位磨炼，对有培养前途的优秀年轻干部要不拘一格大胆任用，从而为年轻干部提供广阔的发展空间。

（三）自上而下构建与完善党的组织制度体系

中国共产党作为按照民主集中制原则组织起来的马克思主义政党，组织严密是独特优势。近年来，着眼于形成党的中央组织、地方组织、基层组织上下贯通、执行有力的严密体系，中央针对各类党组织分门别类出台一系列基础主干党内法规，如《中国共产党中央委员会工作条例》《中国共产党地方委员会工作条例》《中国共产党组织工作条例》《中国共产党党组工作条例》《中国共产党工作机关条例（试行）》等，为健全和完善党的组织体系提供了坚实的制度保障，形成了组织制度体系的完整版图，以“中国之制”巩固和实现“中国之治”。

2020 年 10 月，中共中央印发《中国共产党中央委员会工作条例》，完善中央领导体制。中央委员会的制度建设，是党的政治建设的重大问题，是党的领导制度体系建设的核心问题。制定出台该条例，是党和国家政治生活的一件大事。该条例着眼于保证党的团结统一，坚持和加强党的全面领导，坚定维护党中央权威和集中统一领导，尤其为保障“两个维护”，做出一系列制度安排，阐明了中央工作要坚持党的指导思想、肩负重大政治使命、牢牢把握政治原则 3 项总体要求，对巩固党中央领导地位、健全党中央领导体制，落实把方向、谋大局、定政策、促改革的重大政治责任做了具体规定，并针对领导成员提出了加强自身建设的严格要求，是实现党中央工作的制度集成、党中央以身作则加强和改进领导工作、打造坚强有力领导集体的关键之举，向全党、全社会乃至全世界提供了“中国共产党为什么”的最重要制度解释。

中央修订印发的《中国共产党地方委员会工作条例》，进一步完善了地方党委制度。省市县三级地方党委在本地区贯彻落实中央部署，推动党的领导和党的自身建设更好发展中居于关键位置。该条例着眼于构建科学高效的地方党组织权力运行机制，对于巩固地方党委，更好发挥党在各项事业中的领导作用，实现地方党委工作的科学化水平具有重要作用。它健全了地方党委发挥本地方领导核心作用的制度基础，规范了地方党委组织架构和成员配备，完善了地方党委运行机制，完善了地方党委决策程序。

此外，中央还制定出台了《中国共产党农村基层组织工作条例》《中国共产党党和国家机关基层组织工作条例》《中国共产党普通高等学校基层组织工作条例》《中国共产党国有企业基层组织工作条例（试行）》《中国共产党支部工作条例（试行）》等，强化基层党建。

随着“互联网+党建”、智慧党建、大数据党建、微党建、党建云、计量党建等各种新实践形式的涌现，互联网党建正成为一种新型党建形态。各地基层也逐渐摸索出适应当地实际的党建创新形式，如黑龙江绥棱县开展“五星党组织”创建活动，内蒙古赤峰市探索推行全领域基层党建融合发展，福州市推进街道管理体制改革，河南安阳市北关区在楼院建立“党建联谊小组”，上海静安区打造“白领驿家”党建服务站，等等。为扩大基层党组织覆盖范围，商业街区党支部、临时项目党支部、联合党支部、流动党支部等薄弱环节也加强了组织建设。

除了中央、地方、基层纵向维度的组织体系建设，横向维度的制度化建设也在同步推进。2017 年 4 月，中共中央印发《中国共产党工作机关条例》，提高党的工作机关的履职能力和工作水平。党的工作机关是党实施政治、思想和组织领导的政治机关，是落实党中央和地方各级党委决策部署，实施党的领导、加强党的建设、推进党的事业的执行机关。该条例规范了党的工作机关设立、职责和运行等重要方面，全面回答了党的工作机关的种类、设立、组成、运行、履职尽责等方面的基本问题，有利于党的工作机关职责明确、各负其责，为其依规依法开展党务工作、行使权力提供了基本遵循。

2019 年 4 月，中共中央印发新修订的《中国共产党党组工作条例》，充实党组职能要求，明确党组政治责任。党组作为党在中央和地方国家机关、人民团体、经济组织、文化组织和其他非党组织的领导机关中设立的领导机构，在本单位发挥着领导作用。该条例进一步细化了党组设立的条件标准，明确了机关党组和分党组设立规范，重点规定了党组的职责任务。该条例把党的十九大党章修正案对党组职责的新规定进一步细化，与党中央关于深化党和国家机构改革部署相衔接，对于加强和改善党的领导、提高党的执政能力，具有重要意义。

2021 年 5 月，中共中央印发《中国共产党组织工作条例》，这是建党 100 年来第一部关于组织工作的基础主干党内法规，是对百年来组织工作法规制度建设实践与经验的深刻总结，为贯彻新时代党的建设总要求和新时代组织路线，健全和完善党的组织体系，加强党的全面领导、确保党中央权威和集中统一领导，提供了坚实制度保障。该条例以坚持党的全面领导，坚持组织路线服务政治路线，坚持民主集中制，坚持党的群众路线，坚持党管干部、党管人才，坚持德才兼备、以德为先、任人唯贤，坚持党的组织和党的工作全覆盖，坚持实事求是、公道正派，坚持依法依规、科学规范为原则，在党的组织体系建设方面提出严密组织、增强功能、强壮队伍等要求，构建纵向到底、横向到边的严密组织架构，突出组织的基础性作用；在干部工作方面，对完善管理体制、加强班子建设、健全干部工作“五大体系”等做出规定，围绕新时代好干部标准对干部成长做出全链条制度规定，坚决杜绝“昏官、懒官、庸官、贪官”；在人才工作方面，明确了完善领导体制、加强队伍建设、加强人才资源开发等重要要求，保障人才强国战略、创新驱动发展战略、高水平科技自立自强等工作的推进。

（四）中央密集推出干部和人才新政

进入新时代以后，实现新时代的新使命需要以更大力气推进改革创新，这就需要一大批敢于负责、勇于担当、善于作为、实绩突出的干部。经过前期的反腐整顿，政治生态和官员作风得到显著改善，这为推出干部和人才新政提供了基础。中央倡导发掘实干人才，特别注重年轻干部的培养、选任、考评、监督等工作。

2018 年 5 月，中共中央办公厅印发《关于进一步激励广大干部新时代新担当新作为的意见》，针对建立激励和容错机制、鼓励干部担当作为提出明确要求。同年 6 月，中共中央政治局会议审议《关于适应新时代要求大力发现培养选拔优秀年轻干部的意见》（以下简称《优干意见》），强调采取有效措施擢用年轻干部。两份文件都指向近年来日益突出的官员懒政、怠政问题，意在通过释放政策红利，减轻官员思想包袱，激发其干事创业的热情，以推动改革取得实质进展。

讲政治、重实绩、倡包容，全方位优化干部成长路径，培养忠诚干净担当的高素质干部，是这两项政策的一个主旨。

《优干意见》着意加强年轻干部的流动性，要求大胆任用有培养前途的年轻干部，优化其成长路径，既遵循规律又不唯资历论。其提出了年轻干部的培养选拔标准，即：忠实贯彻习近平新时代中国特色社会主义思想、全心全意为人民服务，适应新使命新任务新要求、经得起风浪考验，数量充足、充满活力的高素质专业化年轻干部队伍。总的来看，此次推出的干部新政是体系性的，从发现、考察、选用，到管理、监督、纠错、保障，各项政策环环相扣。《优干意见》要求把发现培养选拔年轻干部工作实效作为党建工作考核的重要内容，无疑是在“年龄”标准问题上的再调整和再平衡，目的就是要给年轻干部希望。

2019 年 3 月，中共中央印发了修订后的《党政领导干部选拔任用工作条例》，进一步推进干部选拔任用工作制度化、规范化、科学化，不断提高选人用人的质量和水平。

另外，《关于分类推进人才评价机制改革的指导意见》和《关于深化人才发展体制机制改革的意见》先后出台，为树立正确用人导向、激励引导人才发展提供了指引。全国组织工作会议明确要求着力培养忠诚干净担当的高素质干部，着力集聚爱国奉献的各方面优秀人才，释放出倡导干部积极作为、奋发奋进的强烈信号。值得注意的是，十三届全国人大常委会第七次会议表决通过《中华人民共和国公务员法（修订草案）》，新法确立了职务与职级并行制度，为建设高素质专业化的公务员队伍提供了法律保障。

透过一系列干部新政，可以看到选人用人导向的诸多变化：一是在干部培养上，注重源头培养、跟踪培养、全程培养，把理想信念教育、知识结构改善、能力素质提升贯穿于干部成长全过程。二是在干部选任上，在更加突出政治忠诚和担当实干的双重导向的同时，着力破除唯年龄、唯文凭、唯经验等倾向，防止标准僵化、机械化，打破圈子文化，制约和避免地方主义。同时，干部选任也形成了一些客观标准。三是在干部使用上，鼓励改革探索，明确容错纠错的原则和界限，完善赏罚并举的激励制度。

（五）全面加强干部教育和党员教育

干部教育被视为党的干部队伍建设的“先导性、基础性、战略性工程”。随着中国特色社会主义进入新时代，外部环境发生深刻变化和国内经济社会运行出现新问题新挑战，中央要求加强和改进干部教育培训，不断提高党的执政能力和领导水平，不断提高广大干部的政治素质和执政本领，以打造更有战斗力的干部队伍。中共中央印发的《2018—2022 年全国干部教育培训规划》（以下简称《干部教育规划》），对当前和今后一个时期干部教育培训工作做出全面部署，其要点有：第一，新时代干部教育培训，核心内容是全面深入学习习近平新时代中国特色社会主义思想；第二，对党政领导班子、机关公务员、企业领导人员、事业单位领导人员、专业技术人员、年轻干部、基层干部怎么培训和学习都做了详细安排；第三，明确三大体系建设，即优化分类分级培训体系，将培训对象细分为党政领导班子成员、机关公务员、企业领导人员、事业单位领导人员、专业技术人员、年轻干部、基层干部七大类，分别明确了每一类干部培训的目标和重点。

党员教育是党的建设基础性经常性工作。历史上，中共中央办公厅曾分两次印发两轮五年规划，部署推进全国党员教育培训工作。党的十九大报告提出“要增强党员教育管理的针对性和有效性”。2019 年 5 月，中共中央印发《中国共产党党员教育管理工作条例》（以下简称《党员教育条例》）。《党员教育条例》确立了党员日常教育管理的制度性规范，体现出以制度建设促进党建的教育管理思路。其亮点有三：一是把革命教育常态化，二是对流动党员管理规范化，三是将党员教育管理信息化。

随后，中共中央办公厅印发《2019—2023 年全国党员教育培训工作规划》（以下简称《党员教育规划》），从内容上看，可以分为总体要求和具体安排两方面。一方面，学习贯彻习近平新时代中国特色社会主义思想是首要政治任务。该规划提出，要用5年时间，有计划分层次高质量开展党员教育培训，把全体党员普遍轮训一遍，实现习近平新时代中国特色社会主义思想学习教育更加扎实深入、教育培训效果更加显著。另一方面，在具体贯彻落实措施上，该规划提出要聚焦基本任务，围绕中心工作，体现不同领域和群体党员特点，有针对性地安排教育培训内容，把党性教育和理想信念教育贯穿始终。

《党员教育条例》为党员教育常态化提供了制度保证，《干部教育规划》和《党员教育规划》则明确了干部教育和党员教育的任务书、时间表、路线图，开创了新时代党员教育培训工作新局面，对于提高干部和党员教育培训工作质量，建设马克思主义学习型政党，具有重要意义。

三、从纪检改革到持续反腐

全面从严治党，是中国共产党在复杂的内外形势下，回应“提供什么样的领导力量”这一根本问题给出的政治答案。读懂新时代中国共产党，就要了解中国共产党是如何恪守初心使命和理想信念，做到“两个始终”的。中国共产党引领下的民族复兴之路，既是一场社会革命，也是一场自我革命。以自我革命引领社会革命，以社会革命推动自我革命，自我革命和社会革命互促共进，是跳出“历史周期律”的一个基本方法。经过党的十八大以来新的实践，党给出了自我革命的答案。党的十九届六中全会审议通过的《中共中央关于党的百年奋斗重大成就和历史经验的决议》指出：“勇于自我革命是中国共产党区别于其他政党的显著标志，自我革命精神是党永葆青春活力的强大支撑。”要想战胜前进路上可以预见或者不可预见的各种困难，关键在于中国共产党勇于自我革命，将自己打造成坚持和发展中国特色社会主义、能够经受住各种风险考验的领导核心。

党的十九大以来，面对严重损害党的先进性、纯洁性，严重影响党的形象和威信，严重损害党群干群关系的管党不力、管党不严问题，中央坚持以上率下，以作风建设为切口，以反腐败斗争为着力点，坚定“打虎”“拍蝇”“猎狐”，取得显著成果。2021 年，全国纪检监察机关共接收信访举报 386.2 万件次，处置问题线索 182.6 万件，立案 63.1 万件，处分 62.7 万人（含省部级干部 36 人），运用“四种形态”批评教育帮助和处理共 212.5 万人次。[①] 总体而言，在全面从严治党的形势下，重拳反腐态势不减、力度不松，解决了一些过去认为不可能解决的问题，党风政风为之一新，社会风气为之一振，为推进新时代事业奠定了坚实基础。

（一）四级纪检监察体制改革全部到位

纪检监察体制改革是实现国家治理体系和治理能力现代化的重要举措，涉及体制、权力、关系的重大调整。党的十八届三中全会拉开了新一轮纪检监察体制改革的大幕，全面深化中央以及地方各级的纪检监察体制改革。党的十九大对此做出部署。2018 年修改后的《中华人民共和国宪法》以根本法的形式确立了监察权力体系。《中华人民共和国监察法》设“监察机关及其职责”一章，规定了各级监察委员会及其主任的产生方式和任期；设“监察范围和管辖”一章，划定了监察权限；设“监察程序”一章，为整个监察体制的设立和运转提供了详细的法律依据。2018 年 3 月，“中华人民共和国国家监察委员会”正式揭牌，同时在中央纪委国家监委机关举行新任国家监察委员会副主任、委员宪法宣誓仪式。国家层面，国家监察委员会正式成立，意味着纪委与监委实现全面整合，纪检监

① 中央纪委国家监委通报 2021 年全国纪检监察机关监督检查、审查调查情况［EB］. 中央纪委国家监委网，2022－01－21.

察体制改革由试点迈入全面深化新阶段。地方层面，各级监察委员会已完成组建和人员转隶，共划转编制6.1万个、转隶干部4.5万人，一定程度上解决了力量分散、多头管理、管理空白、效率低下等问题。

国家监察委员会整合了原监察部和原国家预防腐败局的职责以及最高人民检察院的反贪职责，同中央纪委合署办公，履行纪检、监察两项职责，实行一套工作机构、两个机关名称。国家监察委员会的成立，使过去“一府两院”的架构发展为“一府一委两院”，改变了以往监察权隶属于行政权的权力结构，从而由内部监督、同体监督转向外部监督、异体监督。

此类重大机构实施改革之后，体制改革的重点转向推动纪法衔接。国家监察委员会拥有对职务违法和职务犯罪的调查权，其调查结果可依法直接作为司法审判的证据，大大节省了办案成本，纪法衔接更加顺畅。2018年以来，《国家监察委员会管辖规定（试行）》《党组讨论和决定党员处分事项工作程序规定（试行）》《纪检监察机关监督检查审查调查措施使用规定》等相继发布。另外，信访举报等制度进一步规范，《国家监察委员会与最高人民检察院办理职务犯罪案件工作衔接办法》等制度规定得以实施。2018年10月，十三届全国人大常委会第六次会议表决通过《全国人民代表大会常务委员会关于修改〈中华人民共和国刑事诉讼法〉的决定》，推动党纪国法的分工配合与衔接。

（二）完善纪法制度体系强化从严治党

为确保监察工作有法可依，2018年3月，十三届全国人大第一次会议表决通过《中华人民共和国监察法》（以下简称《监察法》），深化了国家监察体制改革，加强了党中央对反腐败工作的集中统一领导，构建起集中统一、权威高效的中国特色国家监察体制。《监察法》的发布加强了对所有行使公权力的公职人员的监督，实现了国家监察全面覆盖。对所有公职人员进行监督、调查职务违法和职务犯罪、开展廉政建设和反腐败工作，有利于标本兼治，巩固反腐败斗争压倒性胜利态势。

2018 年 8 月，新修订的《中国共产党纪律处分条例》（以下简称《条例》）发布，以党的十八大以来监督执纪实践为基础，着力凸显纪律的政治性、时代性与针对性。其要点有：第一，纪法配合。《条例》规定，党组织在纪律审查中发现党员严重违纪涉嫌违法犯罪的，原则上先做出党纪处分决定，按照规定给予政务处分后，再移送有关国家机关依法处理。“法律是治国之重器，纪律是治党之戒尺”，两者相互配合、相互促进、相互保障，共同实现善治。第二，着眼实际。《条例》对反腐中发现的新问题做出了及时回应，从而有针对性填补纪律漏洞。对新型违纪行为，如以学习培训、考察调研为名变相公款旅游等“四风”隐性变异行为，贯彻党中央决策部署只表态不落实、热衷于搞舆论造势等形式主义、官僚主义行为，以及对利用职权或者职务上的影响通过购买信托产品、基金等方式非正常获利行为，都做了明确规定，并将党员领导干部不重视家风建设，对配偶、子女及其配偶失管失教等行为纳入了违反生活纪律的范畴。第三，强化执行。制度生命力在于执行，违纪必究需要执纪者的表率与担当。《条例》强化全面从严治党永远在路上，不仅向全党敲响了警钟，更要求纪检监察机关和纪检监察干部真正担起责任。

2019 年 1 月，中共中央办公厅印发了《中国共产党纪律检查机关监督执纪工作规则》（以下简称《规则》），明确纪检监察机关的职、权、责，为其依规依纪依法开展工作提供了制度基础。第一，明确领导体制。政治性是监督执纪工作的显著特征，其首要原则是坚持和加强党的全面领导。纪律检查工作坚持双重领导体制，《规则》既规定了上级纪委的领导责任，又着重强调各级党组织监督检查的主体责任，要求严格执行请示报告制度，实现“两个维护”，保证政令统一。第二，强化监督职能。纪委的职责是监督执纪问责，监委的职责是监督调查处置，监督是纪检监察机关的基本职责。《规则》重点强调将纪律监督、监察监督、巡视监督、派驻监督结合起来，盯住人、盯紧事，加强日常监督。第三，加强制度建设。《规则》通过分解权力，对信访举报、监督检查、线索处置、谈话函询、初步核实、审查调查、审理等全流程进行整合、优化，规范各个环节的具体审批事项，体现了全流程管控，健全了内部制衡、控制机制，促进各要素相互协调、相互制约。第四，完善管理机制。《规则》既强调纪检监察机关内部自我监督，又规定其须自觉接受党内监督、社会监督和群众监督，加强政治建设和作风建设，建立和完善制度建设，严格执行干预登记、回避、借调、保密脱密、安全责任等制度，严肃处理越权滥权、失职失责等行为，并建立办案质量责任制和案件处置重大失误终身问责制。

2021 年 9 月，《中华人民共和国监察法实施条例》（以下简称《条例》）公布并实施，这是国家监察委员会成立后制定的第一部监察法规。《条例》全面系统规范监察工作，解决监察工作中的突出问题，强化对监察机关和监察人员的监督制约，对总则、监察机关及其职责、监察范围和管辖、监察权限、监察程序、反腐败国际合作、对监察机关和监察人员的监督等内容做出规定，对监察制度进行科学化、体系化集成，是一部全面系统规范监察工作的基础性法规。《条例》将“受贿行贿一起查”，监察监督与纪律监督、派驻监督、巡视监督的统筹衔接、贯通协同，查封、扣押、冻结涉案财物规范程序等实践中的经验，上升为制度规范，有利于监察机关有效规范开展监督执法工作。

（三）围绕“三大攻坚战”整治作风

十九届中央纪委二次全会要求纪检监察工作聚焦防范化解重大风险、

精准脱贫和污染防治三大攻坚战，重点整治形式主义、官僚主义、怠政懒政不作为等问题。一是为防范化解重大风险提供纪律保障，紧盯重点领域和关键环节，着力解决选人用人、审批监管、资源开发、金融信贷、大宗采购、土地出让、房产开发、工程招投标以及公共财政支出等方面的腐败问题，不断增强震慑遏制作用。二是从脱贫攻坚领域切入，针对“四个意识”不强、责任落实不到位、工作措施不精准、资金管理使用不规范、工作作风不扎实、考核监督从严要求不够等问题，展开专项治理，整治群众身边腐败问题。中央纪委国家监委网站开通“扶贫领域腐败和作风问题曝光专区”，重点查处贪污挪用、截留私分、虚报冒领、强占掠夺等行为，集中曝光典型案例。对于民生资金、“三资”管理、征地拆迁、教育医疗等领域的严重违纪违法行为，以及性质恶劣的涉黑腐败，各地纪检监察部门也加大了查处力度。三是集中查处生态环保等领域的严重违纪违法行为。2019 年 5 月，《中央生态环境保护督察纪律规定》发布，对中央生态环境保护督察组及其成员提出 10 项要求，确保中央生态环境保护督察工作风清气正。同时，纪检监察也更突出对重要岗位“关键少数”的监督以及对督察执法、环评审批等重要领域和关键环节权力行使情况的监督，以官场生态整治推动生态环境保护，具有重要的警示意义。

（四）刀刃向内完善对监督者的监督

纪检监察工作是保持党的政治本色、提升党的执政能力、保持党的先进性和纯洁性的利剑。但纪检监察机关不是“保险箱”，纪检监察干部也没有天然的“免疫力”。如何加强对监督者的监督，保持纪检监察队伍忠诚坚定、遵纪守法、担当尽责，防止掌权者滥权、执纪者违纪，是全面从严治党的重要前提。

十八届中央纪委二次全会强调打铁还需自身硬，加强纪检监察队伍建设；五次全会上提出防止“灯下黑”，“清理好门户”；六次全会要求建设忠诚干净担当的纪检监察队伍；七次全会要求加强纪检监察队伍自我监督，特别是自觉接受党内和社会监督。在不断完善内部监督的同时，中央还致力于实现人大监督和外部监督的常规化，从而构建全面立体的监督体系。

2018 年 1 月，十九届中央纪委二次全会将加强纪检监察机关自身能力建设，强化自我监督、自觉接受监督，建设忠诚干净担当的纪检监察干部队伍，作为工作重点予以部署。《监察法》也专章规定“对监察机关和监察人员的监督”。2018 年，《中央纪委国家监委领导班子关于改进工作作风的实施办法》《国家监察委员会特约监察员工作办法》相继发布，推动监察机关依法接受民主监督、社会监督、舆论监督，使社会对监察机关的全面监督走向规范化。中共中央政治局专门就深化国家监察体制改革举行第十一次集体学习，强调及时打扫庭院、清理门户；此后中央纪委常委会召开会议，再次强调从严从实强化自我监督，把纪检监察权力关进制度笼子。中央在新的历史条件下为纪检监察机关定制度、立规矩，既体现了党对纪律检查工作的高度重视，也以制度建设回应了社会关切。

十九届中央纪委三次全会强调，要以新时代中国特色社会主义思想为指导，增强“四个意识”、坚定“四个自信”、做到“两个维护”，以党的政治建设为统领全面推进党的建设，取得全面从严治党更大战略性成果，巩固发展反腐败斗争压倒性胜利，一体推进不敢腐、不能腐、不想腐，健全党和国家监督体系，确保党的十九大精神和党中央重大决策部署坚决贯彻落实到位，以优异成绩庆祝中华人民共和国成立 70 周年。

十九届中央纪委四次全会强调，要以新时代中国特色社会主义思想为指导，全面贯彻党的十九大和十九届二中全会、三中全会、四中全会精神，一以贯之、坚定不移全面从严治党，坚持和完善党和国家监督体系，强化对权力运行的制约和监督，确保党的路线方针政策贯彻落实，为决胜全面建成小康社会、决战脱贫攻坚提供坚强保障。要深刻把握党风廉政建设规律，一体推进不敢腐、不能腐、不想腐；要完善党和国家监督体系，统筹推进纪检监察体制改革。要继续健全制度、完善体系，使监督体系契合党的领导体制，融入国家治理体系，推动制度优势更好转化为治理效能；要用严明的纪律维护制度，增强纪律约束力和制度执行力。要完善全覆盖的制度执行监督机制，强化日常督察和专项检查。要把制度执行情况纳入考核内容，推动干部严格按照制度履职尽责、善于运用制度谋事干事。

十九届中央纪委五次全会强调，全面从严治党首先要从政治上看，不断提高政治判断力、政治领悟力、政治执行力。党的十八大以来，尽管党风廉政建设和反腐败斗争取得了历史性成就，但形势依然严峻复杂。必须清醒看到，腐败这个党执政的最大风险仍然存在，存量还未清底，增量仍有发生。政治问题和经济问题交织，威胁党和国家政治安全。传统腐败和新型腐败交织，贪腐行为更加隐蔽复杂。腐败问题和不正之风交织，“四风”成为腐败滋长的温床。反腐败斗争长期存在，稍有松懈就可能前功尽弃，反腐败没有选择，必须知难而进。

十九届中央纪委六次全会强调，总结运用党的百年奋斗历史经验，坚持党中央集中统一领导，坚持党要管党、全面从严治党，坚持以党的政治建设为统领，坚持严的主基调不动摇，坚持发扬钉钉子精神加强作风建设，坚持以零容忍态度惩治腐败，坚持纠正一切损害群众利益的腐败和不正之风，坚持抓住“关键少数”以上率下，坚持完善党和国家监督制度，以伟大自我革命引领伟大社会革命，坚持不懈把全面从严治党向纵深推进。要巩固拓展党史学习教育成果，更加坚定自觉地牢记初心使命、开创发展新局；要强化政治监督，确保完整、准确、全面贯彻新发展理念；要保持反腐败政治定力，不断实现不敢腐、不能腐、不想腐一体推进的战略目标；要加固中央八项规定的堤坝，锲而不舍纠“四风”树新风；要加强年轻干部教育管理监督，教育引导年轻干部成为党和人民忠诚可靠的干部；要完善权力监督制度和执纪执法体系，使各项监督更加规范、更加有力、更加有效。

在推进监督制度化的同时，惩治纪检监察工作中的腐败行为，也是一个重点。2021 年，全国共谈话函询纪检监察干部 9500 余人次，对纪检监察干部立案 2700 余件，处分 2900 余人，移送司法机关 110 余人。[①] 这组数据充分说明，纪检监察机关持续刀刃向内、刮骨疗毒、加强自身建设，防止“灯下黑”。

总的来看，除人大监督、社会监督以及与审判机关、检察机关、执法部门的相互制约之外，纪检监察系统的改革实践，使得监督不局限于上下级之间的纵向监督，还包括新型内部运行机制的相互制约特性所产生的平级制衡，从而防止出现权力过大、权力滥用等问题。[②]

（五）十九届中央首轮巡视呈现新特点

十九届中央首轮巡视是对河北、山西等 14 个省区，住房和城乡建设部等 8 个中央单位，中国核工业集团有限公司等 8 家中央企业党组织开展常规巡视。巡视省区涉及的沈阳等 10 个副省级城市党委和人大常委会、政府、政协党组主要负责人，首次被纳入巡视范围。根据巡视反馈情况，中央巡视组在 14 个省区和 10 个副省级城市都发现了一些问题。从这些

---

① 中央纪委国家监委通报 2021 年对纪检监察干部监督检查审查调查情况［EB］. 中央纪委国家监委网，2022－02－23.

② 鄂随法. 如何理解监察机关各部门相互协调制约机制——监察机关强化自我监督的有力举措［J］. 中国纪检监察，2018（16）.

“问题清单”和中央巡视组提出的整改要求，可以看出党的十九大后中央巡视的新特点。

一是“两个维护”是巡视工作的根本政治任务。巡视工作本质是政治巡视。首轮中央巡视把发现被巡视党组织在学习贯彻习近平新时代中国特色社会主义思想和党的十九大精神方面存在的问题作为重点。

二是“六个围绕、一个加强”是巡视工作的主要内容。按照《中央巡视工作规划（2018—2022 年）》，巡视要围绕政治建设，重点检查维护党中央权威和集中统一领导情况；围绕思想建设，重点检查学习贯彻习近平新时代中国特色社会主义思想情况；围绕组织建设，重点检查选人用人和基层党组织建设情况；围绕作风建设，重点检查整治“四风”情况；围绕纪律建设，重点检查党规党纪执行情况；围绕夺取反腐败斗争压倒性胜利，重点检查领导干部廉洁自律和整治群众身边腐败问题情况。同时，深化政治巡视，立足巩固巡视成果，加强对十八届巡视整改情况的监督检查。

政治巡视是管党治党的重要手段。党的十九大以来，中央巡视组创新方式方法，加大工作力度和巡视的覆盖范围，进一步完善了政治巡视的内容和方式方法，做出新部署、提出新要求、进行新探索。政治巡视的任务目标极为明确，各巡视组根据巡视发现的问题，对被巡视地区提出了具有针对性的整改意见，明确要求由纪检机关和组织部门加强整改，落实日常监督。这一系列动作凸显了中央巡视在消除政治积弊、落实“两个维护”、保持党的先进性纯洁性、巩固党的长期执政地位等方面的重要作用。

第三章　从改革强军到练兵备战

近年来，国际军事形势发生了复杂变化，军事竞争愈演愈烈。美国重拾冷战论调，大肆炒作“大国竞争”概念，对其全球军事部署做出重大调整，将军事力量集中到印太、欧洲和中东 3 个关键地区，其中印太地区的力量不断集聚，直接加重了中国的军事压力。除了军事威慑之外，美国对华“混合战争”攻势也加码升级，从单方面挑起贸易战到打压中国高科技企业，从借故“航行自由”扰乱南海局势到造谣新疆和西藏存在人权问题，从插手、资助香港动乱事件到反复利用台湾牵制中国，这一系列目不暇接的混合战术，对中国构成了严峻挑战。

与此同时，近年来，美俄紧张局势升级，特别是 2019 年 8 月，美国退出《中导条约》，美俄矛盾全面升级，进入对抗新时期。北约举行冷战结束以来最大规模军演，俄罗斯也组织近年来规模最大的战略演习，法、德呼吁打造“欧洲军队”，全球军事同盟关系迎来深度调整。在东欧地区，俄罗斯对乌克兰展开特别军事行动，西方纷纷制裁俄罗斯，美国、欧盟、俄罗斯围绕乌克兰的地缘政治大博弈已经展开。在中亚地区，2021 年 8 月，盘踞阿富汗长达 20 年的美军仓促撤退，阿富汗塔利班以迅雷不及掩耳之势重掌政权，对该地区的地缘政治军事格局产生深远影响。在中东地区，自特朗普政府单方面退出伊朗核协议并组织暗杀伊朗军队名将苏莱曼尼后，拜登政府又推动与伊朗重启核协议谈判。在东亚地区，朝鲜半岛局势缓和却暗流涌动，日本力推“自卫队入宪”强化国防力量。在北极区域，各相关国家围绕北极资源、军事安全等方面的战略博弈不断升温……各种区域性事件的背后，隐伏着世界军事局势变动的先兆。在此背景下，中国强化练兵备战，提升体系作战能力，稳步实施军民融合战略，在建军治军方面取得显著进展。

一、明确新时代防御性国防政策路线

2019 年 7 月，国务院新闻办公室发布《新时代的中国国防》白皮书（以下简称“新白皮书”），亮明了中国在捍卫国家主权、安全、发展利益方面的决心与意志，展现出中国建设巩固国防和强大军队的世界意义。

中国政府从 1998 年开始发布中国国防白皮书，迄今已发布 10 部，新白皮书是最后一部，也是进入新时代以来中国发布的首部综合型国防白皮书，其诞生于“百年未有之大变局”的时代背景之下，对于新时代的新问题、新要求、新目标做出深刻回应，不仅在内容上呈现出诸多亮点，在体例和语言风格上也实现了创新和突破。其亮点主要有：

一是首次提出构建新时代中国防御性国防政策体系。国防政策一直是历部白皮书的核心内容，新白皮书从新时代中国国防的根本目标、鲜明特征、战略指导、发展路径和世界意义 5 个方面，构建了新时代防御性国防政策体系。二是首次正式公开新时代军队“四个战略支撑”的使命任务。新白皮书提出“为巩固中国共产党领导和社会主义制度提供战略支撑，为捍卫国家主权、统一、领土完整提供战略支撑，为维护国家海外利益提供战略支撑，为促进世界和平与发展提供战略支撑”共“四个战略支撑”，通过介绍中国军队履行使命任务的具体实践，阐明武装力量建设运用的防御性、正义性、有限性。三是首次把“永不称霸、永不扩张、永不谋求势力范围”作为新时代中国国防的鲜明特征。“三个永不”实为中国长期坚持的对外政策，凸显了新时代中国国防政策的防御性，反映了中国战略意图的透明化，有助于消除外界对中国发展的疑虑。四是首次把服务构建人类命运共同体作为新时代中国国防和军队建设的重要指向。五是首次全景式介绍深化国防和军队改革取得的历史性成就。新白皮书深度介绍了军改推行后的国防和军队主要情况，回应了国际国内对中国军改的关切。六是首次通过国防开支的国际比较阐明中国国防费与保障需求的差距。国防开支历来是国际社会关注的焦点，新白皮书从国防费占国内生产总值比重、国防费占财政支出比重和人均国防费水平 3 个维度，比较了 2017 年国防费位居世界前列的国家有关情况，说明了中国国防费增长是合理适度的，开支水平是偏低的。①

对于新白皮书的解读，外媒大多从新时代的角度切入，指出中国“沉着应对战略格局演变，捍卫国家主权发展利益”。法新社、俄新社、日本广播协会网站等媒体在解读中指出，新白皮书“批评美国军事战略损害全球战略稳定”；而拉美社等媒体则指出，新白皮书展现出中国国防政策在新时代的走向，在当前霸权主义、强权政治、单边主义时有抬头，地区冲突和局部战争持续不断，国际安全体系和秩序受到冲击的情况之下，中国的国防政策在新时代的走向则是“尊重所有国家主权”。② 俄新社指出：“构建命运共同体的思想恰恰表明，中国认为打造更为安全的国际秩序是可行的。书中所指的是多极世界，而非以中国取代目前的‘霸主’和‘世界宪兵’美国。正因如此，中俄才携手努力，构建人类置身其中将更

① 军事专家解读《新时代的中国国防》六大亮点［EB］. 新华网，2019－07－24.

② 外媒：国防白皮书彰显中国坚定自信［EB］. 参考消息官网，2019－07－25.

具安全感的多极世界。”① 就此而言，新白皮书在展现中国国防的实力与理念的同时，也昭示了中国国防的世界意义。

二、从严治军全面提升备战打仗能力

（一）全面加强军队党的政治建设

党的领导和党的建设是人民军队建设发展的关键，关系强军事业兴衰成败，关系党和国家长治久安。2018 年 8 月，中央军委党的建设会议在京召开，这是 2015 年推行军改之后，军队高级干部首次以“党的建设”为主题集体开会。会议强调加强军队党的建设的重要性，明确党的绝对领导、人才培养和反腐倡廉 3 项任务，旨在多维度打造政治铁军。一是把坚持党对军队的绝对领导作为加强军队党建工作的首要任务，要求全军坚决维护党中央权威和集中统一领导，坚决听从党中央和中央军委指挥。二是加强军队党的组织体系建设，增强各级党组织的领导力、组织力、执行力，坚持军委管总、战区主战、军种主建总原则，优化组织设置，健全制度机制，改进领导方式，把组织功能充分发挥出来。会议特别指出，军级以上高层党委在军队党的组织体系中地位重要、责任重大，需要提升政治能力，确保政治过硬；要抓备战打仗，提高战略谋划能力、真打实备能力、改革创新能力、科学管理能力、狠抓落实能力。三是把培养干部、培养人才摆在更加突出的位置，着力锻造忠诚干净担当的高素质干部队伍，着力集聚矢志强军打赢的各方面优秀人才，加紧构建“三位一体”新型军事人才培养体系，加大联合作战指挥人才、新型作战力量人才、高层次科技创新人才、高水平战略管理人才培养力度，加强文职人员队伍建设。四

① 外媒述评：中国国防白皮书强调“永不称霸”［EB］．参考消息官网，2019－07－26.

是深入推进军队党风廉政建设和反腐败斗争，用铁的纪律推动全面从严治党、全面从严治军。

为了加强和完善军队党内监督，中央军委于 2018 年 8 月印发《军队实施党内监督的规定》和《军队实行党的问责工作规定》。2020 年 9 月，经党中央、中央军委批准，《中国共产党军队党的建设条例》颁布实施，为坚持党对军队绝对领导、贯彻军委主席负责制、聚焦备战打仗主责主业、优化军队党的组织体系、调整军队纪委职能定位等重要工作提供了基础主干性制度保障，使各项规范与新的领导指挥体制相衔接、与新的规模结构和力量编成相匹配、与有效履行新时代军队使命任务相融合。

（二）建立联合作战体系

随着我国面临的国际环境发生深刻复杂变化，霸权主义、强权政治、单边主义时有抬头，恐怖势力、分裂势力活动猖獗；现代战争形态也在不断发生变化，武器装备精确化、智能化、隐身化、无人化加速发展，多兵种联合作战已经成为未来战争的发展趋势；加之我军体制编制发生变化，国防和军队领导指挥体制改革、规模结构和力量编成改革已基本完成，这就意味着我军联合作战水平进入新的阶段。

在这种背景下，作为新时代作战条令体系的顶层法规，《中国人民解放军联合作战纲要（试行）》（以下简称《纲要》）于 2020 年 11 月 7 日正式实施。相比于过去的作战条令，《纲要》主要有以下 3 个方面的突破：一是瞄准未来战争，从制度层面回答未来“打什么仗、怎么打仗”的重大问题；二是瞄准新使命新任务，对新时代我军联合作战样式和行动方法进行了规范、创新和发展，赋予其新的时代内涵；三是瞄准新体制新编制，在强化军委战略指挥、突出战区主战、注重新型作战力量运用、完善联合作战指挥体制、创新作战方式方法等方面，都实现了历史性突破。作为新时代第一部有关联合作战的指挥条令，《纲要》是我军组织实施未来联合作战的基本法规依据，标志着我军对战争形态演变、联合作战规律有了全新的认识和把握。

（三）强化军事训练，提升作战能力

其一，强化军事训练，全面提高打赢能力。近年来，军队大力纠治和平积弊，狠抓军事斗争准备，大力培育战斗精神，着力提升塑造态势、管控危机、遏制战争、打赢战争能力。2018 年 1 月，中央军委首次统一组织全军开训动员，中央军委主席习近平向全军发布训令①，随后，全军开展部队开训情况专项监察和“和平积弊大扫除”活动，推动练兵备战取得实效。2019 年 1 月，习近平主持召开中央军委军事工作会议，指出要把新时代军事战略思想立起来，把新时代军事战略方针立起来，把备战打仗指挥棒立起来，把抓备战打仗的责任担当立起来。② 2021 年 11 月，全军后勤工作会议召开，围绕支撑实现建军一百年奋斗目标，聚力创新转型，突出规范集约，注重自身过硬，扭住现代军事物流体系和军队现代资产管理体系建设不放松，加紧破解后勤保障短板弱项，建设强大的现代化后勤做出部署。

其二，加强军事教育，健全军队院校教育、部队训练实践、军事职业教育三位一体的高素质新型军事人才培养体系，建设文职专家队伍。2018 年至 2022 年，中央军委政治工作部连续 5 年开展社会公开招考，所招录

---

① 中央军委举行 2018 年开训动员大会 习近平向全军发布训令［EB］. 新华网，2018－01－04.

② 习近平出席中央军委军事工作会议并发表重要讲话［EB］. 中国政府网，2019－01－04.

的10万余名文职人员，主要充实到主干专业系列、重点关键岗位和新调整组建单位。

其三，聚焦提升战力，加快先进武器研发及配备。以计算处理、大数据分析、人工智能、定向能、高超声速以及生物技术等关键核心技术为依托，加速推进武器研发已成为当前军队现代化建设的重要任务。

其四，保障军人权益，提升军人荣誉感。2020年12月通过的《退役军人保障法》，意在解决军人安置、就业创业、权益维护、抚恤补助等实际问题，加强退役军人管理保障工作，维护好退役军人合法权益，让军人成为全社会尊崇的职业。中央高度重视军人荣誉体系建设，国务院办公厅印发《为烈属、军属和退役军人等家庭悬挂光荣牌工作实施办法》，全面部署悬挂光荣牌工作，扩大光荣牌悬挂范围，规范光荣牌样式。2021年11月，中共中央、国务院、中央军委印发《军队功勋荣誉表彰条例》，加强党对军队功勋荣誉表彰工作的领导，完善党和国家功勋荣誉表彰制度体系，增强军事职业吸引力和军人使命感、荣誉感，教育引导官兵发扬大无畏的英雄气概和英勇顽强的战斗作风。此外，为了捍卫英烈尊严，2018年4月，《中华人民共和国英雄烈士保护法》颁布，从行政、民事和刑事方面加强对英雄烈士姓名、肖像、名誉、荣誉的保护，建立起侵害英雄烈士名誉荣誉的公益诉讼制度。

（四）修订共同条令，巩固军队改革成就

军队改革以来，随着军委管总、战区主战、军种主建的新格局的形成，部队领导指挥关系、机构设置、岗位职责、管理模式等发生了重大变化。2018年修订的《中国人民解放军内务条令（试行）》（以下简称《内务条令》）、《中国人民解放军纪律条令（试行）》（以下简称《纪律条令》）和《中国人民解放军队列条令（试行）》（以下简称《队列条令》），

它们统称共同条令，也称“三大条令”，将军事指导理论最新成果、深化国防和军队改革成果与正风肃纪制度创新成果加以固化，要点包括：

一是全面贯彻从严治军要求。《纪律条令》新增“纪律的主要内容”一章，首次对军队纪律内容做出集中概括和系统规范，加强了礼节礼仪、军容风纪、配套着装、对外交往等方面的规定。

二是全面贯彻备战打仗思想。《纪律条令》充实了作战研究、战法创新以及参加维和、反恐、护航等方面的奖励条件。《内务条令》着眼于塑造“打仗型”军队，增设“聚焦备战打仗”条目和军事训练管理章节，充实了日常战备、实战化军事训练管理内容要求。《队列条令》大幅扩充了与备战打仗和执行非战争军事行动相关的仪式种类。

三是增强对军人职业的尊崇与对官兵权益的保障。《队列条令》首次明确设置军队仪式中的“鸣枪礼”环节，表达对烈士的褒奖、悼念和尊重。《内务条令》明确“军人非因公外出可以着军装，也可以着便服”，激发军人的职业荣誉感。

三大条令贯彻从严治军理念，强化军队纪律，加强从严管理和科学管理；聚焦备战打仗，充实作战研究等的奖励条件，以训练场、野外和战场多维规范打造“打仗型”军队，扩充与备战打仗和执行非战争军事行动相关的仪式种类；保障官兵权益，增强军人职业荣誉感，完善人性化管理。新一代共同条令更新了军人行为规范和部队日常管理依据，增强了军队管理的科学性和有效性。

三、军事政策制度改革进入实施阶段

政策制度改革是军队改革的三大战役之一。长期以来，军队内部粗放式管理一直制约其建设发展，在经费、人才、装备、设施等资源方面，管理使用不够科学，综合效益不高。随着国防资源投入的不断增加，军队组织结构和技术构成日益复杂、向信息化转型步伐加快，迫切需要加强和创新军事管理，建立健全相关政策制度。《中央军委关于深化国防和军队改革的意见》指出，政策制度改革的主要任务是适应军队职能任务需求和国家政策制度创新，进一步完善军事人力资源政策制度和后勤政策制度，构建体现军事职业特点以及增强军人荣誉感、自豪感的政策制度体系。

为此，2018 年 11 月，中央军委召开政策制度改革工作会议，明确了军事政策制度改革的路线图，军事政策制度改革进入实施阶段。会议提出了 4 个具体要求：一是深化军队党的建设制度改革，贯彻新时代党的建设总要求，以党章为根本遵循，确保党对军队绝对领导的我军党的建设制度；二是创新军事力量运用政策制度，适应国家安全战略需求，全面履行新时代我军使命任务；三是重塑军事力量建设政策制度，加强军事人力资源制度体系设计，更好解放和发展战斗力；四是推进军事管理政策制度改革，创新战略管理制度，构建军费管理制度，加强军事资源统筹安排，提升军事系统运行效能，推动军队高质量发展。

面对军事大变革，需要将这些变革以法律的方式固定下来，这无疑是依法治国、依法治军的内在要求。2020 年 12 月，十三届全国人大常委会第二十四次会议审议通过了新修订的《中华人民共和国国防法》。这次修订主要聚焦在以下几个方面：一是确立了习近平新时代中国特色社会主义思想在国防活动中的指导地位。二是调整了国家机构的国防职权。如对国务院和中央军委的部分国防职权做出调整，增加了军委主席负责制的内容。三是拓宽了国防活动的适用范围。如增加了关于“制止分裂”和“保护国家发展利益”等的规定。四是拓展了重大安全领域防卫政策。如将传统边海空防拓展至边防、海防、空防和其他重大安全领域防卫，明确太空、电磁、网络空间等重大安全领域防卫政策。五是改进国防科研生产和军事采购制度。六是充实完善国防教育和国防动员制度。七是强化军人地位和权益保护。八是充实对外军事关系政策制度。如新增“坚持共同、综合、合作、可持续的安全观”“推动构建人类命运共同体”等内容；增加了我国武装力量海外运用的原则要求、基本样式等内容；为维护国家海外利益和其他行动提供法律依据，明确了遵循以《联合国宪章》宗旨和原则为基础的国际关系基本准则等。

四、强化武警部队统一领导和军事属性

过去一个时期，中国武警系统一直存在定位不清、管理割裂和财政负担高企等问题。近年来，武警部队逐步完成了由体制编制到领导指挥机制的大调整。2018 年起，武警部队由中共中央、中央军委集中统一领导，实行中央军委－武警部队－部队领导指挥体制。《深化党和国家机构改革方案》进一步落实统一领导指挥原则，以剥离武警部队不必要的社会管理职能、退出与战斗力生成相悖的市场领域、强化其军队属性为主线，要求将列武警部队序列、国务院部门领导管理的现役力量全部退出武警，将国家海洋局领导管理的海警队伍转隶武警部队，将武警部队担负民事属性任务的黄金、森林、水电部队整体移交国家相关职能部门并改编为非现役专业队伍，同时撤收武警部队海关执勤兵力，彻底理顺武警部队领导管理和指挥使用关系。整改完成后，武警部队主要由内卫、机动、海警三大总队和院校及科研机构组成，着力构建以特战力量为反恐尖刀，以空中力量为高效支持，以海上力量为维权主力，以工兵（交通）防化力量为救援主体，以综合集成网络信息系统为支撑的新型力量体系，主要担负执勤、处突、反恐怖、海上维权执法、抢险救援以及防卫作战等任务。整改后的武警部队精简了任务范围，军事属性更加明确，领导指挥体制更加顺畅，实现了与解放军部队的协同化重构。

五、军队经商整顿和军民融合获新进展

军队有偿服务是特殊历史条件下的产物。1998 年军队与武警部队被要求停止经商后，部分领域仍保留开展有偿服务活动，这在特定时期起到了一定积极作用，但在近年来，一些单位有偿服务的摊子越铺越大，甚至出现违规运行、滋生腐败等突出问题，全面停止军队有偿服务成为强军兴军的必然要求。

在 2015 年中央军委改革工作会议上，习近平就要求“下决心全面停止军队有偿服务”。[①] 2016 年 1 月，《中央军委关于深化国防和军队改革的意见》发布，要求在改革强军的总体目标下，把全面停止军队有偿服务作为贯彻军民融合发展战略的重要内容。同年 2 月，中央军委又印发《关于军队和武警部队全面停止有偿服务活动的通知》，要求用 3 年时间分步骤停止军队和武警部队一切有偿服务活动。2018 年 6 月，中共中央办公厅、国务院办公厅、中央军委办公厅印发《关于深入推进军队全面停止有偿服务工作的指导意见》，打响党政军合力推进有偿服务停止任务的攻坚战。对军队全面停止有偿服务后的空余资产，全部由中央军委集中管理、统筹调控。经过 3 年多努力，至 2019 年 7 月，全面停止军队有偿服务任务基本完成，军队不从事经营活动的目标基本实现。

在全面停止军队有偿服务的同时，军民融合发展战略也得以深入推进。军民融合是一个不断深化、自主创新的发展过程，其本质是将国防和军队现代化建设融入经济社会发展体系之中，实现各种资源在军民两大体系间流动、共享和优化配置。进入新时代以来，军民融合发展取得显著成效。第一，自 2017 年 1 月成立中央军民融合发展委员会后，党的十九大

① 军改方案详情：下决心全面停止军队有偿服务［EB］. 中国新闻网，2015 - 11 - 26.

把军民融合发展上升为国家战略，军民融合是发展与安全、强国与强军、国防与经济的交汇点。第二，战略指导和规划统筹显著增强。十九届中央军民融合发展委员会第一次会议强调，构建一体化的国家战略体系和能力。会议审议通过《军民融合发展战略纲要》，与此前的《关于经济建设和国防建设融合发展的意见》和《经济建设和国防建设融合发展"十三五"规划》一起，构成顶层战略规划体系，向外界释放出打破军工和民口界限、冲破所有制壁垒的强烈信号。第三，重点领域军民融合深化拓展。《国家军民融合创新示范区建设实施方案》及第一批创新示范区建设名单公布，基础设施建设统筹力度加大，交通、测绘、信息等领域共建共用取得重要进展。2018 年 7 月，中央军民融合发展委员会办公室会同国家标准委、军委装备发展部、国防科工局召开统筹推进标准化军民融合工作部署会，明确用 3 ~5 年时间，基本消除军民标准交叉重复矛盾问题，初步建立起军地衔接、精干高效、兼容发展的军民通用标准体系，有力保障军民融合发展战略实施。

第四章　从党内法治到政法改革

全面推进依法治国是提升中国治理现代化的重要步骤，是增强社会活力，促进社会公平正义，维护社会和谐稳定，确保国家长治久安的根本要求。党的十八大以来，中央对加强和完善社会主义法治的理论认识和实践探索达到了新的历史高度，中国的法治建设进入全面依法治国新时代。党的十八大报告对落实依法治国基本方略提出了具体要求。党的十八届四中全会审议通过《中共中央关于全面推进依法治国若干重大问题的决定》，做出了全民推进依法治国的顶层设计，提出了全面推进依法治国的总目标、基本原则与核心任务。党的十九大报告进一强调，全面依法治国在社会主义建设中具有无可替代的作用，并对坚持全面依法治国战略做出了全面布局。党的十九届四中全会提出全面依法治国是我国国家制度和国家治理体系的显著优势。党的十九届六中全会审议通过的《中共中央关于党的百年奋斗重大成就和历史经验的决议》指出，党的十八大以来，以习近平同志为核心的党中央推动党和国家事业取得历史性成就、发生历史性变革，并从 13 个方面对此进行了全面深刻阐述。全面依法治国就是其中的一个方面。

2019 年 2 月，围绕加强党对全面依法治国的领导这一核心主题，中央明确了全面依法治国的根本遵循。在此基础上，2020 年 11 月，党的历史上第一次中央全面依法治国工作会议召开，明确将习近平法治思想确立为全面依法治国指导思想。习近平法治思想以“十一个坚持”为主要内容，回答了新时代怎样实行全面依法治国等一系列重大问题，标志着中国走出了一条区别于西方模式和做法的中国特色社会主义法治道路。2021 年 10 月，中央人大工作会议召开，这是在党的历史上、人民代表大会制度历史上的第一次。这次会议对新时代发展中国特色社会主义民主政治、坚持和完善人民代表大会制度一系列重大理论和实践问题做出深刻回答，强调制度竞争是综合国力竞争的重要方面，制度优势是一个国家赢得战略主动的重要优势。会议正式提出了“全过程人民民主”的政治理念，强调全过程人民民主实现了过程民主和成果民主、程序民主和实质民主、直接民主和间接民主、人民民主和国家意志相统一，是全链条、全方位、全覆盖的民主，是最广泛、最真实、最管用的社会主义民主，这是社会主义民主区别于西方资产阶级民主的显著特征，是中国特色社会主义政治发展道路的重要特征。在这些重磅会议和重要思想引领下，中国法治发展呈现出坚持依规治党和依法治国有机统一、党管政法与政法改革一体推进的总体格局。

一、习近平法治思想：全面依法治国的指导思想

2020 年 11 月 16 日至 17 日，中央全面依法治国工作会议在北京召开。这次会议最重要的成果就是明确提出了“习近平法治思想”，并将其确立为全面依法治国工作的指导思想。会议强调，习近平法治思想是顺应实现中华民族伟大复兴时代要求应运而生的重大理论创新成果，是马克思主义法治理论中国化最新成果，是习近平新时代中国特色社会主义思想的重要组成部分，是全面依法治国的根本遵循和行动指南。习近平法治思想的核心要义在于把握中央提出的“十一个坚持”，包括：

第一，坚持党对全面依法治国的领导。全面推进依法治国是一个系统

工程，必须发挥党总揽全局、协调各方、总体设计、统一布局的领导作用。党的领导是中国特色社会主义法治之魂，是我国法治同西方资本主义法治最大的区别。第二，坚持以人民为中心。中国特色社会主义制度保证了人民当家做主的主体地位，也保证了人民在全面推进依法治国中的主体地位。这是我国法治区别于资本主义法治的根本，依法保障人民权益，积极回应人民群众新要求新期待，系统研究谋划和解决法治领域人民群众反映强烈的突出问题，不断增强人民群众获得感、幸福感、安全感，用法治保障人民安居乐业。第三，坚持中国特色社会主义法治道路。走什么样的法治道路、建设什么样的法治体系，是由一个国家的基本国情决定的。坚持从我国实际出发，不等于关起门来搞法治。我们要学习借鉴世界上优秀的法治文明成果，但决不能照搬别国模式和做法，决不能走西方"宪政""三权鼎立""司法独立"的路子。第四，坚持依宪治国、依宪执政。宪法的生命在于实施，宪法的权威也在于实施。党领导人民制定宪法法律，领导人民实施宪法法律，党自身要在宪法法律范围内活动。第五，坚持在法治轨道上推进国家治理体系和治理能力现代化。现代法治为国家治理注入良法的秩序、公正、人权、效率、和谐等基本价值，提供善治的创新机制。国家治理的现代化，突出表现为"实现党、国家、社会各项事务治理制度化、规范化、程序化，不断提高运用中国特色社会主义制度有效治理国家的能力"。第六，坚持建设中国特色社会主义法治体系。要加快形成完备的法律规范体系、高效的法治实施体系、严密的法治监督体系、有力的法治保障体系，形成完善的党内法规体系。同时要坚持依法治国和以德治国相结合，实现法治和德治相辅相成、相得益彰。第七，坚持依法治国、依法执政、依法行政共同推进，法治国家、法治政府、法治社会一体建设。第八，坚持全面推进科学立法、严格执法、公正司法、全民守法。科学立法的核心在于尊重和体现客观规律。严格执法是把纸面上的法律变为现实生活中活的法律的关键环节。公正是司法的灵魂和生命，要努力让人民群众在每一个司法案件中都感受到公平正义。推进全民守法是全面依法治国的长期基础性工作，要加强法治宣传教育，要通过保障人民权益来维护法律权威。第九，坚持统筹推进国内法治和涉外法治。要加快涉外法治工作战略布局，协调推进国内治理和国际治理，更好维护国家主权、安全、发展利益。要推动全球治理变革，推动构建人类命运共同体。第十，坚持建设德才兼备的高素质法治工作队伍。要加快推进法治专门队伍的革命化、正规化、专业化、职业化，加强理想信念教育，做到忠于党、忠于国家、忠于人民、忠于法律。要加强法律服务队伍建设，教育引导法律服务工作者坚持正确政治方向，依法依规诚信执业，认真履行社会责任。第十一，坚持抓住领导干部这个“关键少数”。必须引导领导干部做尊法学法守法用法的模范，推动领导干部提高运用法治思维和法治方式治国理政的能力，尤其要守法律重程序，法定职责必须为、法无授权不可为，保护人民权益，行使权力受监督。

习近平法治思想是马克思主义法治理论中国化的最新成果，是中华民族伟大复兴的时代精神在法学领域中的理论表达。它既是对中国特色社会主义法治实践的理论升华，又是中国特色社会主义法治未来发展的思想指南。习近平法治思想具有深远的哲学思考、丰富的理论内涵和科学的结构体系，而贯穿其始终的一条主线则是如何扎根中国大地，探索建构中国特色社会主义法治体系、建设社会主义法治国家。

二、完善党内法规制度建设

作为新时期加强党的制度建设的指导性文件，2018 年 3 月，中共中央印发《中央党内法规制定工作第二个五年规划（2018—2022 年）》（以下简称“二五规划”），为进一步加强党内法规制度体系建设描绘了路线图。

党内法规建设已成为中国共产党治国理政的重要环节。党的十八届四中全会将党内法规体系界定为社会主义法治体系的重要组成部分。2013年，中共中央制定了《中央党内法规制定工作五年规划纲要（2013—2017年）》，即“一五规划”，确立了加强党内法规制度建设的指导思想、工作目标和基本要求，取得了良好的效果。“二五规划”的出台，不仅是对“一五规划”的自然延续，也是新时代党内法规体系建设的开篇。“二五规划”着眼于建党100周年时形成比较完善的党内法规制度体系，对2018—2022年党内法规制度建设进行顶层设计，其要点有：

第一，突出准则在党内法规制度体系中的特殊地位和作用。“二五规划”要求在已有党内政治生活准则和廉洁自律准则基础上，研究制定党的思想道德、密切联系群众方面的相关准则，为规范党组织活动和党员行为提供基本准绳。

第二，明确4个方面的党内法规立法任务。一是完善党的组织法规，全面规范党的各级各类组织的产生和职责，夯实管党治党、执政治国的组织制度基础。二是完善党的领导法规，改进领导方式，提高执政本领，不断增强党的政治领导力、思想引领力、群众组织力、社会号召力，把党总揽全局、协调各方落到实处。三是完善党的自身建设法规。以党的政治建设为统领，全面推进党的政治建设、思想建设、组织建设、作风建设、纪律建设，把制度建设贯穿其中，深入推进反腐败斗争，不断提高党的建设质量，增强党的建设工作的科学性和有效性。四是完善党的监督保障法规。按照“规范主体、规范行为、规范监督”相统筹相协调原则，切实加强对党组织和党员干部的监督、奖惩、保障，建立健全相关法规制度，形成有权必有责、有责要担当、用权受监督、失责必追究的激励约束机制，确保行使好党和人民赋予的权力。

第三，“二五规划”明确了完成期限，凡列入此规划的制定项目，绝大多数都要在 2021 年前完成。

2019 年 9 月，中共中央印发修订后的《中国共产党党内法规制定条例》（以下简称《制定条例》）、《中国共产党党内法规和规范性文件备案审查规定》（以下简称《备案规定》）和新制定的《中国共产党党内法规执行责任制规定（试行）》（以下简称《执行规定》），使党内法规建设体系进一步规范化。3 部法规具有高度的内在关联性。《制定条例》是党内法规制定工作的总遵循。它通过增加指导思想条文，强化了党内法规工作的政治属性，并在细化党内立规主体权限的基础上，实现了党内法规制定事项与制定主体的准确对应，为立规工作的开展提供了根本依据。《备案规定》是提升党内法规制度品质的总保障。通过将党组织制定的全部规范性党内法规文件纳入备案审查，极大扩展了备案审查制度的效能范围。《执行规定》是党内法规制度贯彻落实的总方法。通过进一步明确责任制度，就领导干部执规意识淡薄弱化、基层落实情况良莠不齐的问题提出了针对性方案，能够促进党内治理的制度优势转化为实际的治理效能。总体上看，3 部法规系统推进、相互联动，有助于提升党内法规制定实施的整体效能，深化了党内法规建设在全面依法治国、全面从严治党进程中的重要意义。

2021 年 7 月 1 日，习近平在庆祝中国共产党成立 100 周年大会上的讲话中宣布，中国共产党已经形成比较完善的党内法规体系。① 同年 8 月，中共中央办公厅法规局发布《中国共产党党内法规体系》，强调党内法规具有强烈政治属性、鲜明价值导向、科学治理逻辑、统一规范功能 4 个突出特征，系统回顾了党内法规体系的发展历程和党的十八大以来党内法规体系的建设过程，介绍了党章之下分为党的组织法规、党的领导法规、党

① 习近平：在庆祝中国共产党成立 100 周年大会上的讲话［J］．求是，2021（14）．

的自身建设法规、党的监督保障法规四大板块的“1 +4”基本框架，以及党内法规体系建设的7条经验。建成比较完善的党内法规体系，是中国共产党历史上尤其是党内法规制度史上的大事，为党要管党、全面从严治党提供了基础性制度支撑。

三、政法改革进入系统性、重构性新阶段

党管政法是中国共产党依法治国的重要原则。2019年1月，中共中央印发《中国共产党政法工作条例》（以下简称《条例》），首次以党内基本法规的形式，对党领导新时代政法工作进行全面制度擘画，将党对政法工作的领导规范化、制度化、程序化，把党长期以来领导政法工作成功经验转化为制度成果，对党领导政法工作立规矩、定方圆以及就谁来领导、领导什么、怎么领导等重大问题做出全面具体规定，是实现依法治国与依规治党有机统一的重要举措，为党领导政法工作提供了基本遵循。

《条例》以坚持和加强党对政法工作的绝对领导为基本出发点，突出党的领导这个最高原则。《条例》与《中国共产党重大事项请示报告条例》相衔接，对政法工作重大事项请示报告制度做出“清单化”规定，明确了向党中央、中央政法委员会请示报告的主体和具体事项；规定党中央对政法工作实施绝对领导，决定政法工作大政方针，决策部署事关政法工作全局和长远发展的重大举措，管理政法工作中央事权和由中央负责的重大事项；明确中央政法委员会、中央政法单位党组（党委）在党中央领导下履行职责、开展工作，对党中央负责，受党中央监督；明确地方党委应贯彻落实党中央关于政法工作的大政方针，执行党中央以及上级党组织关于政法工作的决策部署，在贯彻党中央精神前提下对本地区政法工作负责。

2019年召开的中央政法工作会议明确提出贯彻群众路线、提高社会

治理效能、弘扬社会主义核心价值观、打击黑恶势力、优化政法机构职能体系、提供普惠便捷公共服务、打造高素质政法工作队伍、提升政法系统专业化水平、加强领导班子和干部队伍建设9点要求。同年中央全面深化改革委员会第六次会议审议通过《关于政法领域全面深化改革的实施意见》，明确了政法领域100项新的改革任务。

新阶段的政法改革，呈现出3个趋势：改革由点向面拓展、改革由易向难挺进、改革由分向合转变。面对新形势，改革的重点任务是完善两大体系、两大机制，破解三大难题，处理好五大关系。首先，为充分发挥机构职能调整的实际效用，需要完善政法机构职能体系和政法公共服务体系，完善维护安全稳定工作机制和政法队伍建设管理体制机制。其次，为深化司法体制综合配套改革，需要破解权责平衡、监督制约、案多人少三大难题。最后，处理好阶段性与长远性、创新性与合法性、过程性与结果性、统一性与差异性、主导性与主体性五大关系。

从过去的"司法改革"到如今的"政法改革"，一字之差反映了改革从内涵、外延、力度、效应上发生了系统性变化。从对象上看，改革从法院、检察院的集中改革，向党委政法委、公安、国家安全、司法行政等部门全方位拓展。从重点上看，改革从员额制、责任制、职业保障等基本项目，延伸到科学构建更加优化协同高效的政法机构职能体系。从领域上看，改革从司法资源配置、司法权力运行、诉讼制度优化，辐射到政法工作各领域、各方面、各环节，进而扩展到社会治理创新、法治人才培养、现代科技运用、涉外法律服务等方面。[①] 总的来讲，政法领域改革的基础性工程已经完成，下一步将步入系统性、整体性、重构性的新阶段。

---

① 何帆．首次政法领域全面深化改革推进会，定了哪些大事［EB］．微信公众号：法影斑斓，2019－10－16．

四、民法典编纂：权利保障的宣言书

2020 年 5 月，十三届全国人大第三次会议表决通过《中华人民共和国民法典》（以下简称《民法典》）。这是新中国成立以来第一部以法典命名的法律。它作为中国特色社会主义法律体系这座“大厦”的重要支柱，具有中国特色，体现时代特点，反映人民意愿，是一部固根本、稳预期、利长远的基础性法律。

2014 年 10 月 23 日，党的十八届四中全会审议通过《中共中央关于全面推进依法治国若干重大问题的决定》，明确提出了“加强市场法律制度建设，编纂民法典”的目标，标志着第五次民法典编纂工作正式启动。编纂民法典不是制定全新的民事法律，也不是简单的法律汇编，而是一项复杂的系统工程，是对国家以往所有立法、执法、司法、守法实践的重新整理。在民法典编纂过程中，坚持党领导立法，科学、民主、依法立法，为民法典编纂工作提供了正确的政治方向和价值导向，确保了民法典具有先进性、科学性、民主性、合宪性的法理品质。民法典编纂采取了“两步走”的思路。2017 年 3 月 15 日，《民法总则》经十二届全国人民代表大会第五次会议审议通过并公布，完成了民法典编纂的第一步；在此基础上，全国人大常委会法工委牵头，最高人民法院、最高人民检察院、司法部、中国社会科学院、中国法学会 5 家单位参加，共同全力推进民法典各分编的编纂工作。

《民法典》以确认基本权利开始，以侵权保护（救济）结尾，立足中国实际，在借鉴两大法系经验的基础上，构建了体现时代精神、反映人民意愿的体例和制度，注重回应社会现实需求和体现时代发展特色，有不少创新和贡献。第一，构建了以人民为中心、以权利为本位的完整权利体系。《民法典》超越了传统民法典以财产权为中心的编纂思路，对生命权、身体权、健康权等民事权利做出明确规范，将公民的宪法基本权利以民事规范形式有效落到了实处，进一步强化了体现国家意志的法律对人格尊严的重视、确认和保护，对坚持以人民为中心的发展思想、依法维护人民权益、推动我国人权事业发展具有重大意义。第二，人格权制度独立成编。单立人格权编，对人格权进行科学细致的规范设计，为公民民事权利提供了全方位保护，是人权保护制度的完善，是人权保护法治化的具体表现，体现了我国民法典在人权保护上的深入和努力，更是世界民法典立法史上里程碑式的创举，也使我国成为大陆法系国家中第一个在《民法典》中将人格权独立成编的国家。这将我国法律对人身自由、人格尊严的保护提升到了新高度，不仅从民事法律规范的角度规定了民事主体人格权的内容、边界和保护方式，而且体现了我国立法技术的成熟，更夯实了人民当家做主的法治根基。第三，回应时代需求，注重个人信息保护。《民法典》适应数字时代发展态势，回应了当今社会的现实需求，为数据保护提供原则性的法律依据，为司法实践有序、有预期性和系统性地进行隐私权与个人信息保护确立了重要的规范基础。

民法是社会经济生活在法律上的反映，民法典更是一国人民生活方式的总结和体现。《民法典》的编纂符合中国历史发展乃至人类文明发展的一般规律，实现了国家增进人民福祉的政治愿景。坚持中国特色社会主义法治道路的根本目的是保障人民权益。作为“公民权利的宣言书”“社会生活的百科全书”“市民社会的基本法”，《民法典》系统整合了新中国成立 70 多年来长期实践形成的民事法律规范，汲取了中华民族 5000 多年优秀的法律文化，借鉴了人类法治文明建设有益成果，全面回应了新时代人民对美好生活的向往。将民本观念与成熟的立法技艺糅合，始终坚持实践导向，回应人民期盼，既保持了我国民法的连续性和稳定性，又适时地把党和人民在实践中取得的重大理论创新、实践创新、制度创新成果通过法律的形式确定下来，毋庸置疑，将进一步发挥民事法律制度的引领、规范、保障等功能，有力夯实全面依法治国的社会基础和群众基础。

五、司法改革纲要正式出台

2019年2月，《最高人民法院关于深化人民法院司法体制综合配套改革的意见——人民法院第五个五年改革纲要（2019—2023）》（以下简称“五五改革纲要”）发布。“五五改革纲要”是在人民法院司法体制改革进入综合配套、纵深推进的新阶段制定的纲领性文件，它由总体要求、主要任务和组织实施三大板块组成，内容包括完善人民法院坚持党的领导制度体系、健全人民法院服务和保障大局制度体系、健全以人民为中心的诉讼服务制度体系等10个方面共计65项改革举措。① 其主要亮点包括：

第一，把司法责任制改革作为深化司法改革的核心。“五五改革纲要”明确，要健全以司法责任制为核心的审判权力运行体系，并首次提出明确院长、庭长的权力清单和监督管理职责，健全履职指引和案件监管的全程留痕制度。权力清单和责任清单制度，强调了院庭长的“能为”和“当为”，从正反两个方面为审判权力执行制定了规则。

第二，智慧法院建设引人瞩目。近年来，智慧法院建设在上海、苏州、宁波、广州、成都等地均已取得良好成效。在总结各地法院探索经验的基础上，“五五改革纲要”确定了依托互联网法院实施改革试点、在全国范围内有序推广在线诉讼、推动以立法方式构建电子诉讼制度等改革思路，提出深入推进智慧法院基础设施建设、推动科技手段深度运用等5项具体任务，运用信息化手段为提升司法效率开拓全新路径。

---

① 最高人民法院关于深化人民法院司法体制综合配套改革的意见［N］. 人民法院报，2019-02-28.

第三，推动建立个人破产制度助力解决执行难问题。在“四五改革纲要”落地期间，全国法院已在执行方面取得长足进步。“五五改革纲要”指出，要研究推动建立个人破产制度及相关配套机制，着力解决针对个人的执行难问题。推动建立个人破产制度，就是要畅通退出机制，通过执行转破产的方式，进一步破解个人执行难问题。

2019 年 6 月，《最高人民法院关于深化执行改革健全解决执行难长效机制的意见——人民法院执行工作纲要（2019—2023）》发布，确立了巩固和深化“基本解决执行难”成果、建立健全解决执行难长效机制两大目标。该纲要提出，巩固“基本解决执行难”成果主要通过 5 个“常态化”实现：执行工作良性循环状态和“3 + 1”核心指标高标准运行常态化，“一把手抓、抓一把手”工作机制常态化，以现代信息技术为支撑执行工作模式常态化，对消极执行、选择性执行、乱执行等不规范执行行为严肃整治常态化，对规避执行、抗拒执行、干预执行保持高压态势常态化。

对于建立健全解决执行难长效机制，该纲要确定了 6 个方面内容：一是进一步推进综合治理执行难工作格局制度化机制化，把执行工作纳入国家治理体系和治理能力现代化总体框架；二是进一步深化执行体制机制改革，完善执行法律体系及配套制度，逐步形成成熟、稳定的中国特色执行制度、执行机制和执行模式；三是进一步推进现代信息科技在执行领域的广泛应用、深度应用，全面提升执行信息化、智能化水平；四是进一步转变执行理念，严格公正规范文明执行，更加注重执行方法与执行效果，切实提高执行公信力；五是进一步优化各种强制执行措施综合应用，努力实现高效、精准、精细打击规避执行、抗拒执行、干预执行及惩戒失信行为；六是进一步加强队伍建设，充实执行力量，优化人员结构，全面提升执行队伍“四化”水平。随着这些创新机制的落实，人民法院的执行工作水平将得到切实提高。

六、全国法院推进判决书释法说理改革

裁判文书释法说理改革是深化依法治国实践和提升司法能力的基础性工程，对提高司法质量和审判效率、推进司法公开、展示人民法院公正司法形象、提升人民群众对公平正义的获得感，具有重要意义。

党的十八届三中全会通过的《中共中央关于全面深化改革若干重大问题的决定》和党的十八届四中全会通过的《中共中央关于全面推进依法治国若干重大问题的决定》，都强调了裁判文书释法说理的重要性，最高人民法院在“四五改革纲要”中确立了“推动裁判文书说理改革”的具体任务。为推动裁判文书说理改革，《最高人民法院关于加强和规范裁判文书释法说理的指导意见》（以下简称《意见》）于2018年发布，就改革提出了具体要求。

第一，释法说理必须符合规律性要求。裁判文书释法说理要恪守合法性、正当性、层次性、针对性和繁简适度五项原则，合理界定说理范围，科学划分说理类型，重点解决实践突出问题，实现规范化和个性化的有机统一，科学构建质量评估体系和评价机制。第二，防止裁判文书说理千篇一律。《意见》强调裁判文书须遵循技术规范标准，说理引用须遵循相关司法解释规定，须使用国家通用语言文字规范和标准，做到规范、准确、清楚、朴实、庄重、精炼，强化说理规范性。与此同时，允许法官合理调整事实认定和说理部分比重，运用指导性案例、情理、法理等进行辅助论证，选择采用附图、附表等方式，或采用适当的修辞方法增强说理效果等，保证裁判文书说理的灵活性。第三，释法说理配合诉讼程序实施繁简分流。《意见》详细列举了疑难复杂案件、诉讼各方争议较大的案件、社会关注度较高的案件等“应当加强释法说理”的具体情形，以及适用民事简易程序、小额诉讼程序审理的案件，适用民事特别程序、督促程序及公

示催告程序审理的案件等“可以简化释法说理”的具体情形，为法官提供了明确的操作指引。第四，释法说理是考核法官业务能力和审判质效的必备内容。《意见》规定，最高人民法院建立统一裁判文书质量评估体系和评价机制，定期组织释法说理评查活动，加强评选奖励和通报批评。

裁判文书的释法说理，不是一个有使用说明就可以完成组装的机械事务，而是需要实践理性、技艺理性并且需要长期和反复实践才能习得和精通的技艺。因此，培养法官释法说理的能力需要一个过程。同时，也要多提供较好的裁判文书供法官学习和研究，进一步明确法官释法说理的方法和操作指南，为法官提升释法说理能力提供更多支撑。

第二编　经济发展与开放创新

作为全球第二大经济体，中国已经转入更加注重效率和质量的高质量发展阶段。

中国在新的发展格局下，2020 年 5 月 14 日，中央首次提出构建国内国际双循环相互促进的新发展格局。此后，党中央、国务院的一系列文件都对加快构建双循环提出指导意见，这已成为我国发展全局的重大战略任务。只有立足自身，把国内大循环畅通起来，才能任由国际风云变幻，始终充满信心地生存和发展下去。

党的十八届三中全会明确，经济体制改革要使市场在资源配置中起决定性作用和更好发挥政府作用；随后，中央以“新常态”重新定义中国经济发展，提炼出新常态下的中国经济中高速增长、发展方式转变、结构深度调整、发展动力转向四大特征。党的十八届五中全会首次提出“创新、协调、绿色、开放、共享”的新发展理念；中国经济正处在转变发展方式、优化经济结构、转换增长动力的攻关期。党的十九大报告由此提出“建设现代化经济体系”，并将其作为跨越关口的迫切要求和中国发展的战略目标。围绕这一战略目标，近年来，党中央明确了现代化经济体系的内涵、目标与重点；坚持实施创新驱动发展战略，把科技自立自强作为国家发展的战略支撑，健全新型举国体制，强化国家战略科技力量，加强基础研究，推进关键核心技术攻关和自主创新，加快建设创新型国家和世界科技强国。

筑牢“实业强国”信念，推进制造强国建设，加快发展现代产业体系，壮大实体经济，发展数字经济。完善金融治理，坚守底线思维，着重防范化解金融风险，保障金融安全，提升金融服务实体经济的能力；强化市场监管和反垄断规制，防止资本无序扩张，维护市场秩序。

推动区域发展战略稳步前行，以大都市圈、城市群作为经济发展新的“推进器”，促进区域均衡与协同；实施乡村振兴战略，发挥乡村的自然、社会、经济效应，改善乡村生产、生活、生态、文化等多重功能，全面消除贫困，缩小城乡差距；进一步深化改革开放，以改革开放解决自身问题，释放社会活力，增强国际竞争力。

特别自2020年以来，面对严峻复杂的国际形势和外部挑战，面对新冠肺炎疫情的严重冲击，中国顶住经济压力、稳定恢复，在全球主要经济体中唯一实现经济正增长，脱贫攻坚取得全面胜利，决胜全面建成小康社会取得决定性成就。2020年，中国继续保持世界第二大经济体地位，GDP（国内生产总值）规模达101万亿元人民币，对世界经济增长贡献率达30%。在全球经济复苏前景不明朗的形势下，中国经济的企稳回升，对于全球经济稳定有着巨大意义。

党的十八大以来，我国经济发展平衡性、协调性、可持续性明显增强，人均国内生产总值超过一万美元，国家经济实力、科技实力、综合国力跃上新台阶，我国经济将走上更高质量、更有效率、更加公平、更可持续、更为安全的发展之路。

第五章　迈向高质量发展

2020年，我国全面建成小康社会，开启了全面建设社会主义现代化国家的新征程。进入新发展阶段，如何推动经济高质量发展，是一道新的考题。面对国内外形势新变化，尤其是美国发动对华经济战和科技战、新冠肺炎疫情对世界经济造成巨大冲击等新情况，我国一方面保持战略定力，稳步落实“十四五”规划，着力打造现代化经济体系，加快构建以国内大循环为主体、国内国际双循环相互促进的新发展格局；另一方面，不断巩固疫情防控成效和经济恢复发展态势，着力降低实体经济运行成本，努力保持经济在合理区间运行，为高质量发展创造有利环境。在全党全国各族人民的共同努力下，2020年中国经济迎难而上，成为全球唯一实现经济正增长的主要经济体。

2021年中国经济持续稳定恢复，经济发展和疫情防控保持全球领先地位。同时我们也要清醒地看到，中国的产业结构、发展方式距离高质量发展的要求仍有很大距离，应对新冠肺炎疫情和外部环境剧烈变化的经济恢复基础尚不牢固，国内经济面临需求收缩、供给冲击、预期转弱三重压力。面向未来，我国社会主要矛盾已转变为人民日益增长的美好生活需要和不平衡不充分的发展之间的矛盾，改革的需求和方向将发生重大变化。要实现高质量发展，必须深化经济体制改革，加紧补齐制度短板和发展短板，打破发展“瓶颈”、疏解发展“堵点”、打通发展“经络”，使国民经济焕发新活力，确保经济发展规模、效益和安全相统一。

一、构建现代化经济体系

现代化经济体系是由社会经济活动各个环节、各个层面、各个领域的相互关系和内在联系构成的一个有机整体。建设现代化经济体系是中国发展的战略目标，也是转变经济发展方式、优化经济结构、转换经济增长动力的迫切要求。2020 年，我国如期实现全面建成小康社会的目标，开始转向全面建设社会主义现代化国家的新征程，标志着我国进入一个新发展阶段。在新发展阶段，如何推动中国经济高质量发展，是一道新的考题。面对国内经济形势变化，尤其是美国发动对华贸易战、新冠肺炎疫情对世界经济造成巨大冲击等新情况，中央一方面保持战略定力，适时提出了加快构建以国内大循环为主体、国内国际双循环相互促进的新发展格局的重要指导方针，为推动中国经济在世界经济下行压力中行稳致远指明了方向；另一方面从政治高度观察和分析经济问题，在适应新发展阶段、贯彻新发展理念、构建新发展格局的过程中，进一步加强党对经济工作的全面领导，推动一系列决策部署贯彻到经济工作各方面。

在全党全国各族人民的共同努力下，2020 年新冠肺炎疫情暴发以来，中国迎难而上，成为全球唯一实现经济正增长的主要经济体，取得了令世界瞩目的成绩。但是，在肯定成绩的同时，必须清醒地看到，中国当前的经济体系离现代化经济体系还有一定距离，中国的产业结构、发展方式转型压力依然存在，新冠肺炎疫情和外部环境存在诸多不确定性，经济恢复基础尚不牢固。从更大范围看，在新的历史方位下，中国社会主要矛盾已转变为人民日益增长的美好生活需要和不平衡不充分的发展之间的矛盾，改革的需求和方向发生了重大变化。与此同时，中国拥有全球规模第二的经济总量，在某些产业和领域已经跻身世界领先行列，但在整体上与世界领先水平还有相当差距。面对内外形势变化，中国需在总结更多发展经验的基础上形成可靠方案，以回应新时代的发展需要。

建设现代化经济体系，成为中国应对当前国内外各种风险挑战，推动经济高质量发展的重要战略任务。围绕建设现代化体系，中央立足当前，着眼长远，明确勾勒出建设现代化经济体系的“六大体系、一个体制”整体框架。2021 年 3 月 11 日，十三届全国人大第四次会议表决通过的《中华人民共和国国民经济和社会发展第十四个五年规划和 2035 年远景目标纲要》，把“建成现代化经济体系”作为2035 年远景目标之一，要求持续推进新型工业化、信息化、城镇化、农业现代化，推进国家治理体系和治理能力现代化。面对世界新一轮产业革命和经济竞争，顺应现代化发展潮流，建设现代化经济体系，有望推动我国经济发展焕发新活力、迈上新台阶。

（一）打造中国经济“六大体系、一个体制”

建设现代化经济体系，既要从理论上总结党的十八大以来关于经济治理的新提法、新思路，形成体系化的经济治理理论，也要从实践上统筹一系列经济改革举措，形成系统性的经济政策框架。党的十九大以来，中央将理论和实践相结合，对这一重大战略展开破题，明确勾勒出建设现代化经济体系的“六大体系、一个体制”整体框架，堪称未来中国经济建设的总纲领。

1. 现代化经济体系的核心目标是“高质量发展”。现代化经济体系是社会主义市场经济体系的新形态，其要义在于推动中国经济从高速增长转向高质量发展，转变发展方式、优化经济结构、转换增长动力。现代化经济体系的实现有 6 个特征：更高效益的经济水平和经济增速，更高质量的经济增长方式，更平衡的区域和城乡发展格局，更完善的市场经济体制，更全面的对外开放，更完善的现代化产业体系、空间布局结构和协调程度。在现代化经济体系中，经济增长的核心是质量和效益，现代化经济体系的目标就是要从过去追求量的增长转向质量和效益的增长。高质量增长的具体要求就是要实现3个变革，即质量变革、效率变革、动力变革，提高全要素生产率，其落脚点就是引领中国从一个经济大国转变为一个经济强国。

2. 现代化经济体系是一个有机整体，未来努力的方向是建成包括“六大体系、一个体制”在内的整体性的理论与实践框架。所谓“六大体系”包括：一是创新引领、协同发展的产业体系，其重点在于实现实体经济、科技创新、现代金融、人力资源协同发展；二是统一开放、竞争有序的市场体系，其特征是市场准入畅通、市场开放有序、市场竞争充分、市场秩序规范；三是体现效率、促进公平的收入分配体系，其目标是实现收入分配合理、社会公平正义、全体人民共同富裕，推进基本公共服务均等化，逐步缩小收入分配差距；四是彰显优势、协调联动的城乡区域发展体系，其方向是实现区域良性互动、城乡融合发展、陆海统筹整体优化；五是资源节约、环境友好的绿色发展体系，以绿色循环低碳发展、人与自然和谐共生为主线；六是多元平衡、安全高效的全面开放体系，以发展更高层次开放型经济为目标。作为“六大体系”的基础，未来经济体制改革的主攻方向，是建设充分发挥市场作用、更好发挥政府作用的经济体制，即“一个体制”。

3. 建设现代化经济体系，就内部而言，实现创新驱动发展和处理好政府与市场的关系是两大关键问题。前者为现代化发展提供充足动力，下一步应持续改善创新环境，优化市场监管、强化知识产权保护、完善金融服务体系、加快要素价格市场化改革、构建与科技发明无缝对接的技术转化体系等，让全社会创新活力竞相迸发；后者保证经济社会持续健康发展，后续工作应集中力量破除体制机制弊端，正确认识和把握市场规律，加快政府职能转变。就外部而言，以“一带一路”倡议牵引开放型经济发展，将是未来一个时期的重要主题。

4. 现代化经济体系理论处在中央三重理论创新的交汇点。从当前及未来30年的视角出发，如果把现代化经济体系理论放到治国理政的整体理论体系中，这一理论直接关系当代中国特色社会主义发展道路的选择，也是国家治理体系与治理能力现代化战略思想的核心部分，进而构成习近平新时代中国特色社会主义思想在经济领域的支柱性理论，其特殊意义不言而喻。

（二）政治局研判形势谋划经济治理对策

近几年，国际上，地区冲突、政治不稳定性加剧，逆全球化和贸易保护势力抬头，尤以美国单方面挑起中美贸易战为典型。面对外部突起的压力态势，中国需要立足全局和长远，做好相应的政策应对。而在国内，宏观杠杆率高、企业财务指标改善慢、风险因素积聚等深层次、结构性问题尚未得到根本解决，经济下行压力依然较大。针对经济发展面临的风险挑战，中共中央政治局加强了对经济形势研判和整体经济工作布局。

1. 以供需平衡推动高质量发展。面对经济下行压力，中央强调“增强忧患意识、坚持问题导向”，对深层次、结构性问题可能带来的下行压力保持谨慎态度。中央要求把加快调整结构与持续扩大内需结合起来，传递出更加积极的政策信号。这在一定程度上表明，外部经济变化所带来的压力日益凸显，高层有意通过扩大内需来进行风险对冲。一些分析认为，“持续扩大内需”并不意味着要重走宽松货币、无节制加大基建投资那样强刺激的老路，而是要着力提振居民消费和民间投资，更加重视科技和商业创新，深化供给侧结构性改革，以推动经济高质量发展，要主动同高质量发展的要求对表，为此要加强顶层设计，加快出台高质量发展的指标体系、政策体系、标准体系、统计体系、绩效评价体系、政绩考核办法，发挥政策指引作用。此外，值得注意的是，近年来中央特别强调供给侧结构性改革要加强关键核心技术攻关。这与美国对华为、中兴等中国科技企业的出口禁令不无相关。对此，中国领导人在多个场合屡次强调要加速推动核心技术突破。中国有基础好、需求大、自主创新能力强等发展优势，除了有效投入和整合创新资源之外，未来还要打造完整的创新链条和良好的生态系统。

2. 确立稳定为先、积极应变策略。近年来，我国经济运行稳中有变，面临一些新问题新挑战，外部环境明显变化。稳定仍然是经济工作的总基调。为此，中央就就业、金融、外贸、外资、投资、预期 6 个方面提出了稳定发展的要求。一是在强调坚定去杠杆的同时，提出将防范金融风险与服务实体经济结合起来，利用机制创新发挥金融工具在解决民营企业和小微企业融资难、融资贵上的作用。二是推动供给侧结构性改革重点转向，加强对基础设施领域的“补短板”工作。三是对稳就业给予更重要的定位。由于消费与服务已经取代投资与出口成为经济的主要动力，在投资与出口下滑的境况下，通过减税降费推动消费服务业发展，能够创造更多的就业岗位，缓解就业压力。四是做好稳预期工作，一方面，要增强我国对外开放的力度，对冲中美贸易战升温所造成的负面影响，提振外资外贸对中国市场的信心，确保稳外贸；另一方面，要稳定房地产市场发展，坚决遏制房价上涨，总体保持稳投资。

3. 引导经济从高速度增长向高质量发展平稳过渡。在国际贸易冲突加剧和国内改革难度加大的总体形势下，我国经济下行压力有所加大，部分企业经营困难较多，长期积累的风险隐患有所暴露。在决策层看来，经济形势是长期和短期、内部和外部等因素共同作用的结果，我国经济发展的外部环境也在发生着深刻变化，应辩证看待宏观经济变化，增强忧患意识，珍惜重要战略机遇期。因此，中央更加正视经济下行压力，引导经济从高速度增长向高质量发展平稳过渡，更加重视民营经济和中小企业发展，长期引导成长价值重估；更加重视资本市场制度建设，多重政策支持有所增强。

为此，下一步的经济工作仍需坚持“稳中求进”的工作总基调，实施更加有力的调控对策和更加稳健的改革措施，调控重点指向以民营企业、中小企业为代表的微观主体及金融资本市场。对于民营经济，主要研究解决民营企业、中小企业发展中遇到的困难。对于资本市场，短期稳市场，长期促改革。在稳定资本市场运行方面，相关政策包括化解股权质押风险、完善上市公司股份回购制度、深化并购重组市场化改革、推进新三板制度改革等。在激发资本市场活力方面，围绕资本市场改革，加强制度建设，促进资本市场长期健康发展。总的来看，就是聚焦主要矛盾，通过宏观经济政策的协调配合，努力实现最优政策组合和最大整体效果。

（三）中央财经委聚焦解决中国经济突出问题

中央财经委员会是由中央财经领导小组升级而来的中共中央决策议事协调机构，堪称当前中国经济决策的核心部门。近年来，中央财经委员会聚焦解决中国经济面临的突出问题，提出一系列有针对性的经济治理举措。

1. 打好三大攻坚战。2018 年 4 月，中央财经委员会第一次会议召开，主要研究打好防范化解金融风险、精准脱贫、污染防治三大攻坚战的思路和举措。

其一，防范化解金融风险攻坚战以稳中求进为总基调，既要“稳”，即在总杠杆率和宏观经济稳定前提下，守住不发生区域性和系统性金融风险的底线，妥善处理影子银行、同业理财、表外业务、刚性兑付等产生的交叉金融风险；又要“进”，即推动高质量发展，重点是结构性精准去杠杆。国企降杠杆是重中之重，同时，地方政府显性杠杆率虽低于国际通用警戒线，但隐性债务高、降杠杆难度大、“新马甲”隐蔽性强，风险值得高度警惕，有必要强化对政府性融资的预算管控。

其二，精准脱贫攻坚战要坚持现行扶贫标准，不能擅自拔高或降低。反对“输血式”扶贫，脱贫不仅要有外力帮扶，还应激发和培育内生发展动力，通过产业、就业、教育、健康、移风易俗等措施，调动扶贫对象能动性、创造性，建立和提升可持续脱贫力量。

其三，明确治污攻坚战具体目标，使主要污染物排放总量大幅减少，生态环境质量总体改善。调整产业结构、能源结构、运输结构及农业投入结构，做到“四减四增”，即：调整产业结构，减少过剩和落后产业，增加新的增长动能；调整能源结构，减少煤炭消费，增加清洁能源使用；调整运输结构，减少公路运输量，增加铁路运输量；调整农业投入结构，减少化肥农药使用量，增加有机肥使用量，实现升级转换。

2. 提高关键核心技术创新能力。2018 年 7 月，中央财经委员会第二次会议强调关键核心技术是国之重器，对推动我国经济高质量发展、保障国家安全都具有十分重要的意义。面对国际上对中国实施关键技术“卡脖子”的行为，必须切实提高我国关键核心技术创新能力，把科技发展主动权牢牢掌握在自己手里，为我国发展提供有力科技保障。

3. 提高自然灾害防治能力，全面启动川藏铁路规划建设。2018 年 10 月，中央财经委员会第三次会议要求建立高效科学的自然灾害防治体系，提高全社会自然灾害防治能力，为保护人民群众生命财产安全和国家安全提供有力保障。会议提出，要针对关键领域和薄弱环节，推动建设若干重点工程。要实施灾害风险调查和重点隐患排查工程、重点生态功能区生态修复工程、海岸带保护修复工程、地震易发区房屋设施加固工程、防汛抗旱水利提升工程、地质灾害综合治理和避险移民搬迁工程、应急救援中心建设工程、自然灾害监测预警信息化工程、自然灾害防治技术装备现代化工程，以做到有备无患。会议强调，规划建设川藏铁路，是促进民族团结、维护国家统一、巩固边疆稳定的需要，是促进西藏经济社会发展的需要，是贯彻落实党中央治藏方略的重大举措，一定把这件大事办成办好。

4. 聚焦短板弱项，实施精准攻坚。2019 年 4 月，中央财经委员会第四次会议强调，全面建成小康社会取得决定性进展，要正确认识面临的短板问题，聚焦短板弱项，实施精准攻坚。在全面建成小康社会、实现第一个百年奋斗目标的关键之年，此次会议为推动经济社会发展明确了方向和重点。

5. 推动形成优势互补高质量发展的区域经济布局，提升产业基础能力和产业链水平。2019 年 8 月，中央财经委员会第五次会议强调，一方面，要根据各地区的条件走合理分工、优化发展的路子，落实主体功能区战略，完善空间治理，形成优势互补、高质量发展的区域经济布局；另一方面，要充分发挥集中力量办大事的制度优势和超大规模的市场优势，打好产业基础高级化、产业链现代化的攻坚战。一是形成全国统一开放竞争有序的商品和要素市场，使市场在资源配置中起决定性作用，健全市场一体化发展机制，深化区域合作机制。二是改革土地管理制度，增强土地管理灵活性，使优势地区有更大发展空间。三是完善能源消费总量和强度双控制度，全面建立生态补偿制度。四是东北地区要主动调整经济结构，推进产业多元化发展，加快国有企业改革，打造对外开放新前沿，加快转变政府职能，弘扬企业家精神，加强干部正向激励，树立鲜明用人导向，实现全面振兴。五是实施产业基础再造工程，打造具有战略性和全局性的产业链，支持上下游企业加强产业协同和技术合作攻关，在开放合作中形成更强创新力、更高附加值的产业链。此外，还要完善财政转移支付制度，建立共性技术平台，解决跨行业、跨领域的关键共性技术问题。

6. 抓好黄河流域生态保护和高质量发展，大力推动成渝地区双城经济圈建设。

对于黄河流域生态保护和发展，要实施水源涵养提升、水土流失治理、黄河三角洲湿地生态系统修复等工程，坚持节水优先，还水于河，推进水资源节约集约利用，推进兰州－西宁城市群发展，坚持以水定地、以水定产，倒逼产业结构调整，打造具有国际影响力的黄河文化旅游带，开展黄河文化宣传，大力弘扬黄河文化。对于成渝地区双城经济圈建设，要加强顶层设计和统筹协调，突出中心城市带动作用，强化要素市场化配置，推进体制创新，强化公共服务共建共享。

7. 推动做好疫情防控和经济社会发展工作，应对国家中长期经济社会发展的重大问题。

8. 统筹推进现代流通体系建设，为构建新发展格局提供有力支撑。2020 年 9 月，中央财经委员会第八次会议强调，流通体系在国民经济中发挥着基础性作用，构建新发展格局，必须把建设现代流通体系作为一项重要战略任务来抓，统筹推进现代流通体系硬件和软件建设，发展流通新技术新业态新模式，完善流通领域制度规范和标准，培育壮大具有国际竞争力的现代物流企业，为构建以国内大循环为主体、国内国际双循环相互促进的新发展格局提供有力支撑。

9. 推动平台经济规范健康持续发展，把碳达峰、碳中和纳入生态文明建设整体布局。2021 年 3 月，中央财经委员会第九次会议强调，我国平台经济发展正处在关键时期，要着眼长远、兼顾当前，补齐短板、强化弱项，营造创新环境，解决突出矛盾和问题，推动平台经济规范健康持续发展；实现碳达峰、碳中和是一场广泛而深刻的经济社会系统性变革，要拿出抓铁有痕的劲头，如期实现2030年前碳达峰、2060年前碳中和的目标。

推动平台经济规范健康持续发展，一是要健全完善规则制度，加快健全平台经济法律法规，及时弥补规则空白和漏洞，加强数据产权制度建设，强化平台企业数据安全责任。二是要提升监管能力和水平，优化监管框架，实现事前事中事后全链条监管，充实反垄断监管力量，增强监管权威性，金融活动要全部纳入金融监管。三是要推动平台经济为高质量发展和高品质生活服务，加速用工业互联网平台改造提升传统产业、发展先进制造业，支持消费领域平台企业挖掘市场潜力，增加优质产品和服务供给。四是要加强平台各市场主体权益保护，督促平台企业承担商品质量、食品安全保障等责任，维护好用户数据权益及隐私权，明确平台企业劳动保护责任。五是要加强关键核心技术攻关，支持和引导平台企业加大研发投入，加强基础研究，夯实底层技术根基，扶持中小科技企业创新。要加强网络基础设施建设。

“十四五”是实现碳达峰的关键期、窗口期，为此，一是要构建清洁低碳安全高效的能源体系，控制化石能源总量，着力提高利用效能，实施可再生能源替代行动，深化电力体制改革，构建以新能源为主体的新型电力系统。二是要实施重点行业领域减污降碳行动，工业领域要推进绿色制造，建筑领域要提升节能标准，交通领域要加快形成绿色低碳运输方式。三是要推动绿色低碳技术实现重大突破，抓紧部署低碳前沿技术研究，加快推广应用减污降碳技术，建立并完善绿色低碳技术评估、交易体系和科技创新服务平台。四是要完善绿色低碳政策和市场体系，完善能源“双控”制度，完善有利于绿色低碳发展的财税、价格、金融、土地、政府采购等政策，加快推进碳排放权交易，积极发展绿色金融。五是要倡导绿色低碳生活，反对奢侈浪费，鼓励绿色出行，营造绿色低碳生活新时尚。六是要提升生态碳汇能力，强化国土空间规划和用途管控，有效发挥森林、草原、湿地、海洋、土壤、冻土的固碳作用，提升生态系统碳汇增量。七是要加强应对气候变化国际合作，推进国际规则标准制定，建设绿色丝绸之路。

10. 在高质量发展中促进共同富裕，统筹做好重大金融风险防范化解工作。2021 年 8 月，中央财经委员会第十次会议强调，共同富裕是社会主义的本质要求，是中国式现代化的重要特征，要坚持以人民为中心的发展思想，在高质量发展中促进共同富裕；金融是现代经济的核心，关系发展和安全，要遵循市场化法治化原则，统筹做好重大金融风险防范化解工作。

确保经济金融大局稳定，一是要坚持底线思维，增强系统观念，遵循市场化法治化原则，统筹做好重大金融风险防范化解工作。二是要夯实金融稳定的基础，处理好稳增长和防风险的关系，巩固经济恢复向好势头，以经济高质量发展化解系统性金融风险，防止在处置其他领域风险过程中引发次生金融风险。三是要落实地方党政同责，压实各方责任，畅通机制、明确职责、分工配合、形成合力。四是要落实全面从严治党要求，提升金融系统干部队伍监管能力，提高监管数字化智能化水平，一体推进惩治金融腐败和防控金融风险，加快重点领域改革，做好金融市场舆情引导。五是要加强金融法治和基础设施建设，深化信用体系建设，发挥信用在金融风险识别、监测、管理、处置等环节的基础作用。

（四）中央经济会议部署攻坚“百年目标”

中央经济工作会议是中共中央、国务院召开的规格最高的经济会议。它的任务是总结当年的经济工作成绩，分析研判国内国际经济形势，制定来年宏观经济发展规划。一年一度的中央经济工作会议已经成为判断中国当前经济形势和定调第二年宏观经济政策最权威的风向标。

1. 2018 年会议主题：与危机并存，变压力为高质量发展动力。会议提出了“巩固、增强、提升、畅通”八字方针，作为下一阶段供给侧结构性改革的新思路。其中，“巩固”，即巩固“三去一降一补”成果，尤以去产能、降成本、补短板为下一步重点；“增强”，即增强微观主体活力；“提升”，即提升产业链水平，加强自主创新，实现产业升级，加快发展如北斗导航、量子通信、智能制造等新的产业集群；“畅通”，即畅通国民经济循环，加快建设统一开放、竞争有序的现代市场体系，提高金融体系服务实体经济能力，形成国内市场和生产主体、经济增长和就业扩大、金融和实体经济良性循环。这是基于经济运行“稳中有变、变中有忧”、外部环境复杂严峻、经济面临下行压力等原因而提出的总要求，意味着供给侧结构性改革将迎来提质升级。

会议强调 4 点：一是继续实施积极的财政政策和稳健的货币政策。稳健的货币政策要松紧适度，保持流动性合理充裕，改善货币政策传导机制。二是稳定总需求。在具体工作过程中需要“预调微调”“定向维稳”。三是积极的财政政策要加力提效。会议明确，将实施更大规模的减税降费，“较大幅度”增加地方政府专项债券规模，这将缓解地方财政压力，有望促进中小企业发展。四是实施更大规模的减税降费，减轻中小企业负担，激发市场活力。会议要求，切实转变政府职能，大幅减少政府对资源的直接配置，强化事中事后监管，凡是市场能自主调节的就让市场调节，凡是企业能干的就让企业干。

2. 2019 年主题：贯彻新发展理念，攻坚“第一个百年奋斗目标”。2019 年我国正值决胜全面建成小康社会和“十三五”规划收官之时，站在“两个一百年”奋斗目标的历史交汇点上，面对更加复杂的国内外环境，2020 年中国经济走势备受瞩目。面对新老问题叠加、新旧矛盾交织的复杂局面，会议认为，我国经济稳中向好、长期向好的基本趋势没有改变。但也要看到，我国正处在转变发展方式、优化经济结构、转换增长动力的攻关期，结构性、体制性、周期性问题相互交织，“三期叠加”影响持续深化，经济下行压力加大。世界经济增长持续放缓，仍处在国际金融危机后的深度调整期，世界大变局加速演变的特征更趋明显，全球动荡源和风险点显著增多。

基于这一判断，会议继续明确“坚持稳中求进”的工作总基调，对2020年经济工作重点做出安排。一是坚定不移贯彻新发展理念。二是坚决打好三大攻坚战。三是确保民生特别是困难群众基本生活得到有效保障和改善。四是继续实施积极的财政政策和稳健的货币政策。五是着力推动高质量发展。六是深化经济体制改革。

3. 2020年会议主题：开局“十四五”，开启新征程。会议指出，面对严峻复杂的国际形势、艰巨繁重的国内改革发展稳定任务特别是新冠肺炎疫情的严重冲击，2020年，我们保持战略定力，准确判断形势，精心谋划部署，果断采取行动，付出艰苦努力，交出了一份人民满意、世界瞩目、可以载入史册的答卷。

为确保“十四五”开好局，会议对2021年经济工作的重点任务做出如下安排：一是强化国家战略科技力量。要充分发挥国家作为重大科技创新组织者的作用，发挥新型举国体制优势，抓紧制定实施基础研究十年行动方案。二是增强产业链供应链自主可控能力。要统筹推进补齐短板和锻造长板，强化共性技术供给，深入实施质量提升行动。三是坚持扩大内需战略。形成强大国内市场是构建新发展格局的重要支撑，要把扩大消费同改善人民生活品质结合起来。四是全面推进改革开放。构建新发展格局，要深入实施国企改革三年行动，放宽市场准入，促进公平竞争，保护知识产权，建设统一大市场，营造市场化、法治化、国际化营商环境。五是解决好种子和耕地问题。保障粮食安全，关键在于落实藏粮于地、藏粮于技战略。六是强化反垄断和防止资本无序扩张。七是解决好大城市住房突出问题。要坚持房子是用来住的、不是用来炒的，因地制宜、多策并举，促进房地产市场平稳健康发展。八是做好碳达峰、碳中和工作。我国二氧化碳排放力争2030年前达到峰值，力争2060年前实现碳中和。

4. 2021年会议主题：稳字当头、稳中求进。会议指出，2021年是党和国家历史上具有里程碑意义的一年。我们隆重庆祝中国共产党成立100周年，实现第一个百年奋斗目标，开启向第二个百年奋斗目标进军新征程，沉着应对百年变局和世纪疫情，构建新发展格局迈出新步伐，高质量发展取得新成效，实现了“十四五”良好开局。

会议要求，2022年经济工作要稳字当头、稳中求进，各地区各部门要担负起稳定宏观经济的责任，各方面要积极推出有利于经济稳定的政策，政策发力适当靠前。一是宏观政策要稳健有效。要继续实施积极的财政政策和稳健的货币政策。二是微观政策要持续激发市场主体活力。三是结构政策要着力畅通国民经济循环。四是科技政策要扎实落地。五是改革开放政策要激活发展动力。六是区域政策要增强发展的平衡性协调性。七是社会政策要兜住兜牢民生底线。

二、推动高质量发展

新时代中国经济发展的基本特征是由高速增长阶段转向高质量发展阶段。推动高质量发展，是保持经济持续健康发展的必然要求，是适应我国社会主要矛盾变化和全面建设社会主义现代化国家的必然要求，是遵循经济发展规律的必然要求。以推动高质量发展为主题，以深化供给侧结构性改革为主线，以改革创新为根本动力，以满足人民日益增长的美好生活需要为根本目的，推动经济发展质量变革、效率变革、动力变革，增强我国经济实力和国际竞争力，为建设社会主义现代化国家奠定坚实的物质基础，是未来一个时期的重中之重。

2020年以来，面对新冠肺炎疫情全球肆虐，中国经济保持顽强韧性，实现逆势回升。虽然有经济下行的压力和全球贸易保护主义抬头的挑战，中国保持战略定力，在维护经济发展基本面的基础上，进一步推动供给侧结构性改革，力图通过释放政策红利、推动简政放权、超前战略规划和优化营商环境等举措，进一步完善市场经济体制，解决降成本、补短板的问题，从而推动高质量发展。但也要清醒地看到，中国经济还有诸多短板，经济高质量发展的任务依然艰巨。美国对华发动贸易战和科技战，使中国科技创新不足特别是关键核心技术落后的短板暴露出来，让我们真切感受到了"卡脖子"的滋味。而体制机制上的短板，也束缚中国经济的高质量发展，成为经济发展中的痛点、难点问题。就此而言，经济体制改革必须加快推进、全面深化、重点突破，为高质量发展提供有力的制度支撑。此外，在经济实际运行过程中，循环"不畅通"也成为制约高质量发展的短板。地方保护、行业垄断、行政干预、准入限制、所有制歧视等诸多因素阻碍了市场在资源配置中发挥决定性作用。因此，要实现高质量发展，必须加紧补齐关键短板，突破瓶颈制约，疏"堵点"、通"经络"，使国民经济焕发新活力。

"十四五"时期经济社会发展的主题就是推动高质量发展。这就需要坚定不移贯彻创新、协调、绿色、开放、共享的新发展理念，不断巩固疫情防控成果和经济稳定恢复发展态势，努力保持经济运行在合理区间，为高质量发展创造有利的环境。为此，中国政府通过减税降费、简政放权等方式着力降低实体经济运行成本，优化投资、消费和基础设施整体布局，不断提升发展的质量和效益，为经济社会发展注入源头活水。在可预见的将来，高质量发展将贯穿于经济社会的各个领域和全过程，以实现发展质量、结构、规模、速度、效益、安全相统一。

（一）着力推动实体经济“降成本”

“降成本”是供给侧结构性改革的重点。为了大力降低实体经济成本，近年来的政府工作报告，都明确要求压减政府性基金项目，削减中央政府层面设立的涉企收费项目，阶段性降低“五险一金”缴费比例，推动降低用能、物流、电信等成本。从2017年至2021年，国家发展改革委、工业和信息化部、财政部、中国人民银行连续5年发布关于做好降成本重点工作的通知，围绕降低税费负担、降低融资成本、降低制度性交易成本、降低企业人工成本、降低企业用能用地成本、降低物流成本、提高企业资金周转效率、支持和激励企业内部挖潜等方面，提出超过100项降成本任务。

以2021年关于做好降成本重点工作的通知为例，其提出的降成本任务主要包括：

其一，在持续合理降低税费负担方面。通知要求进一步优化减税政策，延长小规模纳税人增值税优惠等部分阶段性政策执行期限，实施新的结构性减税举措，将小规模纳税人增值税起征点从月销售额10万元提高到15万元，对小微企业和个体工商户年应纳税所得额不到100万元的部分，在现行优惠政策基础上，再减半征收所得税，对先进制造业企业按月全额退还增值税增量留抵税额。通知要求规范降低重点领域涉企收费，中小企业宽带和专线平均资费再降10%，清理规范城镇供水供电供气供暖行业收费。通知要求落实落细减税降费红利，坚决不收“过头税费”，坚决防止搞集中清欠税收、乱收费削减政策红利，持续加大各类违规涉企收费整治力度。

其二，在深化金融让利有效支持实体经济方面。通知要求综合运用多种货币政策工具，保持货币供应量和社会融资规模增速与名义经济增速基本匹配，保持流动性合理充裕，持续释放贷款市场报价利率（LPR）改革潜力。引导银行资金更多流向小微企业、个体工商户、新型农业经营主体，对受疫情持续影响行业企业给予定向支持。创新供应链金融服务模式，增强银行与产业链的融合度和协同性。

其三，在着力降低制度性交易成本方面。通知要求将行政许可事项全部纳入清单管理，修订出台《市场准入负面清单（2021 年版）》，继续放宽准入限制，进一步缩减外资准入负面清单。依法平等保护各类市场主体产权，推动各类中介机构公开服务条件、流程、时限和收费标准。

其四，在合理降低企业人工成本方面。通知要求延续实施阶段性降低失业保险、工伤保险费率政策，实施期限延长 1 年至 2022 年 4 月 30 日，并且持续组织实施职业技能提升行动，开展大规模、多层次职业技能培训，建设一批高技能人才培训基地。

其五，在降低企业用能用地成本方面。通知要求平稳执行新核定的 2021 年输配电价和销售电价，进一步清理用电不合理加价，允许所有制造业企业参与电力市场化交易。研究出台建设用地审批管理规定，继续推广“标准地”出让改革经验。鼓励受疫情影响较大的地方，对承租国有房屋的服务业小微企业和个体工商户减免租金。

其六，在推进物流降本增效方面。取消或降低部分公路民航港口收费，将民航发展基金航空公司征收标准降低 20%。推进铁路行业竞争性环节市场化改革。推进国家物流枢纽、国家骨干冷链物流基地、综合货运枢纽（物流园区）建设。引导推进多式联运示范工程重点线路联网成片、提质增效，形成网络效应。

其七，在提高企业资金周转效率方面。严格落实《保障中小企业款项支付条例》，发挥好违约拖欠中小企业款项登记（投诉）平台作用，加快研究出台保障中小企业款项支付投诉处理办法。

其八，在激励企业内部挖潜方面。鼓励企业“上云用数赋智”，以数字技术赋能降本增效，推进智能制造示范工厂建设，支持企业开展智能化改造，持续推动工艺装备升级和生产过程智能化提升。

（二）推出大规模减税降费新政

1. 深化增值税改革。

自2018年5月1日起，一是将制造业等行业增值税税率从17%降至16%，将交通运输、建筑、基础电信服务等行业及农产品等货物的增值税税率从11%降至10%；二是统一增值税小规模纳税人标准，将工业企业和商业企业小规模纳税人的年销售额标准由50万元和80万元上调至500万元，并在一定期限内允许已登记为一般纳税人的企业转登记为小规模纳税人，让更多企业享受按较低征收率计税的优惠；三是对装备制造等先进制造业、研发等现代服务业符合条件的企业和电网企业在一定时期内未抵扣完的进项税额予以一次性退还。至2018年12月，3项措施释放出强大的减税效应——降低增值税税率实现减税约2700亿元；统一小规模纳税人标准惠及50万户纳税人，减税约80亿元；办理留抵退税1148亿元。个税减免方面，自2018年10月1日起，5000元/月的基本减除费用标准和新的税率表开始实施，过渡期政策执行3个月时间就实现减税约1000亿元的效果，7000多万个税纳税人的工薪所得无须再缴税；税收优惠政策方面，将企业研发费用加计扣除比例提高到75%的政策由科技型中小企业扩大到所有企业，将创业投资企业、天使投资个人有关税收优惠政策试点范围推广至全国，将科技型中小企业亏损结转年限由5年延长至10年等。

2. 推进增值税减税。

近年来，国家连续发布包括《财务部 税务总局 海关总署关于深化增值税改革有关政策的公告》（以下简称《公告》）在内的多个深化增值税改革的重磅文件，要求全面下调增值税税率。《公告》要点有：

第一，全税率、多税目全面降税。《公告》分别对原有增值税 3 档税率做出下调规定：原适用 16% 税率的下调为 13% ，13% 的下调为 11% 或 10% ，10% 的下调为 9% 。同时，原有的 6% 税率保持不变。《公告》所涉下调税目横跨多个领域，主要包括一般纳税人发生增值税应税销售行为、货物及劳务进出口以及跨境应税行为的税率，以及境外旅客购物离境退税物品的退税率等。同时，《公告》明确扩大进项税抵扣范围，将国内旅客运输服务纳入抵扣范围，并将纳税人取得不动产或者不动产在建工程的进项税由原来的两年抵扣改为一次性全年抵扣。

第二，减负与促消费促投资并行。一是重点为制造业等基础性产业减负。如政府在制订计划时所部署的，此次增值税降税的最大受益行业集中在制造业、交通运输业等基础产业。增值税作为我国第一大税种，税率每降一个点，减税规模以千亿元计。对占增值税总量近 60% 的制造业等行业而言，3 个百分点的税率降幅，是对处于转型期而面对高税负、高成本、低动力的我国制造业企业的有力支持。据统计，这次针对制造业的税率下调全年所达到的减税规模可达 4185 亿元左右，极大地释放企业利润空间，有利于增强我国制造业企业实力，从而促进实体经济转型升级。二是让利于民，减轻居民消费压力。国家针对生产环节进行的大幅减税行为，将通过经济链条向消费环节传递，并最终使消费者享受降税红利。税率下调已引起多个消费领域物价下调，《公告》发布后，已有多家汽车厂商随增值税税率调整下调商品价格，中国铁路总公司也宣布随交通运输业的税率下降而下调铁路货运价格。减轻税负从而降低物价，有利于增加居民购买力，直接促进居民对工业制成品的消费增长，进一步驱动“消费”这驾马车对我国经济的拉动作用。三是增加企业流动资金，促进投资。分析指出，增值税税率降低有望通过增加企业产出和利润，使企业有更多流动资金用于日常投资。

总的来看，此轮大规模降税有望全面释放经济活力。增值税税率下调的幅度和所涉税目数量空前，目的在于对整个经济体系产生积极效应，呼应正在进行的供给侧结构性改革：对生产、制造环节的重点减税有利于促进投资，优化产业结构，从而进一步实现要素优化配置。同时，通过将减税优惠间接传导至销售、消费环节中的参与者，从而惠及整个经济体系，全面释放经济活力，助力经济转型升级。

3. 解决违规涉企收费问题。

在实施减税政策的同时，针对长期以来存在的违规涉企收费问题，2019 年 8 月，国家市场监督管理总局、国家发展改革委、工业和信息化部、民政部、财政部、国务院国有资产监督管理委员会、中国银行保险监督管理委员会联合发布《关于进一步加强违规涉企收费治理工作的通知》，要求国务院各部门切实履行行业管理责任，对照有关法律法规和政策文件要求，结合财政部、国家发展改革委公布的有关涉企收费清单，对自身在这一领域工作上存在的问题进行自查和整改，坚决杜绝本行业、本系统出现违规收费行为。各商业银行的自查自纠工作由中国银行保险监督管理委员会负责，严格对照“七不准、四公开”要求在全行业进行，坚决清理规范商业银行分支机构的违规收费行为。对于影响恶劣的典型案例应予以严肃查处，并公开曝光。该通知还要求完善涉企收费信息公开制度，国务院各部门和地方各级人民政府应当依照分级负责的原则，对有关法律法规和政策文件及下属单位的收费要求加以清理、整合和公示，自觉接受社会监督，实现收费的公开透明。

4. 减税降费为企业减负。

全国减税降费政策的落实，对于对冲经济下行压力、做好“六稳”、保持经济运行在合理区间发挥了重要支撑作用。在此基础上，国务院进一步推出三大举措，为企业减负，为发展增动能。一是落实做细减税降费政策，及时研究解决企业反映的突出问题，确保制造业等主要行业税负明显降低、建筑业和交通运输业等行业税负有所降低、其他行业税负只减不增。有重点、有目标地根据不同行业调整税负，优化税负结构，而不是一味强调降税总量。除此之外，要进一步治理违规涉企收费。二是指导各地加强财政预算管理，政府要坚持过“紧日子”，严控一般性支出。减税降费政策的根本目的在于以政府收入的“减法”，换取企业效益的“加法”和经济发展动力的“乘法”。与此同时，对于部分地区而言，财政支出作为刚需，要予以支持，确保基层财政困难地区保工资、保运转、保基本民生。落实增值税留抵退税分担机制，减轻部分地区财政压力。三是研究进一步推改革、促发展、增就业措施，聚焦鼓励创业创新。发挥税收的调节引导作用，促进中小企业、创新性企业健康发展。研究对制造业重点行业加大研发费用加计扣除比例，确保以“大众创新”作为减税降费政策的重要着力点，增强发展内生动力和后劲。

（三）简政放权改革降低制度性交易成本

1. 全面实施“证照分离”改革。

国务院印发的《关于在全国推开“证照分离”改革的通知》，在全国范围内对106项涉企行政审批事项，分别按照直接取消审批、审批改为备案、实行告知承诺、优化准入服务4种方式实施“证照分离”改革，破解“准入不准营”问题。在“证照分离”改革之前，企业申请营业执照需要满足取得经营许可证的前置条件。然而，企业在没有取得营业执照的情况下，申请卫生、经营等许可证时往往会因身份不明而无法获得批准，于是陷入互为条件的死胡同，造成了“准入不准营”的局面，限制了企业的设立和发展。

事实上，早在2015年，上海浦东新区就率先开展“证照分离”改革试点，对涉企的116项审批事项进行改革。借鉴上海市的成熟做法，2017年，国务院在天津、辽宁、浙江、福建、河南、湖北、广东、重庆、四川、陕西10个自贸试验区推行“证照分离”。在这一系列试点顺利推行的背景下，国务院在全国有序推开“证照分离”改革，对所有涉及市场准入的行政审批事项进行分类管理，实现全覆盖，为企业进入市场提供便利。

此轮改革提出了“证照分离”的4项举措：一是明确改革方式，针对纳入“证照分离”改革范围的涉企行政审批事项，分别采取直接取消审批、审批改为备案、实行告知承诺、优化准入服务4种方式进行管理；二是统筹推进“证照分离”和“多证合一”改革，有效区分“证”“照”功能，让更多市场主体持照即可经营，真正实现市场主体“一照一码走天下”；三是加强事中事后监管，针对改革事项分类制定完善监督办法，明确监督标准、监管方式和监督措施，建立完善惩罚性赔偿、“履职照单全免、失职照单问责”等制度，对失信主体在行业准入环节依法实施限制，同时引导社会力量共同参与市场秩序治理，逐步构建完善多元共治格局；四是加快推进信息归集共享，进一步完善全国和省级信用信息共享平台、国家企业信用信息公示系统，在更大范围、更深层次实现市场主体基础信息、相关信用信息、违法违规信息归集共享和业务协同。

在全国推开“证照分离”改革，有利于进一步营造稳定、公平、透明、可预期的市场准入环境，有利于激发市场主体活力、增强投资信心，有利于改善营商环境，降低企业市场准入的制度性成本。当然，这场刀刃向内的改革对于政府的管理理念提出了新的挑战，不仅要求其精简职能和手续，更要求有关部门加强事中事后监督，防范重大监管风险。

除此以外，国务院还推动提升行政审批效率，为投资兴业创造便利。

2018 年 5 月，《国务院办公厅关于进一步压缩企业开办时间的意见》印发，要求进一步简化企业从设立到具备一般性经营条件所必须办理的环节，压缩办理时间。随后，《国务院办公厅关于开展工程建设项目审批制度改革试点的通知》印发，要求北京等 16 个试点地区工程建设项目审批时间压减一半以上，由平均 200 多个工作日压减至 120 个工作日，之后在全国范围内推开。

2. 全面实施市场准入负面清单制度。

全面实施市场准入负面清单制度作为一项系统性工程，对于完善社会主义市场经济体制具有重大意义。党的十八届三中全会通过的《中共中央关于全面深化改革若干重大问题的决定》，首次提出要在市场准入方面实行负面清单制度。2015 年 10 月，《国务院关于实行市场准入负面清单制度的意见》发布，明确指出："市场准入负面清单制度，是指国务院以清单方式明确列出在中华人民共和国境内禁止和限制投资经营的行业、领域、业务等，各级政府依法采取相应管理措施的一系列制度安排。市场准入负面清单以外的行业、领域、业务等，各类市场主体皆可依法平等进入。" 2016 年 3 月，国家发展改革委、商务部印发《市场准入负面清单草案（试点版）》，在天津、上海、福建、广东 4 个省市试行，为稳妥做好市场准入负面清单制度改革工作开始试点。2017 年，试点范围扩大到 15 个省市，以更好地探索路径、积累经验、形成示范。在此基础上，党的十九大报告进一步提出："全面实施市场准入负面清单制度，清理废除妨碍统一市场和公平竞争的各种规定和做法，支持民营企业发展，激发各类市场主体活力。"

从 2018 年至 2021 年，国家发改委、商务部等部门连续 4 年发布"市场准入负面清单"，标志着我国市场准入负面清单制度进入了全面实施的新阶段。以《市场准入负面清单（2018 年版）》为例，其内容主要包括清单说明、清单主体和附件 3 部分。清单主体包括“禁止准入类”和“许可准入类”两大类，共 151 个事项、581 条具体管理措施，与此前的试点版负面清单相比，事项减少了 177 项，具体管理措施减少了 288 条。其中，禁止准入类事项共 4 项，分别是法律法规明确设立的与市场准入相关的禁止性规定，《产业结构调整指导目录》中禁止投资和禁止新建的项目，以及“禁止违规开展金融相关经营活动”和“禁止违规开展互联网相关经营活动”。对于禁止类事项，市场主体不得进入，行政机关不予审批。而许可准入类事项共 147 项，涉及国民经济行业 20 个分类中的 18 个行业 128 个事项，《政府核准的投资项目目录》事项 10 项，《互联网市场准入禁止许可目录》事项 6 项，信用惩戒等其他事项 3 项。对于许可准入类事项，由市场主体提出申请，行政机关依法依规做出是否予以准入的决定，或由市场主体依照政府规定的准入条件和准入方式合规进入。

总体而言，作为完善社会主义市场经济体制的一项重要改革，全面实施市场准入负面清单制度厘清了市场和政府在市场准入环节发挥作用的边界，有利于充分发挥市场在资源配置中的决定性作用，为市场主体的创业创新提供巨大空间，激发市场主体活力，也有利于推动与市场准入负面清单相关的审批体制、投资体制、监管机制、社会信用体系和激励惩戒机制的改革，推进国家治理体系和治理能力现代化。

全面实施市场准入负面清单制度，要求政府从“重事前审批”转变为“加强事中事后监管”，将监管关口后移，把更多监管资源投向加强对市场主体投资经营行为的事中事后监管。为此，2019 年 9 月，《国务院关于加强和规范事中事后监管的指导意见》印发，要求把更多行政资源从事前审批转到加强事中事后监管上来，加快构建权责明确、公平公正、公开透明、简约高效的事中事后监管体系，形成市场自律、政府监管、社会监督互为支撑的协同监管格局。

3. 公安部集中出台60项便民利企举措。

根据《关于全面深化公安改革若干重大问题的框架意见》和相关改革方案的要求，公安部在前期大力推进“放管服”改革的基础上，针对人民群众反映的办事、办证、办企痛点难点问题，对外发布了60项服务经济社会发展、服务群众、服务企业的便利措施。

这60项措施主要包括7个方面内容：

一是深入推进行政审批制度改革，包括全面缩短涉企行政审批事项审批时限，简化公章刻制业特种行业许可审批，推进机动车检验标志电子化，取消计算机信息系统安全专用产品销售许可首次检测收费等12项措施。

二是全力支持国家重点发展战略，包括出台支持海南全面深化改革开放，服务长三角一体化发展、粤港澳大湾区融合发展等一系列移民与出入境政策和便利措施，在全国范围内推广复制促进服务自贸区建设移民与出入境便利政策，出台入境车辆人员出行便利措施等10项措施。

三是全面提升公安政务服务质量和效率，包括逐步实现公安政务服务事项“全国通办”“一门通办”“一网通办”“一次性办”，推行户口迁移“一站式”办理，推进交通违法异地处理，试点接受教育减免交通违法记分奖励措施等13项措施。

四是加快推进部门间数据共享，包括推进人口信息共享和身份认证服务工作，全面推进出入境证件公共服务便利化应用，建设户籍电子证照、电子档案数据库提供公共服务，推行失效居民身份证信息联网核查提供部门间共享等5项措施。

五是加强和规范事中事后监管，包括大力推行“双随机、一公开”监管，加强对重要领域、重要事项的全程监管，推动公安领域社会信用体系建设，推进公安部“互联网+监管”系统建设等5项措施。

六是依法保护企业和企业家合法权益，包括加大涉企知识产权保护力度，依法打击侵害企业合法权益犯罪，依法严格规范涉企执法行为，开设企业投诉受理互联网平台等6项措施。

七是加快完善相关法律法规，包括推进公安改革创新成果的制度化、法治化，推进相关法规制度的“立改废”工作，修订完善公安机关办理刑事案件程序规定，推动修订《道路交通安全法》等9项措施。

4. 进一步优化营商环境。

中国政府高度重视优化营商环境，缩减市场准入负面清单，推动“非禁即入”普遍落实。例如，2018年6月，《国务院关于积极有效利用外资推动经济高质量发展若干措施的通知》印发，就要求改善外商投资环境，放宽市场准入，实行高水平投资自由化便利化政策，进一步推进对外商投资的平等保护。在此基础上，2019年10月，国务院出台《优化营商环境条例》（以下简称《条例》），把近年来各地区、各部门在优化营商环境方面大量行之有效的政策、经验、做法上升到法规制度，重点针对我国营商环境的突出短板和市场主体反映强烈的痛点、难点、堵点问题，从完善体制机制的层面做出相应规定。主要体现在以下几个方面：

一是明确优化营商环境的原则和方向。《条例》将营商环境界定为市场主体在市场经济活动中所涉及的体制机制性因素和条件，明确优化营商环境工作应当坚持市场化、法治化、国际化原则，以市场主体需求为导向，以深刻转变政府职能为核心，创新体制机制、强化协同联动、完善法治保障，为各类市场主体投资兴业营造稳定、公平、透明、可预期的良好环境。

二是加强市场主体保护。《条例》明确规定国家平等保护各类市场主体，保障各类市场主体依法平等使用各类生产要素和依法平等享受支持政策，保护市场主体经营自主权、财产权和其他合法权益，推动建立全国统一的市场主体维权服务平台等。

三是优化市场环境。《条例》对压减企业开办时间、保障平等市场准入、维护公平竞争市场秩序、落实减税降费政策、规范涉企收费、解决融资难融资贵、简化企业注销流程等做了规定。

四是提升政务服务能力和水平。《条例》对推进全国一体化在线政务服务平台建设、精简行政许可和优化审批服务、优化工程建设项目审批流程、规范行政审批中介服务、减证便民、促进跨境贸易便利化、建立政企沟通机制等做了规定。

五是规范和创新监管执法。《条例》对健全监管规则和标准，推行信用监管、“双随机、一公开”监管、包容审慎监管、“互联网＋监管”，落实行政执法公示、行政执法全过程记录和重大行政执法决定法制审核制度等做了规定。

六是加强法治保障。《条例》对法律法规的立改废和调整实施，制定法规政策听取市场主体意见，为市场主体设置政策适应调整期，完善多元化纠纷解决机制、加强法治宣传教育、推进公共法律服务体系建设等做了规定。

《条例》是我国首部针对营商环境优化的行政法规，在我国营商环境建设制度史上具有里程碑意义。《条例》以市场满意度标准打破唯 GDP 论，将推动建立和完善我国以市场主体和社会公众满意度为导向的营商环境评价体系，发挥营商环境评价对优化营商环境的引领和督促作用，提升市场化、法治化、国际化水平，并最终实现高质量发展。《条例》的正式公布，标志着法治化营商环境建设进入新的阶段。

中国近年来改善营商环境的努力，引起了外界关注。在世界银行发布的《全球营商环境报告 2020》中，中国营商环境全球排名继 2019 年从此前第 78 位跃至第 46 位之后，2020 年再度升至第 31 位，跻身全球前 40，连续两年入列全球优化营商环境改善幅度最大的十大经济体。

5. 新型监管机制加快“信用中国”建设。

我国经济正迈入高质量发展的新阶段，然而信用状况差是经济发展的一个薄弱环节，已成为影响和制约经济发展的突出因素。建立和完善社会信用体系，是确保社会主义市场经济不断走向成熟的重要保障。因此，要不断采取各类措施推进信用体系建设，实现社会信用体系制度运行的常态化，发挥社会信用体系制度规范行为的作用，让遵守社会信用体系制度内化为社会信用主体的日常遵循。在此背景下，国务院办公厅印发的《关于加快推进社会信用体系建设构建以信用为基础的新型监管机制的指导意见》（以下简称《意见》），提出了22条创新性举措。

一方面，《意见》要求建立事前、事中、事后全生命周期的监管机制。具体而言，包括以下几点：一是创新事前环节信用监管，通过市场主体“做承诺”“重教育”“用报告”，提高依法诚信经营意识，全面推广主动信用承诺制度，加快许可事项办理进度，扩大信用报告应用范围；二是加强事中环节信用监管，全面建立市场主体信用记录，鼓励市场主体自愿注册信用信息，开展公共信用综合评价，大力推进信用分级分类监管；三是完善事后环节信用监管，从健全失信联合惩戒对象认定机制、督促失信主体限期整改、深入开展失信联合惩戒、依法依规实施市场和行业禁入措施、依法追究违法失信责任等方面，强调用好失信联合惩戒的“利剑”，实现“信用监管让守信者无事不扰，让失信者时时不安”。

另一方面，《意见》强调加强信用监管的支撑保障与组织实施。在支撑保障上，应提升信用监管信息化建设水平，形成信用监管协同机制，大力推进信用监管信息公开公示，充分发挥“互联网+”、大数据对信用监管的支撑作用，实现信用监管数据可比对、过程可追溯、问题可监测，切实加大信用信息安全和市场主体权益保护力度，积极引导行业组织和信用服务机构协同监管。

总的来看，《意见》明确了信用监管的主要目标、落实措施和运行机制，未来信用建设要实现高质量发展，要把握好4个方面：一是信用手段越管用，越要防止滥用、泛用；二是信用惠民便企措施越丰富，越要尊重市场规律；三是社会公众对信用接受程度越高，越要依法依规；四是信用信息越是充分共享，越要重视主体权益保护。

（四）优化投资、消费和基础设施整体布局

1. 促进政府投资法治化规范化。

我国自2001年起便着手起草《政府投资条例》，并于2010年发布《政府投资条例（征求意见稿）》。在相当长的时间里，我国主要依靠《国务院关于投资体制改革的决定》《中共中央 国务院关于深化投融资体制改革的意见》等规范性文件指引政府投资行为，始终未形成统一规范。2019年7月起施行的《政府投资条例》（以下简称《条例》），填补了政府投资法规的空白，成为我国关于政府投资管理的第一部行政法规，也是投资建设领域的基本法规制度，标志着全面规范政府投资管理迈出了具有重要意义的一步。

《条例》从5个方面对政府投资做了规定：

一是明确界定政府投资范围。政府投资，是指在中国境内使用预算安排的资金进行固定资产投资建设活动，包括新建、扩建、改建、技术改造等。确保政府投资聚焦重点、精准发力。政府投资资金应当投向市场不能有效配置资源的公共领域项目，以非经营性项目为主，国家建立政府投资范围定期评估调整机制，不断优化政府投资方向和结构——这一原则厘清了政府投资和民间社会投资的界限，体现了政府投资对自身职能和定位的正确把握，有助于形成自由竞争的市场环境。关于政府投资的方式，《条例》规定，政府投资资金按项目安排，以直接投资为主，确需支持的经营

性项目以资本金注入方式为主，也可以适当采取投资补助、贷款贴息等方式。

二是明确政府投资的主要原则和基本要求。政府投资应当科学决策、规范管理、注重绩效、公开透明，并与经济社会发展水平和财政收支状况相适应。政府及其有关部门不得违法违规举借债务筹措政府投资资金，安排政府投资资金应当平等对待各类投资主体。

三是规范和优化政府投资决策程序。进一步规范政府投资项目审批制度，重大政府投资项目应当履行中介服务机构评估、公众参与、专家评议、风险评估等程序，强化投资概算的约束力，确保政府投资科学决策。

四是明确政府投资年度计划的相关要求。国务院投资主管部门、国务院其他有关部门以及县级以上地方人民政府有关部门按照规定编制政府投资年度计划，明确项目名称、建设内容及规模、建设工期等事项，政府投资年度计划应当和本级预算相衔接。

五是严格项目实施和事中事后监管。政府投资项目开工建设应当符合规定的建设条件，并按照批准的内容实施；政府投资项目所需资金应当按规定确保落实到位，建设投资原则上不得超过经核定的投资概算；政府投资项目应当合理确定并严格执行建设工期，按规定进行竣工验收，并在竣工验收合格后办理竣工财务决算；加强对政府投资项目实施情况的监督检查，建立信息共享机制；政府投资年度计划、项目审批和实施等信息应当依法公开。

《条例》的正式颁布是我国深化投资体制改革所取得的重大成果，也是我国进一步推动政府投资法治化与规范化的重要举措，制度价值和意义不言而喻。

2. 通过优化运输结构和布局交通强国战略提升经济效率。

国务院常务会议提出降低税收、简并或取消车辆营运证照、取消高速公路省界收费站等三大举措。2018 年 10 月，国务院发布《推进运输结构调整三年行动计划（2018—2020 年）》（以下简称《三年计划》），部署加快实施铁路运能提升、公路货运治理、水运系统升级、多式联运提速等六大行动，优化运输结构。《三年计划》着重强调 4 个要点：一是充分挖掘铁路运能与发挥铁路优势。二是公路货运向环保、创新转型。三是发展多式联运，搭建公共信息平台。四是向重点地区、重点行业发力。

总的来看，《三年计划》有助于提升货物运输组合效率、促进货运行业转型升级以及行业节能减排，“宜铁则铁、宜水则水、宜公则公”的综合运输服务格局能充分发挥铁路、水运在长途货运上高效率、低成本、低排放的优势。这种横跨东西的多式联运，有望促进内陆经济与海洋经济高效联动，形成沿海内陆“以点带面”的点轴式空间结构，从而促进整个国家的经济商贸向内陆腹地的纵深发展。

除了调整运输结构，国家还从战略上统筹规划建设交通强国，进一步夯实社会经济发展的基础设施。2019 年 9 月，中共中央、国务院印发《交通强国建设纲要》（以下简称《建设纲要》），要求推动“三个转变”，即推动交通发展由追求速度和规模向更加注重质量和效益转变，由各种交通方式相对独立发展向更加注重一体化融合发展转变，由依靠传统的要素驱动向更加注重创新驱动转变，从而全面实现交通现代化，交通综合实力和国际竞争力达到世界前列。

总的来看，《建设纲要》为新时代建设交通强国做了顶层设计和系统谋划，对于推动中国经济高质量发展具有基础性、战略性的意义。

3. 多策并举强化房地产市场整治。

近年来，中央要求“坚决遏制房价上涨”，宣告开启新一轮房地产市场高压调控。自中央定调以来，中央与地方针对房地产市场调控的举措密集出台，力度持续升级，表明中国房地产业的行业性调整已经来临。房地产限购扩容升级，限售向县级城市下沉。值得注意的是，以往调控力度幅度较小的中西部地区与东北地区开始实施补充调整，大连、哈尔滨等城市也迎来房地产调控政策。除了限购限售类等直接阻断交易发生的行政性措施，楼市调控体现出了多部门联合，金融、房管行政、司法手段并用的突出特点。中国银保监会针对多家银行信贷违规开出罚单，重点遏制“首付贷”、消费贷等资金流入楼市，加之资管新规下地产商融资渠道收紧，强监管环境下地产运作的金融推手受到重点打击。2018 年 6 月，自然资源部宣布全国统一的不动产登记信息管理基础平台实现全国联网，我国不动产登记体系进入全面运行阶段，不仅为下一步的监管提供数据平台支持，还引发了人们对房产税征收的联想；而对于炒卖房号、阴阳合同、茶水费等房地产市场乱象，公安及司法机关的介入将专项整治在力度上与之前的各种专项执法相区别。此外，由于棚改货币化安置现阶段已成为非一线城市房价上涨的重要驱动力，相关部门也在“因城制宜”严控货币化安置比例，货币化安置在库存压力小、房价上涨压力大的市县或将先行退场。

自 1998 年房改后，在长达 30 年的时间内，房地产业承担了国民经济支柱、拉动经济增长的重任，而对于楼市的根本控制与强力调控，无疑折射了顶层布局中对产业格局的重新定位。在由投资驱动转向创新驱动的过程中，房地产首当其冲成为需要调整的行业部门。相比于过去 10 年，决定楼市走势的因素业已发生决定性变化：一方面，人口红利与城市化效应正经历边际弱化；另一方面，政府卖地与举债发展的模式已被中央否定。行业去库存接近尾声之后，后续调控政策已箭在弦上。货币化安置收紧已成事实，海南省委办公厅、省政府办公厅于 2020 年 3 月 7 日印发《关于建立房地产市场平稳健康发展城市主体责任制的通知》，实行现房销售制度，取消预售制度，一旦大范围施行，将对房企经营造成重大冲击。

总的来看，房地产市场调控的目标在于为住房制度改革与长效机制建立营造稳定的市场环境，“房住不炒”的根本意旨在于使行业回归理性，使房产成为民生需求品而非热钱投资品。重塑地产的行业定位，在相当程度上是对市场规律的回归。

4. 国务院出台新政激发消费潜力。

过去几年，中国消费增速总体上呈平缓下降趋势，消费增速放缓意味着经济增长不确定性增大。面对国内经济增速下行压力加大、中美贸易战持续升级的形势，继续依赖投资驱动经济增长会推高政府和企业杠杆率，同时会加剧产能过剩，因而充分激发居民消费潜力，推动居民消费的升级，有利于实现经济的稳增长和经济结构的优化，也有利于提高人民幸福感。

在此背景下，2018 年 9 月，《中共中央 国务院关于完善促进消费体制机制 进一步激发居民消费潜力的若干意见》（以下简称《消费意见》）发布，为促进消费提质升级明确了主攻方向。《消费意见》从长远目标出发，坚持以供给侧结构性改革为主线，顺应居民消费提质转型升级新趋势，实行鼓励和引导居民消费的政策，从供需两端发力，主要有以下三大着力点：

一是促进供给侧提质升级。围绕居民吃穿住行用和服务消费升级方向，顺应居民消费升级趋势，努力增加高品质产品和服务供给，引导消费新模式加快孕育成长，积极培育网络消费、定制消费、体验消费、智能消费、时尚消费等消费新热点。二是提高消费者的可支配收入和消费欲望。完善有利于提高居民消费能力的收入分配制度，增加低收入群体收入，扩大中等收入群体；突出以人民为中心的发展思想，有效引导社会预期，积极培育健康理性的消费理念。三是营造更加安全放心的消费环境。加快建立健全高层次、广覆盖、强约束的质量标准和消费后评价体系，强化消费领域企业和个人信用体系建设。

《消费意见》的出台，表明决策层对消费的期望显然要比现有消费市场的发展水平更高。人们对美好生活的向往，可以转化为体量庞大的消费，衣食住行用、文化旅游体育和健康教育培训家政等，从传统消费需求的升级到新消费方式的勃兴，都可能伴随消费潜力的释放，兴起一个规模千亿甚至万亿的市场。中央要求加大统筹协调力度，制定实施完善促进消费体制机制的实施方案，由国家发改委牵头会同有关部门建立完善促进消费体制机制的部门协调机制，统筹制定刺激消费的政策和措施，以期实现消费市场的升级和繁荣。

为贯彻国务院常务会议部署，进一步促进大宗消费、重点消费，更大释放农村消费潜力，2021 年 1 月，商务部等 12 部门联合印发《关于提振大宗消费重点消费促进释放农村消费潜力若干措施的通知》（以下简称《通知》）。

《通知》提出 5 个方面工作任务：一是稳定和扩大汽车消费，释放汽车消费潜力，鼓励有关城市优化限购措施，增加号牌指标投放。二是促进家电家具家装消费，激活家电家具市场，鼓励有条件的地区对淘汰旧家电家具并购买绿色智能家电、环保家具给予补贴。三是提振餐饮消费，完善相关扶持政策，促进绿色餐饮发展。四是补齐农村消费短板弱项，完善农村流通体系，以扩大县域乡镇消费为抓手带动农村消费，加强县域乡镇商贸设施和到村物流站点建设。五是强化政策保障，完善惠企政策措施，鼓励各地通过财政补助、金融支持等手段推动非国有房屋出租人加大租金减免力度。加大金融支持力度，鼓励金融机构加大对流通行业市场主体的金融支持力度。

三、防范风险与生态重塑

2018 年至 2019 年，中国金融在内部风险增加和中美经贸争端加剧的双重压力下，进入深度治理的新阶段。随着宏观经济的结构性变化，经济高速增长时期的信贷膨胀与新常态下偿贷能力不足的矛盾日益凸显，“去杠杆”阵痛未消，而民间非法融资不断滋生，非正规金融规模日益庞大，金融违法问题接连“爆雷”，都增加了金融风险。为此，中央将防范化解重大风险列为“三大攻坚战”之首，明确守住不发生系统性金融风险的底线是金融业改革发展创新必须坚持的重要方针。

2020年以来，世界经济受新冠肺炎疫情冲击而严重衰退，产业链、供应链因阻隔而循环受阻，企业特别是中小微企业困难凸显。2020年政府工作报告强调要引导各方面集中精力抓好“六稳”“六保”，其中“稳金融”就要求守住不发生系统性金融风险的底线。2020年3月的国务院常务会议，确定了进一步强化对中小微企业普惠性金融支持措施，如提出支持金融机构发行3000亿元小微金融债券。据不完全统计，中国人民银行、中国银保监会、中国证监会以及国务院其他相关部委在2020年释放300余项金融相关政策信息，力图降低企业融资综合成本，推动金融企业向实体经济让利，为疫后经济恢复提供金融支撑。

互联网金融的风险长期受到社会高度关注，而2020年以来最轰动互联网金融领域的变革性事件，莫过于蚂蚁集团的暂缓上市。作为国内互联网金融巨头，蚂蚁集团取得了众多领域的金融牌照，资产管理规模巨大，但在监管层面一直处于相对模糊的状态。借助各种金融工具，蚂蚁集团撬动了巨大的资金杠杆，存在巨额坏账隐患，甚至有可能引发系统性金融风险。2020年11月，中国人民银行和中国银保监会发布《网络小额贷款业务管理暂行办法（征求意见稿）》，针对网络小额贷款业务的杠杆率等提出更高监管要求，而上海证券交易所也发布了《关于暂缓蚂蚁科技集团股份有限公司科创板上市的决定》。2020年12月，中共中央政治局召开会议，明确要求“强化反垄断和防止资本无序扩张”，防止企业利用信息技术优势获取非正当利益，扰乱市场竞争秩序，引发负面社会影响，防止资源错配和金融资源进一步“脱实向虚”。随后，金融监管部门连续约谈蚂蚁集团等互联网金融平台企业，指出其在发展金融科技、提高金融服务效率和普惠性方面发挥了创新作用，但也存在违规监管套利、垄断经营、损害消费者合法权益等问题，提高了金融服务的效率和包容性，进而对这些企业采取了规范性措施，开展了清理整顿。

就外部环境而言，由美国单方面挑起的中美经贸争端愈演愈烈，一度使中国出口放缓，也引发了资本外流。在此背景下，重塑金融监管体制，防范和化解金融风险，推动金融供给侧结构性改革，进一步扩大金融对外开放，成为中国金融治理的主要出路。

（一）改革金融监管体制与扩大金融开放

2008 年全球金融危机以来，金融市场多头监管被视为次贷危机爆发的重要原因之一。过去，中国金融监管领域实行“一行三会”的多头模式，导致不同机构之间权责不明，针对“混业经营”领域监管层力不从心，监管真空、监管套利等制度性问题逐渐暴露。此前，国务院曾批复同意建立由中国人民银行牵头的金融监管协调部际联席会议制度，但“只议事、不决策”，监管效能并未得到实质提升。后来全国金融工作会议确定设立国务院金融稳定发展委员会，进一步促进机构协同监管。在此背景下，2018 年 3 月，作为党和国家机构改革的一部分，中国银监会和中国保监会正式合并成为中国银保监会。新成立的中国银保监会与国务院金融稳定发展委员会、中国人民银行、中国证监会一道，形成了全新的“一委一行两会”金融监管框架。监管资源整合进一步凸显了央行宏观管理职能。新框架中，国务院金融稳定发展委员会办公室设立在中国人民银行，此前中国银监会和中国保监会拟定银行业、保险业重要法律法规草案和审慎监管基本制度的职责，也一并划归中国人民银行。这样的安排使得后者集货币政策制定职能和宏观审慎监管职能于一身，突出强化了货币当局的金融稳定职责。今后，中国人民银行“货币政策和宏观审慎政策双支柱调控框架”，也将随着改革的深入而逐渐清晰。

在改革金融监管体制的同时，中国金融领域持续打破制度性障碍，扩大金融对外开放，助力经济高质量发展。近年来，中国推出了有序开放银行卡清算等市场，放开外资保险经纪公司经营范围限制，放宽或取消银行、证券公司、基金管理公司、期货公司、金融资产管理公司等的外资持股比例限制，统一中外资银行市场准入标准，实施境外投资者境内利润再投资递延纳税等一系列金融开放举措。例如，2018 年 4 月，《中国银行保险监督委员会办公厅关于进一步放宽外资银行市场准入有关事项的通知》发布，为外资银行进入中国市场提出要求和规范。随着政策利好的逐步释放，资本市场、银行业、保险业的对外开放得以扩大。资本市场方面，2018 年 3 月，沪深交易所开展“一带一路”债券业务试点，中国原油期权登陆上海国际能源交易中心，沪港通、深港通每日额度扩大 4 倍，A 股被正式纳入摩根士丹利资本国际公司（MSCI）新兴市场指数，证券公司、基金管理公司、期货公司的外资持股比例上限放宽至 51%、3 年以后不再设限。总的来看，金融市场过去多年未解除的政策性限制，都被逐一解除或得到了调整。

（二）加强宏观调控，防范化解系统性金融风险

为守住不发生系统性金融风险的底线，通过宏观调控手段防范化解风险，成为我国金融工作的重中之重，反映在顶层设计、货币政策、重点领域调控等方面。

第一，以防范系统性金融风险为主题，开展密集研究和部署。2018

年 3 月，中央财经委员会第一次会议强调，要以结构性去杠杆为基本思路，差异化解决不同领域金融风险。随后国务院金融稳定发展委员会召开防范化解金融风险专题会议，明确了打通货币政策传导机制，增强微观主体活力，打击非法金融活动等具体任务，体现了中央对防范金融风险的特别关注。

第二，实施稳健中性的货币政策，保障金融总体稳定。受到美联储加息和中美经贸争端影响，人民币贬值加速，稳汇率与稳利率的矛盾逐渐增大。对此，中国人民银行于 2018 年 8 月重启“逆周期因子”，应对外汇市场顺周期行为，稳定了市场预期，缓解了人民币贬值压力。同时，中国人民银行以支持实体经济发展为导向，通过定向降准、再贷款、再贴现等方式，向市场释放了 4.3 万亿元的流动性。此外，中国人民银行决定创设定向中期借贷便利（TMLF），主要用于向小微企业、民营企业提供长期稳定的资金，缓解民企融资压力。总的来看，稳健中性的货币政策整体宽松，主要倾向于采用货币创新工具。

第三，划设系统重要性金融机构范围，明确重点监管事项。2018 年 11 月，中国人民银行、中国银保监会、中国证监会联合印发《关于完善系统重要性金融机构监管的指导意见》，针对部分规模较大、复杂度较高的金融机构进行重点规范。该文件明确系统重要性金融机构的范围不限于银行业、保险业、证券业，还包括国务院金融稳定发展委员会认定的其他具有系统重要性、从事金融业务的机构。这意味着，资产规模大、影响范围广的券商、蚂蚁金服等从事金融业务的非金融机构也被纳入名单。而对于这些系统重要性金融机构，也将采取特别监管措施，对其风险性业务进行直接限制。中国人民银行还牵头中国银保监会、中国证监会及财政部等其他相关单位组建危机管理小组，建立系统重要性金融机构的特别处置机制，推动制订恢复和处置计划，确保发生重大风险时，系统重要性金融机构的关键业务和服务不中断。

第四，分类、从严监管资产管理产品。近年来，我国金融机构资产管理业务快速发展，规模不断攀升。但由于同类资产管理业务的监管规则和标准不一致，导致监管套利活动频繁，一些产品多层嵌套，风险底数不清，资金池模式蕴含流动性风险。同时，部分产品成为信贷出表的渠道，刚性兑付普遍，在正规金融体系之外形成监管不足的影子银行，一定程度上干扰了宏观调控，提高了社会融资成本，影响了金融服务实体经济的质效，加剧了跨行业、跨市场的风险传递。2018 年 3 月，互联网金融风险专项整治工作领导小组办公室发布《关于加大通过互联网开展资产管理业务整治力度及开展验收工作的通知》，针对点对点借贷平台等借助互联网开展资产管理业务等行为提出明确的整治要求。随后《中国人民银行 中国银行保险监督管理委员会 中国证券监督管理委员会 国家外汇管理局关于规范金融机构资产管理业务的指导意见》（也称“资管新规”）正式发布，金融领域“防范化解重大风险”的攻坚战正式开启。为防控金融风险，服务实体经济，资管新规聚焦金融机构资产管理业务领域，统一产品监管标准，其开篇就申明原则：减少存量风险，严防增量风险。资管新规提出，通过规范金融机构资产管理业务，统一同类资产管理产品监管标准的手段，达到有效防控金融风险，有效引导社会资金流向实体经济的直接目的。资管新规从募集方式和投资性质两个维度对资产管理产品进行了分类，分别统一投资范围、杠杆约束、信息披露等要求，同时明确资产管理业务不得承诺保本保收益，打破刚性兑付。另外，资管新规还提出，消除多层嵌套，抑制通道业务。针对市场现实情况，资管新规及其配套细则也赋予了金融机构一定自由裁量权，体现了监管稳中求进、降低政策风险的思路。资管新规的正式出台意味着资产管理行业监管标准和规则得以统一，资产管理业务发展步入正轨，资产管理业态得以重塑。一方面，回归金融服务本源，缓解了资产管理业务的多层嵌套、杠杆不清、套利严重、投机频繁等问题，设定了统一的监管标准，减少了风险跨行业、跨市场、跨区域传递；另一方面，对金融创新坚持趋利避害、一分为二，坚持宏观审慎管理与微观审慎监管相结合、机构监管与功能监管相结合的监管理念，实行公平的市场准入和监管，为资产管理业务的发展创造良好的制度环境。

第五，重点防范和化解地方债务风险。2018 年 3 月，财政部印发《关于规范金融企业对地方政府和国有企业投融资行为有关问题的通知》（以下简称《通知》），旨在规范金融企业对地方政府和国有企业投融资行为，与地方政府债务管理等政策形成合力，共同防范和化解地方政府债务风险。首先，《通知》重申监管要求和底线。其第一条即明确指出，国有金融企业应严格落实《预算法》和《国务院关于加强地方政府性债务管理的意见》等要求，并以 4 个“不得”明确列举了金融企业涉嫌参与地方政府违法违规举债的 4 种模式，为金融企业与地方政府合作的方式划出了 4 条底线，再次重申且强调了相关的监管要求。《通知》从金融企业的角度提出规范来防范和化解地方政府债务风险，还强调了两个关注重点，即资本金审查与还款能力评估。《通知》要求国有金融企业按照“穿透原则”加强资本金审查，并审慎评估融资主体的还款能力和还款来源，确保其自有经营性现金流能够覆盖应还债务本息。强调这些关注重点实际上就是要求金融企业在发放商业贷款或提供商业融资时要遵循商业化原则，剥离传统地方政信类项目中的“地方政府隐性担保”。其次，《通知》严抓“创新”违规。其对一些金融企业涉嫌参与地方政府违法违规与变相举债的“创新”行为进行了批评，列举了七大重点领域的风险防控问题。一是重点防控将投资基金异化为债务融资平台。二是重点要求资产管理业务按“穿透原则”加强资金投向管理。三是重点要求政策性、开发性金融机构按市场化原则在业务范围内审慎合规授信。四是重点防控对地方政府统一授信的行为。五是重点防控金融中介业务中明示或暗示政府信用支持的行为。六是重点规范国有金融企业参与PPP（政府和社会资本合作）项目的经营行为，要求国有金融企业以PPP项目规范运作为融资前提条件，避免PPP项目异化为新的融资平台。七是重点规范政府性融资担保机构行为。最后，《通知》还从出资管理、财务管理和产权管理三大角度，提出了相应的管理要求，从股权层面入手，防控金融企业财务风险和国有金融资产流失。

（三）金融供给侧结构性改革服务实体经济

近年来，官方持续引导金融支持制造业，着力降低融资成本。一是加强和改进对制造业的金融支持和服务。鼓励金融机构坚持区别对待、有扶有控原则，不断优化金融支持方向和结构，在风险可控、商业可持续原则下，着力加强对制造业科技创新和技术改造升级的中长期金融支持。引导金融机构积极开发符合企业资金需求特点的流动资金贷款产品，鼓励有条件的依法合规开展“应收账款融资”及“年审制”等合理金融创新。二是对于小微企业，一方面，推动落实对普惠金融领域贷款达到一定标准的金融机构的定向降准政策，持续推进中小微企业信用体系建设，引导金融机构加大对小微企业的支持力度；另一方面，支持发展融资担保，推动融资担保机构回归服务小微企业和“三农”本源、专注融资担保主业，同时尽快设立国家融资担保基金，支持地方政府性担保机构发展，改善小微企业融资环境。三是提升金融对实体经济的服务能力。继续推进多层次资本市场建设，提高直接融资比重。积极支持符合条件的企业通过资本市场进行股权融资。进一步简化中小企业股份转让许可，完善融资制度安排。继续推动债券市场创新发展，增强服务实体经济能力。进一步完善和细化全口径跨境融资宏观审慎管理政策，在有效防范外债风险的前提下，继续拓宽境内企业融资渠道。不断优化和完善人民币跨境业务政策，引导企业在对外贸易及相关投融资活动中使用人民币进行计价结算。

面对民营企业经营困难、债权违约率攀升、股权质押风险爆发等风险，金融主管部门出台了包括“三支箭”在内的系列政策组合。“第一支箭”，即增加民营企业信贷，特别是小微企业信贷。央行增加再贷款、再贴现额度，对那些由于存款不够或存贷比太高而无法贷款的中小银行给予支持，普惠金融口径小微企业融资成本逐渐下降。“第二支箭”，即推出民营企业债券融资支持工具，为民企发债买一个“保险”，使投资者承担债权融资费用，降低民营企业负担。“第三支箭”，即针对目前民营企业股权质押风险，研究设立民营企业股权融资支持工具，为出现资金困难的民营企业提供阶段性股权融资支持。不仅如此，中国人民银行等五部门联合印发的《关于进一步深化小微企业金融服务的意见》，还要求银行业金融机构加强对互联网、大数据、云计算等信息技术的运用，改造信贷流程和信用评价模型，降低运营管理成本，助力小微企业发展。

2019 年 2 月，中共中央政治局集体学习的开年“第一课”，以“完善金融服务、防范金融风险”为主题，首次提出推进金融供给侧结构性改革。会议指出，金融是国家重要的核心竞争力，金融安全是国家安全的重要组成部分，金融制度是经济社会发展中重要的基础性制度，金融工作在经济建设中占重要地位。供给侧结构性改革是经济工作的主线，金融供给侧结构性改革是其中关键一环，肩负着引导金融服务实体经济、优化金融体系结构、防范金融风险并助力其他领域供给侧结构性改革的使命，是今后一段时期内金融系统的核心任务。其要点在于：第一，引导金融服务实体经济。实体经济是经济金融活动的源泉与动力，应当摆在金融服务的首要位置。长期以来，我国金融配置不尽合理，许多资本资源配置于低效益产业，实体经济的利润多集中于金融业。做好金融供给侧结构性改革，一要推进金融配置更加合理，服务于经济新旧产能的转换；二要实现经济资源向实体经济产业流动，以金融服务促进实体经济的转型升级。第二，优化金融体系结构。要建设规范、透明、开放、有活力、有韧性的资本市场，构建全方位、多层次金融服务体系，支援现代化经济体系建设。要优化不平衡的融资与金融机构布局，平衡直接、间接融资比例，为中小型金融机构提供更多的业务，避免大型金融机构的垄断。要着力协调各类金融市场，发展资本、外汇、货币、黄金等市场。要提高金融产品服务能力，以及金融个体定制化服务的投放精准度。在有深度的实体经济支援下，提升金融行业的广度，以搭建良好的金融体系结构。第三，注重防范金融风险。实现从金融大国向金融强国的转型，要有稳定的金融系统；防范金融风险是确保金融系统稳定的基础，是金融工作的根本性任务。一是降低过高的杠杆率，避免金融资本市场出现债务风险。二是审慎监管，构建金融市场的坚实屏障。三是把金融改革开放任务落实到位，根据国际经济金融发展形势变化和我国发展战略需要，推出新的改革开放举措。

此外，党的十九届四中全会通过的《中共中央关于坚持和完善中国特色社会主义制度 推进国家治理体系和治理能力现代化若干重大问题的决定》也提出，要健全具有高度适应性、竞争力、普惠性的现代金融体系，有效防范化解金融风险。

作为金融供给侧结构性改革的一项重要政策创新，经过中央研究决策，上海证券交易所设立科创板并试点注册制，于 2019 年 6 月 13 日正式开板。设立科创板并试点注册制是提升服务科技创新企业能力、增强市场包容性、强化市场功能的一项资本市场重大改革举措。科创板主要服务于符合国家战略、突破关键核心技术、市场认可度高的科技创新企业，重点支持新一代信息技术、高端装备、新材料、新能源、节能环保以及生物医药等高新技术产业和战略性新兴产业，推动互联网、大数据、云计算、人工智能和制造业深度融合。截至 2021 年 7 月，科创板上市公司达 313 家，总市值达 4.95 万亿元，首次公开发行筹资超过 3800 亿元，日均成交金额达 200 多亿元，成效显著。[①] 总的来看，设立科创板并试点注册制，为完善多层次资本市场体系，提升资本市场服务实体经济的能力，促进创新型民营企业发展，提供了至关重要的突破口和实现路径。

---

① 赵展慧．科创板已有上市公司 313 家 总市值 4.95 万亿元［N］．人民日报，2021－08－16.

第六章　从整体布局到区域协同

随着中国发展进入新时代，区域经济增长动力正由依靠自身加大要素投入向要素在区域间重新优化配置从而提高生产率转变。如何进一步推动各区域挖掘自身潜力、提升竞争动力，实现各区域特别是跨省域、大范围的协同发展，成为新时期区域发展及政策制定的重要问题。党的十九大报告将“实施区域协调发展战略”列为建设现代化经济体系的六大任务之一，并且要求建立更加有效的区域协调发展新机制。2018 年，《中共中央国务院关于建立更加有效的区域协调发展新机制的意见》明确了中国区域发展的整体布局，即以“一带一路”建设、京津冀协同发展、长江经济带发展、粤港澳大湾区建设等重大战略为引领，以西部、东北、中部、东部四大板块为基础，促进区域间相互融通补充。

2020 年，党的十九届五中全会通过的《中共中央关于制定国民经济和社会发展第十四个五年规划和二〇三五年远景目标的建议》提出，坚持实施区域重大战略、区域协调发展战略、主体功能区战略，健全区域协调发展体制机制，完善新型城镇化战略，构建高质量发展的国土空间布局和支撑体系。“十四五”规划提出，未来国家将推动西部大开发形成新格局，推动东北振兴取得新突破，促进中部地区加快崛起，鼓励东部地区加快推进现代化，同时推进京津冀协同发展、长江经济带发展、粤港澳大湾区建设、长三角一体化发展，打造创新平台和新增长极。2021 年 7 月，《中共中央 国务院关于新时代推动中部地区高质量发展的意见》印发，为推动中部地区高质量发展勾勒蓝图。根据该文件，至 2025 年，中部地区质量变革、效率变革、动力变革要取得突破性进展，投入产出效益大幅提高，综合实力、内生动力和竞争力进一步增强；到 2035 年，中部地区现代化经济体系基本建成，产业整体迈向中高端，城乡区域协调发展达到较高水平，绿色低碳生产生活方式基本形成，开放型经济体制机制更加完善，人民生活更加幸福安康，基本实现社会主义现代化，共同富裕取得更为明显的实质性进展。2021 年 10 月，中共中央、国务院印发《黄河流域生态保护和高质量发展规划纲要》，要求准确把握重在保护、要在治理的战略要求，将黄河流域生态保护和高质量发展作为事关中华民族伟大复兴的千秋大计，统筹推进山水林田湖草沙综合治理、系统治理、源头治理，着力保障黄河长治久安，着力改善黄河流域生态环境，着力优化水资源配置，着力促进全流域高质量发展，着力改善人民群众生活，着力保护传承弘扬黄河文化，让黄河成为造福人民的幸福河。总的来说，推动区域协调发展，是构建新发展格局的重要途径，未来的重点和难点，在于健全区域战略统筹、市场一体化发展、区域合作互助、区际利益补偿等机制，以更好地促进发达地区和欠发达地区、东中西部和东北地区共同发展。

一、中央明确新时代区域发展布局

进入 21 世纪以来，我国相继提出“西部大开发”“促进中部崛起”“振兴东北老工业基地”等区域协调发展的战略，在产业结构升级、经济统筹发展等方面取得了重大成就。在为东部地区的城市化输送高素质人才的同时，中西部地区家庭和居民收入也稳步增加。但是，区域协调发展也存在突出问题，区域差距、收入差距短时间内难以缩小。

2018年11月，《中共中央 国务院关于建立更加有效的区域协调发展新机制的意见》（以下简称《意见》）印发，要求建立更加有效的新机制，在21世纪中叶建立与全面建成社会主义现代化强国相适应的区域协调发展新机制。《意见》提出了中国区域协调发展的“三步走”目标：第一步，到2020年，建立与全面建成小康社会相适应的区域协调发展新机制，在建立区域战略统筹机制、基本公共服务均等化机制、区域政策调控机制、区域发展保障机制等方面取得突破，在完善市场一体化发展机制、深化区域合作机制、优化区域互助机制、健全区际利益补偿机制等方面取得新进展，区域协调发展新机制在有效遏制区域分化、规范区域开发秩序、推动区域一体化发展中发挥积极作用。第二步，到2035年，建立与基本实现现代化相适应的区域协调发展新机制，实现区域政策与财政、货币等政策有效协调配合，区域协调发展新机制在显著缩小区域发展差距和实现基本公共服务均等化、基础设施通达程度比较均衡、人民基本生活保障水平大体相当中发挥重要作用，为建设现代化经济体系和满足人民日益增长的美好生活需要提供重要支撑。第三步，到21世纪中叶，建立与全面建成社会主义现代化强国相适应的区域协调发展新机制，区域协调发展新机制在完善区域治理体系、提升区域治理能力、实现全体人民共同富裕等方面更加有效，为把我国建成社会主义现代化强国提供有力保障。

从整体上看，《意见》从重大区域战略融合、发达与欠发达地区统筹、陆海统筹3个维度做了全面布局。

第一，推动国家重大区域战略融合发展，形成不同区域协同联动的整体格局。

第二，统筹发达地区和欠发达地区发展。推动东部沿海等发达地区改革创新、新旧动能转换和区域一体化发展，支持中西部条件较好地区加快发展，鼓励国家级新区、自由贸易试验区、国家级开发区等各类平台大胆创新，在推动区域高质量发展方面发挥引领作用。坚持“输血”和“造血”相结合，推动欠发达地区加快发展。

第三，推动陆海统筹发展。加强海洋经济发展顶层设计，完善规划体系和管理机制，研究制定陆海统筹政策措施，推动建设一批海洋经济示范区。以国家规划为引领，促进陆海在空间布局、产业发展、基础设施建设、资源开发、环境保护等方面全方位协同发展。

总的来看，《意见》着眼“制度化”，为未来的区域发展提供多方位、多层次的机制保障。在区域发展不平衡不充分问题依然比较突出的背景下，《意见》对国家未来推进更高质量的区域协调发展战略释放了积极信号，同时也将对形成统筹有力、竞争有序、绿色协调、共享共赢的区域协调发展新机制起到重要的推进作用。

二、雄安新区开启京津冀协同新阶段

京津冀一体化战略提出多年，但进展缓慢，协同发展效果并不明显：无论是北京的“大城市病”，还是京津冀地区的产业转型升级瓶颈，都未得到有效解决。为了打破固有格局，撬动整个京津冀地区的发展结构，作为一项突破性的战略动作，设立雄安新区尤显必要和紧迫。雄安新区所涉地带是交通战略要地，是联动京津冀协调发展的纽带。雄安新区远期规划面积2000 平方公里，预计可容纳人口超过1000 万，规模和体量足以为疏解北京非首都功能提供战略空间，并且转移成本较为低廉。正因为如此，2017 年中央决定设立雄安新区时，就将其定位为“深入推进京津冀协同发展的一项重大决策部署，是继深圳经济特区和上海浦东新区之后又一具有全国意义的新区，是千年大计、国家大事”。雄安新区初期建设有序进行并取得阶段性成效。在此基础上，2018 年4 月，中共中央、国务院正式批复《河北雄安新区规划纲要》（以下简称《纲要》）。

《纲要》全文分为总体要求、构建科学合理空间布局、塑造新时代城市风貌、打造优美自然生态环境、发展高端高新产业、提供优质共享公共服务、构建快捷高效交通网、建设绿色智慧新城、构筑现代化城市安全体系、保障规划有序有效实施10章。《纲要》明确了雄安新区的4个定位，即绿色生态宜居新城区、创新驱动发展引领区、协调发展示范区、开放发展先行区。《纲要》提出，到2035年，基本建成绿色低碳、信息智能、宜居宜业、具有较强竞争力和影响力、人与自然和谐共生的高水平社会主义现代化城市；到21世纪中叶，全面建成高质量高水平的社会主义现代化城市，成为京津冀世界级城市群的重要一极，成为新时代高质量发展的全国样板。为完成建设目标，《纲要》着重强调4个方面。

第一，规划核心是有序承接北京非首都功能疏解。雄安新区要重点承接北京非首都功能和人口转移。

第二，雄安新区需要发挥纽带功能统筹区域协调发展。雄安新区建设过程中要加强同北京、天津、石家庄、保定等城市的融合、错位发展。

第三，重视空间规划布局。雄安新区城市构建无单一中心，呈均衡组团式格局，各区均衡发展并保留战略空白空间，为未来发展保持弹性。

第四，以实业创新驱动发展。雄安新区要布局建设一批国家级创新平台，建立以企业为主体、市场为导向、产学研深度融合的技术创新体系。制定特殊人才政策，创新科技合作模式，加强知识产权保护及综合运用，构建国际一流的创新服务体系。以高科技产业和高端服务业作为雄安新区的主导产业，促进形成可持续发展的绿色高效经济发展模式。

随着雄安新区的逐步建成，由雄安、浦东、深圳、海南四大枢纽型特区所形成的经济大三角，或有望打通中国南北经济网，带动全国的深化改革和开放发展。

三、中央支持海南打造亚太战略枢纽

2018 年 4 月，习近平在庆祝海南建省办经济特区 30 周年大会上宣布，中央决定支持海南全岛建设自由贸易试验区，支持海南探索推进中国特色自由贸易港建设。[①] 其后，《中共中央 国务院关于支持海南全面深化改革开放的指导意见》（以下简称《意见》）发布，提出探索建立开放型经济新体制，把海南打造成为面向太平洋和印度洋的重要对外开放门户。这些举措将海南战略升级到了全新高度，凸显中国统筹内外两个大局的战略意图。

（一）从南中国到大亚太

海南特区新政内含多重战略考虑。1988 年，海南设省，成为全国唯一一个省级经济特区，也是最大的经济特区。30 年间，海南经济取得一定发展，但仍位居全国末流。因为海南长期缺乏一个既符合自身特点又契合国家需要的发展战略，这势必影响国家对海南的政经资源配置，更影响人们对海南发展的预期，所以造成了海南陷入发展滞后的窘境。随着中国的海洋能力持续长足进步，在海洋经济蓬勃发展、周边海域冲突不断、国家海外利益增加的多重推动下，中国开始形成清晰的海洋战略。尤其是党的十八大以来，中国更加积极地从陆地走向海洋，在全面发力海洋经济的同时，分别在东海、南海等海域宣示主权，并以油气开发、填海造岛、多边外交等方式强化在这些区域的战略存在，一定程度上把握了近海战略主动权。在此背景下，海南的特殊重要性日益凸显：首先，陆海管辖面积约

---

① 习近平：在庆祝海南建省办经济特区 30 周年大会上的讲话，人民日报［N］. 2018－04－14.

200 万平方公里的海南省，构成中国南下突破美国势力包围圈、连通太平洋与印度洋的战略要冲，其政治和军事作用有增无减；其次，海南是中国对东南亚地区开放的桥头堡，在发展海南以强化对东南亚的经济辐射力，与囿于战争风险而保守维持海南现状这两个选项之间，前者占得上风；最后，对内而言，中国已形成较为完整的区域发展布局，但在海南仍有缺口。以海南作为探索新一轮改革开放的试验田，引导内陆产能和资本“渡海作战”，吸引境外投资来琼兴业，海南将成为新时代中国的改革高地。

（二）从经济改革到战略支撑

中央支持高标准有特色地建设新海南。《意见》赋予了海南鲜明的战略定位，即全面深化改革开放试验区、国家生态文明试验区、国际旅游消费中心、国家重大战略服务保障区。这四大定位意味着要把海南打造成“新时代全面深化改革开放的新标杆”和“新时代中国特色社会主义新亮点”。与高标准的定位相对应，中央给予海南的发展指引和政策支持，也颇有特色。

第一，在产业布局方面，要构建“开放型生态型服务型产业体系”。一是将热带农业、海岛旅游、渔业等本土传统产业的升级，同现代服务、信息技术产业、数字创意产业、海洋科工等新兴产业的引进结合起来，并基于海南现有优势，建设航天科技创新基地和国家深海基地南方中心，设立海南国际离岸创新创业示范区。二是通过改革激活原有体制。例如，支持依法合规在海南设立国际能源、航运、大宗商品、产权、股权、碳排放权等交易场所；鼓励社会资本通过设立投资基金的方式，参与海南农垦改革。

第二，在开放政策方面，确立了先在海南全境设立自由贸易试验区、后探索符合海南发展定位的自由贸易港政策的“两步走”策略。在自贸区建设上，赋予海南更大的改革自主权，未来将以服务贸易创新发展为突破口，加快文旅、医疗、教育等生活性服务业和金融、保险、物流等生产性服务业的开放。在自贸港建设上，不以转口贸易和加工制造为重点，而以发展旅游业、现代服务业和高新技术产业为主导，通过设立市场化的海南自由贸易港建设投资基金，为其提供资金支持。

第三，在旅游政策方面，以建设国际旅游消费中心为目标，改革现有体制和模式。其中的亮点有：实施全覆盖的离岛免税政策，支持海南开通跨国邮轮旅游航线，放宽游艇旅游管制，开发西沙旅游资源，允许外资试点设立在省内经营的演出经纪机构和场所，鼓励发展水上运动、赛马运动等项目，探索发展竞猜型体育彩票和大型国际赛事即开彩票；鼓励建设“智能店铺”“智慧商圈”，支持完善跨境消费服务功能；支持海南积极引进国际优质资本和智力资源开发旅游资源；等等。

第四，在服务国家战略方面，重点在于南海维权、“一带一路”和军民融合。一是实施南海保障工程，显著提升对管辖海域的综合管控和开发能力。二是将海南打造成海上丝绸之路重要战略支点，鼓励国内外大型企业集团在海南设立国际总部和区域总部。三是将海南打造成为军民融合发展示范基地，推动建设海南文昌国际航天城，完善南海岛礁民事服务设施与功能，建设国家战略能源储备基地。

第五，中央还要求海南实行最严格的环保制度，率先建立现代环境资源保护监管体制，建设热带雨林等国家公园，建立陆海统筹的生态系统保护修复和污染防治区域联动机制，从而为全国生态文明建设做出表率。

（三）贯通内外大局

海南勃兴将进一步扩大中国战略空间。在亚太地区特别是南海区域局势变幻、全球贸易保护主义抬头的政治经济背景下，中央重点部署海南，既体现了高度自信，也颇有战略远见。海南的发展前途，将由内而外地影响中国未来的战略空间。对内而言，海南特区与雄安新区南北呼应，构成中国新一轮区域联动发展的纵贯线。随着海南、雄安两地自贸试验区身份的确定，中国自贸区经济将形成“1+3+7+2”[①] 的新格局。同时，海南兴则南海兴，海南的富强将直接为南海长治久安提供坚强后盾。对外而言，海南横接印度洋、太平洋，具有成为中间枢纽的潜力。未来如果海南能够全境建成自由贸易港，将在规模上远超香港、新加坡以及迪拜，成为全球最大的自由贸易港，从而进一步扩大中国在南海区域乃至亚太地区的经济影响。这不仅有利于支撑“一带一路”倡议的实施，也有助于中国进一步争取在全球自由贸易以及全球治理中的地位和话语权。

四、长三角一体化上升为国家战略

近年来，以区域一体化促进整体发展的模式，逐渐在中国经济发展政策中占据重要地位，成为一项新的国家战略。长三角区域是中国经济最具活力、开放程度最高、创新能力最强的区域之一，是“一带一路”和长江经济带的重要交汇点。长三角区位优势突出，资源禀赋条件好，综合经济实力强，特别是形成了比较完备的城镇体系和比较明确的区域产业分工，三省一市的区域经济产值已经接近全国经济总量的四分之一。长三角一体化发展，既是大势所趋，也是区域发展的内在要求。以 1982 年成立上海经济区为起点，长三角一体化构想由来已久，不仅是自上而下顶层设计的制度安排，也是自下而上区域治理的实践产物。2018 年 11 月，习近平在

① “1+3+7+2”是指国内自贸区建设呈现出一期上海市打头，二期广东省、天津市、福建省跟进，三期辽宁省、浙江省、河南省、湖北省、四川省、陕西省、重庆市重点铺开，四期雄安新区和海南特区全局发展的新格局。

首届中国国际进口博览会开幕式上正式宣布，将支持长江三角洲区域一体化发展并将其上升为国家战略。[①] 这对于推动中国经济增长极的形成和区域协同发展格局的优化，具有重要意义。

2019 年 12 月，中共中央、国务院正式印发《长江三角洲区域一体化发展规划纲要》（以下简称《规划纲要》）。《规划纲要》将“一极三区一高地”明确为长三角的发展战略，“一极”“三区”“一高地”各有内涵。“一级”，即要把长三角地区建设成为我国发展强劲活跃的增长极。打造强劲活跃的增长极，要求长三角地区在促进经济提质增效升级中发挥“稳定器”和“主引擎”的作用。“三区”，指的是全国高质量发展样板区、率先基本实现现代化引领区、区域一体化发展示范区，样板区、引领区、示范区体现的是以点带面、依次推进的原则。“一高地”，指的是新时代改革开放新高地，以推进更高起点的深化改革和更高层次的对外开放，这是对长三角提出的新使命和新任务。《规划纲要》的规划范围包括上海市、江苏省、浙江省、安徽省全域，面积约 35.8 万平方公里。以上海市，江苏省南京、无锡、常州、苏州、南通、扬州、镇江、盐城、泰州，浙江省杭州、宁波、温州、湖州、嘉兴、绍兴、金华、舟山、台州，安徽省合肥、芜湖、马鞍山、铜陵、安庆、滁州、池州、宣城 27 个城市为中心区（面积约 22.5 万平方公里），辐射带动长三角地区高质量发展。以上海青浦、江苏吴江、浙江嘉善为长三角生态绿色一体化发展示范区（面积约 2300 平方公里），示范引领长三角地区更高质量一体化发展。以上海临港等地区为中国（上海）自由贸易试验区新片区，打造与国际通行规则相衔接、更具国际市场影响力和竞争力的特殊经济功能区。

---

① 习近平主席出席首届中国国际进口博览会开幕式并发表主旨演讲［EB］. 中国政府网，2018-11-05.

长三角地区作为全国改革开放的排头兵、创新发展的先行者，已具备更高起点上推动更高质量一体化发展的良好条件。一方面，“高质量”对科技创新和产业融合发展能力提出了高要求，《规划纲要》明确要求长三角地区率先实现质量变革、效率变革和动力变革；另一方面，“一体化”不同于协同、协调，它对整体谋划的要求更高。其着眼于提升区域的整体竞争力，形成分工合理、优势互补、各具特色的发展格局。“高质量”与“一体化”是长三角发展的双向目标，紧密相连而不可分割。为此，《规划纲要》做了如下安排：第一，明确2025年、2035年两大时间节点。到2025年，长三角一体化发展取得实质性进展。跨界区域、城市乡村等区域板块一体化发展达到较高水平，在科创产业、基础设施、生态环境、公共服务等领域基本实现一体化发展，全面建立一体化发展的体制机制。到2035年，长三角一体化发展达到较高水平。现代化经济体系基本建成，城乡区域差距明显缩小，公共服务水平趋于均衡，基础设施互联互通全面实现，人民基本生活保障水平大体相当，一体化发展体制机制更加完善，整体达到全国领先水平，成为最具影响力和带动力的强劲活跃增长极。第二，确立6项主要目标，即城乡区域协调发展格局基本形成、科创产业融合发展体系基本建立、基础设施互联互通基本实现、生态环境共保联治能力显著提升、公共服务便利共享水平明显提高、一体化体制机制更加有效。第三，部署推动形成区域协调发展新格局、加强协同创新产业体系建设、提升基础设施互联互通水平、强化生态环境共保联治、加快公共服务便利共享、推进更高水平协同开放、创新一体化发展体制机制7个方面的重要任务，以及建立长三角生态绿色一体化发展示范区和中国（上海）自由贸易试验区新片区2个高水平引领区的建设任务。总体而言，《规划纲要》勾勒出长三角一体化发展的宏伟蓝图，“一极三区一高地”的新战略定位，对于打造中国区域增长极、形成示范带动作用，具有重大意义。

五、粤港澳大湾区明确发展路线图

粤港澳大湾区是指由香港、澳门、深圳、珠海、中山、江门、广州、佛山、东莞、惠州、肇庆11个城市构成的城市群区域，也就是大珠三角城市群。粤港澳大湾区是由多个全球性城市、世界级港口，以及相连海湾、邻近岛屿共同组成的具有世界影响的经济区域，是中国经济乃至全球经济发展的重要引擎和重要增长极。建设粤港澳大湾区已经被纳入“一带一路”建设范畴。2018年3月，习近平在参加全国“两会”广东代表团审议时指出，要抓住建设粤港澳大湾区重大机遇，携手港澳加快推进相关工作，打造国际一流湾区和世界级城市群。[①] 此后中国政府工作报告首次将粤港澳大湾区纳入区域协调发展战略，提出要扎实推进区域协调发展战略，出台实施粤港澳大湾区发展规划纲要，全面推进内地同香港、澳门的互利合作。同年8月，粤港澳大湾区建设领导小组举行第一次全体会议，指出要强化规划引领，推动大湾区内各城市合理分工、功能互补，提高区域发展协调性，促进城乡融合发展，构建结构科学、集约高效的大湾区发展格局。粤港澳大湾区建设被视为推动新时代中国区域协调发展的重大战略，对加快构建与国际接轨的开放型经济新体制具有重要价值。粤港澳大湾区建设虽然已有较好基础，但在深化合作中，还面临两种制度、多个关税区、多种法律体系、多个中心城市等现实因素带来的诸多冲突和障碍，需要在未来进一步理顺。

2019年2月，中共中央、国务院正式印发《粤港澳大湾区发展规划纲要》（以下简称为《发展纲要》），对包含香港、澳门两个特别行政区及广东省九市在内的大湾区的战略定位、发展目标、空间布局等做出了全面

---

① 习近平参加广东代表团审议 强调这些事［EB］. 央视网，2018－03－07.

规划。按照《发展纲要》的界定，粤港澳大湾区主要包含香港、澳门和广东省广州、深圳等9个市，总面积约5.6万平方公里，2017年末总人口约7000万。《发展纲要》明确大湾区发展“两步走”计划：到2022年，基本形成国际一流湾区和世界级城市群框架；到2035年，全面建成国际一流湾区。从具体举措来看：一是细化重点发展产业，即依托香港、澳门，大力发展（跨境）金融及人民币跨境业务，壮大战略性新兴产业，重点推动具有国际竞争力的信息技术、生物技术、高端装备制造、新材料等产业成长为新支柱产业。二是加强基础设施建设，为粤港澳大湾区经济社会发展提供有力支撑。《发展纲要》提出将建设世界级机场群，构筑快速交通网络，发展新一代信息基础设施等，在硬件上达到世界级一流湾区的建设水平。三是促进人才、信息等畅通交流。大湾区共包括3个关税区、3种法律、3种货币，多样性既构成隔阂与挑战，也蕴含着巨大的发展潜力和动力。《发展纲要》提出完善人才交流机制，建立智慧财产权和信息共享平台，降低并进一步研究取消区域内的移动通信长途、漫游费。这是促进自由流动，加强交流合作，实现从“物理连通”到“心灵契合”的关键环节。《发展纲要》还直接回应了地方保护主义及“法律割据”等问题，提出通过统一的区域发展规划打破行政阻力，促进区域内的人才、信息及市场的交流合作，以实现“要素流动顺畅”目标，从而进一步释放出大区域内的经济活力。四是打造人文湾区，建设“宜居宜业宜游的优质生活圈”。《发展纲要》鼓励在粤港澳地区进行教育交流，包括科研成果分享、学生交换及教师异地任教等。同时指出，推动体育、音乐、旅游观光等文化产业的发展，在注重大湾区经济实力进一步提升的同时，注重软实力的提升，从而提升大湾区的综合竞争力。

在坚持“一国两制”方针的前提下，更好地发挥粤港澳区域联合优势，全面深化港澳与内地的互利合作，从而形成梯度发展、分工合理、优势互补的产业协作体系，带动整个区域的可持续发展，进而成为中国经济发展的重要引擎。大湾区建设也具有显著的国际战略重要性。着眼微观，《发展纲要》强调构建具有国际竞争力的产业体系；放眼宏观，打造世界级湾区、城市群，能使粤港澳地区从国家级平台升级为国际性平台。粤港澳地区的规划与国家其他发展规划相呼应，既以“一带一路”倡议为背景，又是“一带一路”倡议的重要支撑，是中国国际发展战略的重要组成部分。因此，对粤港澳地区进行国际层面上的定位，是我国为以更高水平参与国际竞争进行的重要部署。

第七章　实现城乡共同富裕

城乡协调发展是进一步解放生产力、发展生产力，实现要素和资源优化配置的重要抓手。城乡协调发展需要在户籍、人口流动、城乡用地、收入分配、公共服务、基础设施建设等方面和多领域实现关键性突破，完善城乡协调发展体系，进而实现城乡振兴和协调发展新局面。进入 21 世纪以后，我国城镇化率加快提高，从 2000 年的 36.22% 迅速提高至 2020 年的 63.89%。高速的城镇化，一方面促使人口和资源向城镇特别是大城市集中，推动了城市社会经济的更大繁荣，也带来了新的城市治理问题；另一方面，也在客观上导致村落的消失与村庄共同体的瓦解。农民集体组织能力大大减弱，而集体主义价值观的变迁也带来了社会失范，亟须新的基层治理体系与价值规范来填补这一空白。进城务工农民在居住、就业以及子女受教育等问题上仍然受限，城市社会发展结构及秩序亟待优化。针对这些问题，近年来，国家一方面以重点城市为引领打造现代都市圈，进一步破除户籍和人才流动限制，培育经济增长新引擎；另一方面以乡村振兴战略为主导，着力解决“三农”领域存在的突出问题，由此形成城乡融合发展新格局。

2019 年 4 月，《中共中央 国务院关于建立健全城乡融合发展体制机制和政策体系的意见》印发，提出发展目标：到 2022 年，城乡融合发展体制机制初步建立，城乡要素自由流动制度性通道基本打通；到 2035 年，城乡融合发展体制机制更加完善。城镇化进入成熟期，城乡发展差距和居民生活水平差距显著缩小；到 21 世纪中叶，城乡融合发展体制机制成熟定型。

2020 年是中国脱贫攻坚的关键之年，而脱贫攻坚也是乡村振兴的起点。2020 年至 2021 年，乡村振兴工作有了两大新举措，即数字农村建设和乡村人才振兴。2020 年初，农业农村部和中央网信办联合推出数字农业农村发展“五年规划”，对新时期推进数字农业农村建设的总体思路、发展目标、重点任务做出明确部署，以产业数字化、数字产业化为发展主线，擘画数字农业农村发展新蓝图。2021 年初，中共中央办公厅、国务院办公厅印发《关于加快推进乡村人才振兴的意见》，要求把乡村人力资本开发放在首要位置，大力培养本土人才，引导城市人才下乡，推动专业人才服务乡村，吸引各类人才在乡村振兴中建功立业，健全乡村人才工作体制机制，为全面推进乡村振兴、加快农业农村现代化提供有力人才支撑。

城乡融合发展，也成为“十四五”时期推动共同富裕的一项重要战略。城乡二元经济结构是我国最基本的国情之一，也是城乡贫富差距乃至中国贫富差距的基本成因；未来要实现共同富裕，首先要解决的就是城乡差距问题。2021 年 6 月，《中共中央 国务院关于支持浙江高质量发展建设共同富裕示范区的意见》正式发布，国内首个共同富裕示范区正式落地浙江。根据该意见，浙江省推动高质量发展建设共同富裕示范区的一个重要方面，就是持续缩小城乡区域发展差距、城乡居民收入和生活水平差距，使城乡区域协调发展达到更高水平。如果浙江能在城乡融合发展上探索出可供复制推广的成功经验，无疑有助于推动全国层面的共同富裕建设。但和脱贫攻坚一样，推进共同富裕是一个复杂的、高难度的系统工程。未来要真正达到共同富裕的目标，关键还看城乡融合能发展到什么样的水平。

一、现代化都市圈发展成为中国经济新引擎

近些年来，中国越来越多的中心城市开始进入“聚集不经济”时期，经济集聚效应驱动的人力资源向大城市集中导致公共服务、住房和基础设施短缺，资源配置出现明显错位，以至于交通拥堵、环境污染、住房紧张等“城市病”集中暴发。此外，中国经济面临的转型压力愈加凸显，投资驱动型的经济增长放缓和外需拉动下行趋势明显。在这样的双重挑战下，发展现代化都市圈被看作是中国经济发展的新机遇，通过人口城市化和大城市集中的途径，释放经济活力，成为中国经济的新支点。为此，《国家发展改革委关于培育发展现代化都市圈的指导意见》（以下简称《意见》）发布，强调要培育发展一批现代化城市圈，形成若干具有全球影响力的都市圈。这意味着我国都市圈建设从顶层设计到规划落地已日臻成熟，并将进入高质量高速发展阶段。在经济下行压力之下，现代化都市圈建设有望开启中国经济新引擎。

推进基础设施一体化成为培育发展现代化都市圈的首要部署。世界城市发展的历史经验表明，都市圈内经济和社会活动活跃，各城市间功能互补性强，它会成为所属国家和地区的创新中心和竞争力高地。都市圈的现代化培育，首先需要打造轨道上的城市圈，统筹考虑都市圈轨道交通网络布局，放开放宽除个别超大城市外的城市落户限制，加快消除城乡区域间户籍壁垒，完善市政和信息网络体系建设，为一体化布局夯实基础。此外，加快人力资源、技术、金融服务、市场等一体化建设是推动都市圈“血液”流动的重要举措，旨在加快消除阻碍生产要素自由流动的行政壁垒和体制机制障碍，提升区域经济活力，激活有效投资和潜在消费能力。通过联通资源流动的多种渠道，赋能都市圈发展活力，打造高效、畅通、

流动、均衡的统一地方市场，更全面地释放都市圈经济潜力。

以协同一体化为着力点打造优质均衡的都市圈。经济发展和城市化的趋势是发展大都市圈。中国的京津冀、长三角、珠三角等大城市群已经基本形成，然而分工协作不够、低水平同质化竞争严重、协同发展体制机制不健全等问题也逐渐凸显，都市圈一体化运营也显得越来越重要。《意见》着力从多领域打造协同一体化的都市圈体系。第一，强化城市间产业分工协作。以推动都市圈内各城市间专业化分工协作为导向，促进城市功能互补、产业错位布局和特色化发展。第二，推进公共服务共建共享。以都市圈公共服务均衡普惠、整体提升为导向，统筹推动基本公共服务、社会保障、社会治理一体化发展，持续提高共建共享水平。第三，强化生态环境共保共治。以推动都市圈生态环境协同共治、源头防治为重点，在一体化发展中实现生态环境质量同步提升。第四，构建都市圈一体化发展机制。加快构建都市圈协商合作、规划协调、政策协同、社会参与等机制，推进都市圈建设重点任务落地。

现代化都市圈正成为中国经济发展的新动力。超大城市带动都市圈和城市群的发展战略，将会给经济带来多方面的发展红利。一是城市群内部更自由的人口流动可以对冲人口红利总量下降的负面影响；二是新的城市人口增加，可以释放内部需求，刺激消费新活力；三是都市圈内住房资源和土地资源增加，促进资源合理配置；四是行政壁垒的消除和公共服务的优质化，可以使都市圈保持健康协调发展。

二、建设高水平开放经济

“十三五”时期，中国对外开放的力度越来越大，中国经济和世界经济融合程度越来越高，中国坚持打开国门搞建设，积极促进“一带一路”国际合作，打造国际合作新平台；同时，支持多边贸易体制，促进自由贸易区建设，推动建设开放型世界经济。党的十九届四中全会提出，建设更高水平的开放经济，全面推进中国特色大国外交，形成全方位、多层次、立体化的布局，为我国营造良好外部条件，并通过贸易和投资影响经济结构调整，不断扩大经济规模、贸易规模和对外直接投资规模等，推动形成全面开放新格局，加快建设现代化经济体系。

中国实行更加积极主动的开放战略，着眼于先行先试、深化改革、扩大开放的重大举措，在已经建设的自由贸易试验区的基础上，2018 年，国务院批复同意设立中国海南自由贸易试验区；2019 年，国务院批复设立山东、江苏、广西、河北、云南、黑龙江等地的自由贸易试验区；2020 年，中共中央、国务院印发《海南自由贸易港建设总体方案》。中国自由贸易试验区建成加快政府职能转变、行政审批制度变革，推动实施负面清单制度，扩大投资全域开放，推进贸易便利化，深化金融领域的开放、创新。中国自由自贸区成为中国对外经济开放的政策新高地，着眼于“可复制，可推广”，推动体制机制全面升级。

“十四五”期间，中国全面统筹各区域对外开放格局，深入完善沿海、内陆、沿边地区对外开放新格局，加快沿海地区外向型经济的转型升级。将深圳作为典型的中国特色社会主义的先行示范区，同时建设浙江等共同富裕示范区，为推进国家治理体系和治理能力现代化迈出坚实的步伐。

（一）深圳建设中国特色社会主义先行示范区

2019 年 8 月，《中共中央 国务院关于支持深圳建设中国特色社会主义先行示范区的意见》（以下简称《深圳意见》）发布。《深圳意见》明确指出，要支持深圳建设中国特色社会主义先行示范区，努力创建社会主义现代化国家的城市范例。

为什么选择深圳？从发展成就看，深圳是中国特色社会主义先行示范区的最佳选择。就经济发展水平来说，深圳在一线城市中保持领先地位。按新发展理念的要求，深圳在践行五大发展理念方面居于全国领先地位。同时，其在生态文明建设、开放水平等方面均表现突出。从创新精神来看，深圳在引领全面深化改革、全面扩大开放以及实施创新驱动发展战略等方面具有天然的优势。深圳是中国最年轻的大城市，其多元包容的文化造就了深圳人创新、敢为天下先的品质，富有敢想敢干的精神。同时，中国改革开放起步于深圳，深圳要继续发挥这一关键性作用。从发展自主性来看，深圳一直具有强烈的危机感和发展的超前意识，这是做好先行示范、发挥先行示范作用的先决条件。而从发展机制来看，深圳不仅形成了相当完善的市场机制，而且党和政府的作用发挥得较好，可以说，深圳是我国在市场经济体制中处理好市场与政府关系的典范。

《深圳意见》针对深圳建设中国特色社会主义先行示范区提出了三大发展目标、五大战略定位及其对应的具体措施。

三大发展目标提出了深圳到2025年、2035年直到21世纪中叶的发展目标：到2025年，深圳经济实力、发展质量跻身全球城市前列，研发投入强度、产业创新能力世界一流，文化软实力大幅提升，公共服务水平和生态环境质量达到国际先进水平，建成现代化国际化创新型城市。到2035年，深圳高质量发展成为全国典范，城市综合经济竞争力世界领先，建成具有全球影响力的创新创业创意之都，成为我国建设社会主义现代化强国的城市范例。到21世纪中叶，深圳以更加昂扬的姿态屹立于世界先进城市之林，成为竞争力、创新力、影响力卓著的全球标杆城市。

五大战略定位则从高质量发展高地、法治城市示范、城市文明典范、民生幸福标杆、可持续发展先锋5个方面为深圳作为先行示范区定位。

在此目标和定位之下，《深圳意见》提出6个方面的着力方向：一是建设创新发展与创新文化先行示范区。这要求深圳继续加大基础科学和企业的研发投入，着力提高原始创新能力和集成创新能力，引领全国高科技、新产业发展；同时，将创新能力与创新文化相结合，吸引更广泛的人才和创新资源。二是建设绿色发展先行示范区。这要求深圳构筑好自然空间、生产格局、生态体系，补齐生态短板，成为美丽的社会主义现代化强国城市范例。三是建设共享发展先行示范区。这要求深圳构建优质均衡的公共服务体系、全覆盖高质量的社会保障体系、多渠道住房供给保障体系和面向未来的基础设施体系，实现社会共富和人的全面发展。四是建设全面深化改革先行示范区。这要求深圳在政府机构改革、营商环境塑造、创新政策环境、住房供应体系、社会保障制度等领域积极探索可复制、可推广的改革办法。为进一步理顺中央事权与地方事权关系、更有效处理好政府和市场关系等事关重大的改革难点，提供系统性改革思路。五是建设全面扩大开放先行示范区。这要求深圳积极对标国际化高标准投资贸易规则，发展更具国际竞争力的开放型经济，为构建全面开放型新体系提供高标准的制度体系；同时处理好与香港的关系，在深港深度融合发展上形成重大突破，在推动粤港澳大湾区要素流动和规则对接上率先突破。六是建设大都市治理现代化先行示范区。这要求深圳积极探索“党委领导、政府负责、社会协同、公众参与、法治保障”的大都市社会治理新体制建设，同时加大公用事业监管体系改革力度，为社会参与监督政府公共产品和公共服务供给质量，提供制度支持和保障。

（二）浙江建设共同富裕示范区

2021年6月，《中共中央 国务院关于支持浙江高质量发展建设共同富裕示范区的意见》（以下简称《浙江意见》）正式发布，要求浙江先行先试、做出示范，为全国推动共同富裕提供省域范例。2021年7月，《浙江高质量发展建设共同富裕示范区实施方案（2021—2025年）》正式发布，针对居民收入、就业、教育、住房、帮促政策等领域提出了8个方面、52项任务，描绘了浙江省未来5年的发展蓝图。

为何选择浙江作为共同富裕示范区呢？主要因为浙江具备3方面特点。一是浙江省情具备开展示范区建设的代表性。从规模看，浙江面积、人口具有一定规模。从地理区划看，浙江有“七山一水二分田”，行政区划上有2个副省级城市、9个地级市和53个县（市），代表性较强。从城乡看，浙江既有城市也有农村，农村户籍人口占了一半。二是浙江具备开展示范区建设的基础和优势。浙江富裕程度较高，2020年浙江生产总值为6.46万亿元，人均生产总值超过10万元，居民人均可支配收入5.24万元，仅次于上海和北京，是全国平均水平的1.63倍。城、乡居民收入分别连续20年和36年居全国各省区第1位。浙江发展均衡性较好。同年，城乡居民收入倍差为1.96，远低于全国的2.56，是全国唯一一个所有设区市居民收入都超过全国平均水平的省份。浙江各地普遍具有比较强烈的改革和创新意识，利于大胆探索和及时推行共同富裕示范区建设的成功经验和制度模式，浙江在市场经济、现代法治、富民惠民、绿色发展等多个领域已取得一些显著成果。三是浙江开展示范区建设的空间和潜力较大。浙江在优化支撑共同富裕的经济结构，完善城乡融合、区域协调的体制机制，实现包容性增长的有效路径方面都还有较大的探索空间。浙江尤其在如何正确处理好稳定扩大就业与技术进步的关系，发展过程中如何有效缓解用地不足、资源约束等矛盾，如何形成先富帮后富、建立有效提高低收入群体收入的长效机制，如何反垄断和防止资本无序扩张等方面，迫切需要探索创新。

按照中央要求，浙江建设共同富裕示范区的关键，在于高质量发展。《浙江意见》指出，浙江要以解决地区差距、城乡差距、收入差距等问题为主攻方向，更加注重向农村、基层、相对欠发达地区倾斜，向困难群众倾斜，支持浙江创造性地贯彻“八八战略”，在高质量发展中扎实推动共同富裕。为此，《浙江意见》提出 6 项建设任务。第一，提高发展质量效益，夯实共同富裕的物质基础。第二，深化收入分配制度改革，多渠道增加城乡居民收入。第三，缩小城乡区域发展差距，实现优质公共服务共享。第四，打造新时代文化高地，丰富人民精神文化生活。第五，践行绿水青山就是金山银山理念，打造美丽宜居的生活环境。第六，坚持和发展新时代“枫桥经验”，构建舒心安心放心的社会环境。

总体而言，建设共同富裕示范区，对于浙江而言，是一个重要机遇。《浙江意见》提出阶段性发展目标：到 2025 年，浙江省推动高质量发展建设共同富裕示范区取得明显实质性进展。人均地区生产总值达到中等发达经济体水平，基本公共服务实现均等化，城乡区域发展差距、城乡居民收入和生活水平差距持续缩小，以中等收入群体为主体的橄榄型社会结构基本形成。到 2035 年，浙江省高质量发展取得更大成就，基本实现共同富裕。人均地区生产总值和城乡居民收入争取达到发达经济体水平，物质文明、政治文明、精神文明、社会文明、生态文明全面提升，共同富裕的制度体系更加完善。

未来，浙江势必会得到更多政策支持和资源支持，全省改革创新也将获得更大空间。但我们也要清醒地认识到，实现共同富裕注定是一项复杂而艰巨的任务，浙江全省要达到共同富裕，还有很长的路要走；从浙江到全国，共同富裕之路正在启程。

三、乡村振兴战略为解决“三农”问题开辟新出路

“乡村振兴战略”是党的十九大报告提出的贯彻新发展理念、决胜全面建成小康社会的七大国家战略之一。从“农村”到“乡村”的称谓变化，体现出中央对乡村以及乡村振兴工作的性质、地位、作用的新认识。

“农村”更多是产业划分的结果，强调其经济功能，而“乡村”则是承载着政治、经济、文化、社会、生态等多重意义的综合概念。在新思路的指导下，乡村不再被作为城市发展的附庸，农业、农村、农民获得优先发展地位。在中国，“三农”问题既有深厚的历史内涵，又有强烈的现实意义，关乎百姓福祉、经济社会全局和国家前途命运。党的十九大报告强调，“三农”问题是关系国计民生的根本性问题，必须始终把解决好“三农”问题作为全党工作重中之重。然而，随着中国城镇化战略的全面铺开，城乡差距不断拉大，广大农村地区贫困落后的状况未能得到根本性改变。近些年，一些关于中国乡村衰落的观察和分析引起社会反思：“空心化”、老龄化、去农业化、人才流失等趋势阻碍了农业现代化的实现；有效治理缺乏削弱了基层政权力量，使得邪教、黄赌毒、贿选、涉黑等痼疾久治不愈；基础设施欠账和教育、医疗、生态、文化、养老等民生公共服务存在短板，无法满足民众需求，公平、正义等价值理念没有得到充分体现，激活乡村、振兴乡村成为各界关注的重要问题。正是在这样的背景下，2017年12月召开的中央农村工作会议要求，举全党全国全社会之力推动农业全面升级、农村全面进步、农民全面发展，并提出了乡村振兴战略“三步走”的时间表：到2020年，乡村振兴取得重要进展，制度框架和政策体系基本形成；到2035年，乡村振兴取得决定性进展，农业农村现代化基本实现；到2050年，乡村全面振兴，农业强、农村美、农民富全面实现。

（一）中央一号文件确定乡村振兴战略方向

2018年1月，《中共中央 国务院关于实施乡村振兴战略的意见》（以下简称《振兴意见》）发布，首次提出中国特色社会主义乡村振兴道路。《振兴意见》从乡村振兴的战略意义、总体要求等方面着手，勾画了一幅产业兴旺、生态宜居、乡风文明、治理有效、生活富裕的中国式新型乡村蓝图，并为具体实施做出了全面统筹及长远部署。《振兴意见》围绕“重塑城乡关系”这一宏伟目标，旨在促进乡村振兴战略与新型城镇化建设相衔接，在保持政策协同性的基础上，最终实现城乡一体化。其要点包括：

第一，提升农业发展质量，培育乡村发展新动能。第二，推进乡村绿色发展，打造人与自然和谐共生发展新格局。第三，繁荣兴盛农村文化，焕发乡风文明新气象。第四，加强农村基层基础工作，构建乡村治理新体系。第五，提高农村民生保障水平，塑造美丽乡村新风貌。第六，打好精准脱贫攻坚战，增强贫困群众获得感。第七，推进体制机制创新，强化乡村振兴制度性供给。第八，汇聚全社会力量，强化乡村振兴人才支撑。第九，开拓投融资渠道，强化乡村振兴投入保障。第十，坚持和完善党对“三农”工作的领导。

在新思路的指导下，乡村不再是城市发展的附庸，农业、农村、农民获得优先发展地位。《振兴意见》的一系列创造性提法显示了乡村在国家发展新阶段的重要位置，以及中央通过整体、长期战略振兴乡村的决心与力度。总体而言，《振兴意见》中的战略安排贯彻了“远粗近细”的原则，为新时代的乡村发展提供了首个系统化的顶层设计，起到了定调、塑形的基础性作用。

对于政策的实施而言，现阶段的主要任务仍然是框架与体系的构建，因而必须把握政策和制度的平衡，尤其要守住底线。其一，乡村发展与改革的契机不能被恶意利用。例如，《振兴意见》明确禁止下乡利用农村宅基地建设别墅大院和私人会馆。其二，乡村的发展不能以牺牲生态环境为代价。《振兴意见》要求走乡村绿色发展之路，严禁工业和城镇污染向农业农村转移。事实上，真正的乡村振兴仅靠经济增长是走不长远的，唯有实现农业经济、基层政治、乡风文化、社会治理、农村环境的齐头并进，才能使国家大计最终实现。其三，避免形式主义与“小官巨腐”现象对乡村振兴基础力量的侵蚀。《振兴意见》特别强调，不搞层层加码，不搞一刀切，不搞形式主义，同时推行村级小微权力清单制度，加大对基层小微权力腐败惩处力度。“千里之堤，溃于蚁穴”，既有良政，重在善治。政策的落地以政府公信力为保障，而形式主义与“小官巨腐”问题损害的恰恰是政府的公信力。在法治、文化建设相对落后的农村地区，建立起一支可靠、可用的组织力量，是将乡村振兴战略落到实处所必须攻克的难关。

（二）乡村振兴战略“五年规划”出炉

2018 年 9 月，中共中央、国务院印发《乡村振兴战略规划（2018—2022 年）》（以下简称《振兴规划》），进一步细化未来 5 年乡村振兴战略的路线、步骤和重点，为新时代“三农”的新发展提供指引，成为推进乡村振兴的行动指南。

第一，明确“五位一体”总要求。产业兴旺是乡村振兴的物质基础。要以农业供给侧结构性改革为主线，构建现代农业产业体系、生产体系、经营体系，完善农业支持保护制度。要发展壮大乡村产业，激发农村创新创业活力。生态宜居是乡村振兴的民生福祉。要以践行绿水青山就是金山银山的理念为遵循，强化资源保护与节约利用，推进农业清洁生产，集中治理农业环境突出问题，实现农业绿色发展，建设美丽宜居乡村，改善农村人居环境。乡风文明是乡村振兴的灵魂和价值所在。要以社会主义核心价值观为引领，传承发展乡村优秀传统文化，培育文明乡风、良好家风、淳朴民风，建设邻里守望、诚信重礼、勤俭节约的文明乡村，推动乡村文化振兴。治理有效是乡村振兴的内在保障。要以构建农村基层党组织为核心，以自治法治德治“三治结合”的现代乡村社会治理体系为重点，建立健全党委领导、政府负责、社会协同、公众参与、法治保障的现代乡村社会治理体制，推动乡村组织振兴，打造充满活力、和谐有序的善治乡村。生活富裕是乡村振兴的目标导向，要以确保实现全面小康为目标，加快补齐农村民生短板，如改善农村交通物流设施条件，加强农村水利基础设施网络建设，拓宽转移就业渠道，加强农村社会保障体系建设。

第二，首次建立乡村振兴指标体系。《振兴规划》明确了2018—2022年重点任务，提出了22项具体指标，其中约束性指标3项、预期性指标19项，形成了乡村振兴指标体系。一是把现有乡村分成集聚提升类、城郊融合类、特色保护类、搬迁撤并类4类，针对不同乡村，分别明确了乡村振兴的原则、方向、目标和任务。二是坚持梯次推进乡村振兴，根据农村的实际情况，防止一哄而上、“一刀切”，不顾客观现实，搞大拆大建，盲目制定一些高目标。三是聚焦阶段任务，与东部发达地区的乡村不同，2020年以前贫困地区乡村振兴最优先、最重要的任务，是打好精准脱贫攻坚战。

第三，通过“双轮驱动”促进城乡协同。《振兴规划》坚持乡村振兴和新型城镇化双轮驱动，要求按照主体功能定位，对国土空间的开发、保护和整治进行全面安排和总体布局，推进“多规合一”，加快形成城乡融合发展的空间格局。

从长远来看，推动乡村振兴，需要乡村激活与城乡融合双轮驱动。要构建新型工农城乡关系，把城市和乡村整合成有机整体或发展共同体，完成产业、居民、社会和生态等方面的全面融合，就应实现城乡之间要素的自由流动、平等交换，加快进行户籍制度改革，实现公共服务的平等可及，发挥城市反哺、带动乡村发展的作用，合理引导城市资本流向，防止资本不受节制、汹涌奔去，阻遏、破坏乡村发展。应科学评估农村土地价值，不能以纯商业的视角进行审视，而应注重其在确保粮食安全、保障基本生存条件、促进返乡就业、维护社会稳定等方面的价值，既要照顾农民提升物质生活水平的当前需求，又要守住底线、着眼长远，建立合理的土地流转制度。习近平强调，农村土地承包关系要保持稳定，农民的土地不要随便动。①

乡村振兴要立足自身，激发乡村的内生活力，这是实现乡村有效振兴、持续振兴，增强农民获得感、幸福感的内在要求。乡村振兴全过程都要发挥农民的主体作用，变被动帮扶为主动作为。第一，要坚持“为了农民、依靠农民”的价值导向，从实际情况出发，充分考察地域特色、发展阶段、个性需求。第二，实现“自下而上”与“自上而下”的有机结合。乡村振兴首先是农民的需求，是解决农民发展困境、满足农民对美好生活需要的举措，不能用政治任务、政府工程压制农民热情，而应以政策扶持激发、催化农民积极性，增强农民责任意识，完成从消极参与、冷漠依赖到主动引领、精神振奋的转变。第三，形成资源引进与能力提升合力。资金、技术、人才、资源、产业等的引进当然是重要的力量，但如果外在力量没有发挥带动作用，仅仅发挥代替职能，资源引进后没有优化乡村内部生产生活生态环境，资本进入后只是逐利，则资源引进就只是形象工程，而不能真正发挥作用。

2018 年是农村改革 40 周年，在这一年，乡村振兴战略首战告捷。中央从基本国情和经济社会发展阶段的基本特征出发，进行政策部署，推出“三总一保障”发展战略的顶层设计，并提出了“三步走”的战略目标，阐述了乡村振兴的近期、中期、长期任务和内涵。地方各级的规划决策也稳步展开。乡村振兴正乘势起飞，农业强盛、农村美好、农民富裕的愿景正逐步实现。

---

① 韩长赋．做好新时代“三农”工作的行动指南［N］．人民日报，2019－07－16.

四、城乡融合发展进入制度化建设阶段

如何处理好工农关系、城乡关系，在一定程度上决定着现代化的成败。2019 年 5 月，《中共中央 国务院关于建立健全城乡融合发展体制机制和政策体系的意见》（以下简称《融合意见》）印发，围绕重塑新型城乡关系、走城乡融合发展之路、促进乡村振兴和农业农村现代化提出以下意见：

第一，提出推进城乡基本公共服务普惠共享的 6 项措施。一是建立城乡教育资源均衡配置的机制，促进各类教育资源向乡村倾斜。二是健全乡村医疗卫生服务体系，通过鼓励县医院和乡村的卫生所建立医疗共同体，鼓励城市大医院对口帮扶或者发展远程医疗来缓解农村居民看病难、看病贵的问题。三是健全城乡公共文化服务体系，提高服务的覆盖面和适用性。四是完善城乡统一的社会保险制度，加快实现各类社会保险标准统一、制度并轨。五是统筹城乡社会救助体系。六是建立健全乡村治理机制。

第二，提出完善农村土地改革 3 项制度。一是农村集体经营性建设用地入市制度。《融合意见》允许农村集体经营性建设用地入市，允许村集体依法把有偿收回的闲置宅基地、废弃的集体公益性建设用地转变为集体经营性建设用地入市。二是改革完善农村承包地制度。《融合意见》要求抓紧落实第二轮土地承包到期后再延长 30 年的政策，平等保护并且进一步放活承包地经营权。坚持因地制宜，宜大则大，宜小则小，不搞“一刀切”式的土地规模经营。三是稳妥审慎地改革农村宅基地制度。《融合意见》要求按规划严格实行土地用途管制原则，严格禁止下乡利用农村宅基地建设别墅大院和私人会馆。

第三，提出鼓励和引导工商资本入乡发展的措施。一是深化“放管

服”改革，完善配套设施建设补助等政策，鼓励工商资本投资适合产业化经营的农业领域，支持进入乡村生活性服务业。二是探索在政府引导下工商资本与村集体的合作共赢模式，发展壮大村级集体经济，并通过就业带动、保底分红、股份合作等多种形式，让农民合理分享全产业链增值收益。但也要引导好、服务好、保护好工商资本下乡的积极性，设立必要的防火墙，不能富了老板、丢了老乡。

第四，提出建立城乡基础设施规划、建设、管护的3项机制。《融合意见》提出加快实现城乡基础设施统一规划、统一建设、统一管护，要先建机制、后建工程。

第五，提出促进城乡产业协同发展的4项举措。一是构建农村一、二、三产业融合发展体系。二是适应居民消费升级趋势，制定便利市场准入、加强事中事后监管政策，制定相关标准，引导乡村新产业改善服务环境、提升品质。三是在年度新增建设用地计划指标中安排一定比例支持乡村新产业新业态发展，探索实行混合用地等方式。四是严格农业设施用地管理，满足合理需求。

第六，提出统筹提高农民工资性收入、经营性收入、财产性收入、转移性收入的4项措施。

建立健全城乡融合发展体制机制和政策体系对于我国城乡一体化意义重大，体现了以人民为中心的内在要求。不管城镇化发展到什么程度，农村人口还会是一个相当大的规模，“三农”问题不会随着城镇化而结束。只有推动农村与城镇互促共进、城乡融合发展，才能不断拓展发展空间，为国家发展提供强大动力。

第八章　创新与改革开放

改革开放是决定当代中国命运的关键一招，创新是引领中国发展的第一动力。改革开放与创新发展，对于实现“两个一百年”奋斗目标、实现中华民族伟大复兴，无疑具有至关重要的意义。近年来，在创新发展方面，从坚持科技创新与制度创新的“双轮驱动”改革，到全面实施《中国制造 2025》，再到推动军民科技融合和国际科技合作，中国创新实现历史性重大进展。在此基础上，党的十九届五中全会强调坚持创新在我国现代化建设全局中的核心地位，“十四五”规划也把创新放在首位。在经济改革方面，国企改革向纵深推进，国有经济实现布局优化和结构调整，改革后的国有企业在供给侧结构性改革和后疫情时代的经济恢复发展中，发挥重要带动引领作用；同时，国家出台一系列政策办法，支持民营企业加快改革发展与转型升级，帮助受疫情影响的民营企业纾困解难，为民营企业发展创造公平竞争环境。在对外开放方面，即使遭遇中美贸易战、新冠肺炎疫情等重大冲击，中国仍然进一步扩大对外开放，加强对外开放制度建设，积极推动区域经济合作和全球自由贸易，与全球各国携手共渡经济难关。在新的历史节点上，中国正着力探索一条更高质量创新发展、更深层次经济改革、更高水平对外开放的新路。

一、科技竞争与产业升级

中国科技肩负着推动中国高质量发展与应对全球化竞争的双重使命。纵观改革开放40余年，科技创新举国体制的形成及其推动的持续性科技跃进，无疑是中国实现后发赶超的第一生产力。“创新驱动”的发展理念，一直受中央高度推崇，党的十八大以来，更是成为国家核心战略的重中之重。从力推科技创新与制度创新“双轮驱动”型改革，到全面实施《中国制造2025》，再到推动军民科技融合和国际科技合作，在政、商、学各领域都投入大量资源，实现了中国科技历史性、整体性、格局性的重大进展。

当前，全球科技创新空前活跃，发达国家和新兴工业国纷纷竞逐新一轮科技革命和产业变革，大有重构全球创新版图、重塑全球经济结构之势。相比之下，中国基础科学研究较薄弱，重大原创性成果缺乏，顶尖人才和团队较少，前沿尖端科技劣势明显，特别是一些关键核心技术往往受制于人，风险隐患不小。近年来，美国对中国发起贸易战，以元器件出口禁令挟制中兴通讯公司，意欲迫使中国政府让步；“孟晚舟事件”虽然被认为是美国“长臂管辖”的一次失败，但却体现了美国动用国家力量维护技术霸权的战略企图，以及其强大的盟友动员能力。要推动新旧动能转换和产业优化升级，实现中国制造向中国创造转变、中国速度向中国质量转变、制造大国向制造强国转变，科技创新无疑承载着艰巨使命。

有鉴于此，党的十九大以来，科技创新和数字经济的战略地位得到进一步提升，与之相关的各种针对性政策也密集出台。2020年，党的十九届五中全会提出，坚持创新在我国现代化建设全局中的核心地位，把科技自立自强作为国家发展的战略支撑，科技创新应坚持“四个面向”，即面向世界科技前沿、面向经济主战场、面向国家重大需求、面向人民生命健康。2021年3月对外公布的《中华人民共和国国民经济和社会发展第十四个五年规划和2035年远景目标纲要》明确将创新放在首位，并特别提出未来战略性新兴产业增加值占GDP比重超过17%的目标。提升企业技术创新能力、激发人才创新活力和整合优化科技资源配置成为新的方向，数字化转型成为生产方式、生活方式和治理方式变革的驱动力。在2021年9月召开的中央人才工作会议上，习近平提出加快建设世界重要人才中心和创新高地，要大力培养使用战略科学家，要打造大批一流科技领军人才和创新团队，要造就规模宏大的青年科技人才队伍。① 《知识产权强国建设纲要（2021—2035年）》亦提出，至2025年，知识产权强国建设取得明显成效；至2035年，知识产权综合竞争力跻身世界前列，中国特色、世界水平的知识产权强国基本建成。

（一）中国全方位布局前沿科技竞争

当前全球科技创新空前活跃，新老工业国纷纷进入新一轮科技革命和产业变革。然而，我国基础科学研究仍然薄弱，重大原创性成果较为缺乏，顶尖人才和团队较少，前沿尖端科技劣势明显。加上近年来美国不断打压、封锁中国高科技企业，给中国科技进步及产业升级造成外部障碍。为此，国家着眼于自主创新战略，全方位布局前沿科技竞争，将内外压力转化为创新动力。

2018年5月，中国科学院第十九次院士大会、中国工程院第十四次院士大会对新一轮前沿科技竞争、建设世界科技强国做出总体布局。与此同时，政府接连发布重磅科技政策文件。科技部、国资委联合印发《关于进一步推进中央企业创新发展的意见》（以下简称《央企意见》），《财政部

① 习近平出席中央人才工作会议并发表重要讲话［EB］. 中国政府网，2021－09－28.

税务总局 科技部关于科技人员取得职务科技成果转化现金奖励有关个人所得税政策的通知》（以下简称《个税通知》）印发，中共中央办公厅、国务院办公厅印发《关于进一步加强科研诚信建设的若干意见》（以下简称《诚信意见》），中央全面深化改革委员会第八次会议审议通过《关于加强创新能力开放合作的若干意见》（以下简称《合作意见》），科技部、教育部、财政部等六部门联合印发《关于扩大高校和科研院所科研相关自主权的若干意见》（以下简称《自主权意见》）。一系列政策安排，不仅凸显当前科技竞争形势之紧迫，也预示着中国科技发展已进入加码提速的新阶段。

1. 瞄准前沿：攻坚关键核心技术，解放科技创新人才。

党的十八大以来，习近平曾连续4次出席两院院士大会。① 2021年5月召开的两院院士大会，擘画了未来一个时期的科技发展路线图，呈现出诸多新的方向性特点，尤其突出了“前沿科技”这一关键要素，具体要点如下：

一是增强高质量科技供给，重点在于优先发展一批战略性新兴产业集群，推进互联网、大数据、人工智能同实体经济深度融合，以智能制造为主攻方向推动产业技术变革和优化升级。二是增强自主创新能力，以关键共性技术、前沿引领技术、现代工程技术、颠覆性技术创新为突破口，在关键领域、“卡脖子”的地方下大功夫，力争实现关键核心技术自主可控，把创新主动权、发展主动权牢牢掌握在自己手中，成为重要科技领域的领跑者和前沿科技领域的开拓者。三是继续深化科技体制改革，重点解决资源分散、重复、低效，科技成果转化和产业化能力不足，科研院所体制不活，科技金融机制不健全等问题，特别要把科研人员的创造性活动从不合

---

① 第四次出席两院院士大会，习近平为科技创新“划重点”［EB］. 央视网，2021-05-29.

理的经费管理、人才评价等体制问题中解放出来。四是深度参与全球科技治理，全方位加强国际科技合作，积极参与和主导国际大科学计划和工程，与“一带一路”沿线国家共建科技创新联盟和科技创新基地，提高中国在全球科技治理中的规则制定能力。五是最大限度地延揽一流人才，健全以创新能力、质量、实效、贡献为导向的科技人才评价体系，完善使优秀科技人才得到合理回报的奖励制度，改变以静态评价结果给人才贴上“永久”标签的做法，改变片面将论文、专利、资金数量作为人才评价标准的做法，不能让科学家被繁文缛节捆死手脚、被无穷的报表和审批耗费精力。

2. 做实底盘：打通有助于自创创新的体制机制。

在中央明确赶超战略的背景下，中央多部门出台的一系列新政，侧重于打牢科技创新基础，通过做实底盘来支撑科技攻坚。其中，《诚信意见》试图解决长期以来潜藏的科研失信和造假问题，强调惩处学术不端行为无禁区、全覆盖、零容忍且终身追责，对科研人员提出“五不得”底线要求，并通过签订诚信承诺书、失信者“一票否决”、改变“一刀切”的科研评价机制等方式，强化全过程诚信管控。《央企意见》将中央企业定位为“实施国家重大科技创新部署的骨干力量和国家队”，要求支持央企着力研发计划重点专项和“科技创新 2030—重大项目”，发挥创新主体作用、增加研发投入、打造协同创新平台、参与京沪科技创新中心建设，突破一批核心关键技术。《个税通知》则聚焦科研成果转化环节，明确了科技人员职务科技成果转化现金奖励个税优惠政策，即当非营利性研发机构和高校从职务科技成果转化收入中给予科技人员现金奖励时，可减按 50% 计入其当月“工资、薪金所得”来缴纳个人所得税。《合作意见》聚焦加强创新能力，要求以全球视野谋划和推动科技创新，吸引和培养高精尖缺人才，提升使用全球创新资源能力，打造开放合作区域高地，参与和引导全球创新治理，优化开放合作服务与环境，以开放促进发展、以改革推动创新、以合作实现共赢，全面融入全球创新网络，推动创新型国家建设。《自主权意见》旨在推动提高扩大高校和科研院所科研领域自主权，体现出三大亮点。一是优化科研项目管理制度。二是全方位激励高校科研创新人才。三是坚持扩大高校科技创新自主权与有章可循的有机统一。

3. 局势前瞻：科技竞赛或左右未来 30 年国运之争。

中央关于新一轮前沿科技竞争的战略布局和政策设计，勾勒全面、架构清晰并且重点十分突出。从其立意上看，就是要最大程度减少科技创新的各种壁垒，进一步提升科技创新动力，加快掌握关键核心技术，从而抢占科技创新制高点。这不仅是对既定战略的一以贯之、主动进击，也是在外部风险挑战倒逼之下的应势之举。正如很多分析所指出的，中美经贸争端，不仅是贸易互搏，更是争夺高端前沿阵地的科技战。未来 30 年的中美竞争，很可能在不同领域中接连爆发，其中科技领域无疑是两国角力的关键领域；而最大的发达国家和最大的发展中国家之间的力量对比和关系调整，也直接影响着全球发展变化，中国亟待新一轮的举国努力。

（二）战略新兴产业与中国产业升级

战略新兴产业展现出区别于传统行业的惊人发展潜力，是中国产业升级的重中之重。以 2013—2018 年的数据为例，传统制造业和服务业规模年均增长率仅在 2%—3%，而与战略新兴制造业有关的产业则以每年 10%—15% 的速度增长，生产性服务业、服务贸易等战略性新兴服务业则以 15%—20% 的速度增长，而包括大数据、云计算、人工智能、互联网在内的颠覆性数字产业则以每年 25% 左右的速度增长。

为推动战略性新兴产业发展，国家统计局将新一代信息技术、高端装备制造、新材料、生物、新能源汽车、新能源、节能环保、数字创意和相关服务业九大领域产业明确为未来经济发展的新动能和“机会窗口”。其中，新一代信息技术产业包括新一代通信网络设备（5G）、新型电子元器件、集成电路设计制造、工业互联网、云计算、大数据、人工智能等，在中美贸易争端、科技竞争的背景下，发展这一产业尤其具有重要的战略意义。2018 年，全国“两会”首次将集成电路置于实体产业之首，工业和信息化部牵头芯片和操作系统攻坚，我国在工业互联网、云计算、大数据、人工智能等领域与美国等国家的差距显著缩小，同时基本实现 5G、平台领域的领先。不仅如此，信息技术产业的发展具有重要的外溢效应，借助新一代信息技术，传统制造业得以重塑生产流程，新技术、新工艺、新业态、新模式将充分释放生产活力，完成从追求数量到强调质量、从规模扩张到结构升级、从重视投资到比拼创新效率的升华。而制造业与互联网、人工智能的深度融合及其数字化转型也将进一步更新农业、工业、服务业的面貌，形成新的经济增长点，进而推动产业格局的深刻变化，实现中国向全球产业链上游的跃迁。以人工智能为例，中国高度重视人工智能产业发展，对其寄予推动产业升级的厚望。随着《“互联网 +”人工智能三年行动实施方案》《新一代人工智能发展规划》《促进新一代人工智能产业发展三年行动计划（2018—2020 年）》等多个国家层面的政策文件相继出台，涵盖计算芯片、开源平台、基础应用、行业应用及产品等的人工智能产业链也逐渐形成。

中国发展战略性新兴产业具有多重优势，但是也面临短板：例如，人才欠缺构成发展的最大障碍。新兴领域的人才培养周期漫长，人才分布失衡的问题非常突出。以人工智能为例，腾讯研究院发布的《全球人工智能人才白皮书》显示，中国约有 20 所大学的研究实验室专注于人工智能，高校教师以及在读硕博生约 7000 人，产业界现有人员约 39000 人，远不能满足国内市场百万级的人才需求量。其次，关键技术“卡脖子”现象突出，企业被迫处于产业链中下游，缺少上游原材料技术的支持。此外，创新能力也尚有欠缺。国家创新体系建设还有待推进，多主体协同、全方位推进的创新局面还没有真正出现。技术基础不牢、科研投入不足、科研自主权欠缺、产学研衔接不够顺畅的问题，制约了技术竞争力和整体科技水平的提升。

（三）人工智能引领新一轮科创大潮

中国人工智能已进入高速发展阶段，不仅人工智能产业规模突飞猛进，独角兽企业数量、人工智能专利申请数亦位居世界前列。在产业发展方面，海量数据使中国在人工智能应用领域有巨大发展空间，国内外企业纷纷在中国布局；政策支持方面，地方政府不断出台扶持政策，资本市场活跃，投融资快速升温。研究方面，多所高校成立人工智能相关专业，给予高度重视和支持。产业方面，行业处于爆发增长阶段，此前积累的技术潜力迅速释放，算法和算力的突破为技术创新奠定良好基础。政策方面，人工智能已经上升为国家战略。国务院于 2017 年 7 月发布的《新一代人工智能发展规划》是第一个系统部署的指导性文件，提出到 2030 年使中国成为世界主要人工智能创新中心，指出人工智能发展在为中国的国际竞争、经济发展、社会建设提供新机遇的同时，也面临着不确定性新挑战，我国整体发展水平与发达国家相比存在差距。在此背景下，人工智能得到更大重视，引领了新一轮科创大潮。

1. 中央力推人工智能发展。

2018 年 10 月，中共中央政治局举行第九次集体学习，习近平强调，人工智能是引领新一轮科技革命和产业变革的战略性技术，具有溢出带动性很强的“头雁”效应，要促进其同经济社会发展深度融合，推动新一代人工智能健康发展。[1] 中央对加快发展新一代人工智能主要提出了3方面要求：一是独立自主夯实人工智能发展基础，增强原创能力，加强基础理论研究，主攻关键核心技术，强化科技应用开发，加强人才队伍建设。二是加强人工智能和产业融合发展。围绕建设现代化经济体系，在质量、效率、动力变革中发挥人工智能作用，提高全要素生产率；培育具有重大引领带动作用的人工智能企业和产业，构建智能经济形态；以深度融合推动各产业变革，培育新的增长点；推动智能化信息基础设施建设，形成配套的基础设施体系。三是加强人工智能同保障、改善民生以及社会治理的结合，研判和防范潜在风险，建立健全法规制度和伦理道德，维护人民利益和国家安全。

2. 各方推动人工智能创新融合发展。

2019年5月，国际人工智能与教育大会通过成果文件《北京共识》，北京智源人工智能研究院联合北京大学、清华大学等高校以及科研院所和产业联盟，共同发布《人工智能北京共识》。同年9月，科技部亦印发《国家新一代人工智能创新发展试验区建设工作指引》（以下简称《试验指引》）。

首先，《北京共识》的主旨是以人工智能创新教育体系，对利用人工智能创新教育方式，构建开放、公平且优质的教育体系做了展望。《北京共识》提出，各国要引领实施适当的政策，通过人工智能与教育的系统融合，全面创新教育和学习方式，并利用人工智能加快建设开放灵活的教育体系，确保全民享有公平、适合每个人且优质的终身学习机会。《北京共识》还强调，要通过人工智能工具的开发，增强女童和妇女的人工智能技能，在人工智能劳动力市场中推动性别平等。国际合作方面，《北京共识》

---

① 习近平：推动我国新一代人工智能健康发展［N］. 人民日报，2018－10－31.

倡议支持对与新兴人工智能技术发展相关的前沿问题进行前瞻性研究，探索利用人工智能促进教育创新的有效战略和实践，以期在人工智能与教育领域构建具有共同价值观的国际共同体。

其次，《人工智能北京共识》针对人工智能的研发、使用、治理3方面，提出了各参与方应遵循的有益于人类命运共同体构建和社会发展的15条原则。

最后，《试验指引》旨在打造中国人工智能试验区。《试验指引》提出，到2023年，我国将布局建设20个左右试验区。各试验区将因地制宜地创新体制机制，深化产学研用结合，集成优势资源，构建有利于人工智能发展的良好生态，积累并推广经验做法。在总体布局上，人工智能服务支撑国家区域发展战略。该指引指出，重点围绕京津冀协同发展、长江经济带发展、粤港澳大湾区建设、长三角区域一体化发展等重大区域发展战略进行布局，兼顾东中西部及东北地区协同发展，推动人工智能成为区域发展的重要引领力量。该指引还提出了应用牵引、地方主体、政策先行、突出特色4个建设原则。

3. 上海出台新政打造人工智能重镇。

为了集聚人工智能领域的人才，推动人工智能示范应用，加快建设国家人工智能的发展高地，上海发布《关于加快推进人工智能高质量发展的实施办法》（以下简称《上海办法》），围绕人才队伍、数据资源、技术创新、空间生态、资本力量五大发展要素推出发展规划和产业政策。其特点有：第一，在人才队伍建设方面，《上海办法》提出要在人才培养、人才选拔、人才引进、人才保障等方面加强相关政策的覆盖，建立人才实训基地，培养应用型科技人才，将符合条件的人才纳入人才高峰工程，切实保障其的生活、就业。第二，在数据资源的开放和产业应用方面，《上海办法》提出要依法有序地向人工智能（AI）企业开放教育、医疗、旅游等重点领域的数据信息，优化城市管理场景资源的供给，支持AI企业新技术、新产品、新模式在上海的应用和推广。海量数据的开放和规模应用场景的落地，将有助于加快培育人工智能领域创新标杆企业。第三，在资本支持方面，《上海办法》提出将人工智能纳入上海市战略性新兴产业重点领域，加大人工智能领域研发投入，统筹好产业转型升级的各项资金，引导社会资本设立千亿规模人工智能产业发展基金，加大使用人工智能发展的基础服务供给，为企业的发展提供资金和政策支持。上海借世界人工智能大会不仅向全世界展示了我国在人工智能领域的成就，也表明了政府对人工智能未来发展的扶持方向，即实现“人才、数据、资本”的协同推进。

当前，世界掀起了人工智能技术发展和产业化的浪潮，几乎所有发达国家都重点鼓励和扶持人工智能的发展，在这股浪潮下，我国在人工智能技术、产业和市场的发展已具有显著的成绩，人工智能产业规模增速快，人工智能体系初步形成。但是，我国在人工智能重大基础理论研究上原创能力相对不足，在核心技术研发上没有显著的优势，国内尖端人才缺乏。《上海办法》是在国家的总体战略下，就加强人工智能的发展及我国在此方面存在的缺陷对症下药，它为全国各地出台人工智能发展政策做出示范，标志着上海在推进人工智能产业发展方面形成了更加精准、更具特色、更可持续的政策体系。

（四）十九部门力挺数字经济促就业

数字经济生机蓬勃，逐渐成为新的就业增长点。数字经济具有占经济规模比例高、增长幅度快之特点，已经成为经济转型升级的重要动力。互联网、大数据、云计算、人工智能等数字技术发展日新月异，数据资源的未来具有无限可能。有鉴于此，党的十九大报告专门提到“数字经济”，而数字经济也首度被列入政府工作报告。同时，数字经济领域成为创造就业岗位、吸纳就业、催生新型就业形态的管道。数字经济新增就业人数呈逐年攀升态势，吸纳了巨大规模的就业人口。在内外环境日益复杂的情况下，数字经济为实现“稳就业”的政策目标发挥了举足轻重的作用。在此背景下，国家发展改革委等十九部门发布《关于发展数字经济稳定并扩大就业的指导意见》（以下简称《意见》），要求大力发展数字经济，稳定并扩大就业，实现经济转型升级和就业提质扩面。《意见》提出，大力发展数字经济，着力实现更高质量和更充分就业，坚持就业优先战略和积极就业政策。积极就业要“创造增量、盘活存量”，前者包括推动数字产业发展壮大和激发数字经济创新创业活力，扩大就业空间；后者体现为促进实体经济和数字经济的深度融合，实现传统产业的数字化转型，用数字经济改造核心工业、服务业和农业，形成新的数字化图景。

《意见》提出，建立覆盖基础教育、职业教育、高等教育的立体培育体系，加强技能教育，提倡终身教育，吸引社会参与，广泛动员多重力量，构建良好的学习环境，夯实数字人才基础。《意见》还提出，打造适应新业态的公共服务。政府提供公共产品将以实现数字化转型、服务新就业形态为核心。在公共服务、政策法律体系、保障措施方面，《意见》要求完善激励、破除障碍、优化生态、培育市场、防范风险，降低制度成本，鼓励积极探索数字经济促进就业的新模式。数字经济带动就业领域出现了新变化，如组织关系平台化，雇佣方式弹性化，就业边界扩大化、全球化等。《意见》的发布正是应对这些新变化的一种努力。从短期看，《意见》的推出带有稳就业、促就业的政策考量，数字经济的发展具有缓解内外压力的现实效果；从长期看，就业环境的改善对数字经济的发展也具有反向促进作用。解决环境、人才、产业三者之间不和谐、不匹配、不适应的问题，对于发展数字经济和改善就业状况均有益处。

二、国企改革与赋能民资

自2015年中共中央、国务院出台《关于深化国有企业改革的指导意见》以来，新一轮国企改革全面展开。围绕分类推进国有企业改革、完善现代企业制度、完善国有资产管理和运营体制、发展混合所有制经济、强化监督防止国有资产流失、加强和改进党对国有企业的领导、为国有企业改革创造良好环境条件7个方面，中央有关部门出台一系列政策法规，形成了国企改革的顶层设计和实施路径，推动国企改革取得重大进展，解决了许多长期想解决而没有解决的难题。例如，在中央企业层面，国有资本布局结构持续优化，多家中央企业重组使得协同效应显著增强，经营业绩稳步提升，杠杆率和负债率明显降低。此外，国有资本向战略性新兴产业投资力度增强，大量的困难企业得以处置，在节约资源、优化配置方面取得明显成效。改革后的国有企业在供给侧结构性改革中发挥了重要的带动引领作用。

基于前期改革成果，2020年，中央全面深化改革委员会审议通过《国企改革三年行动方案（2020—2022年）》，进一步指出2020—2022年是国企改革关键阶段，要求坚持和加强党对国有企业的全面领导，坚持和完善基本经济制度，坚持社会主义市场经济改革方向，抓重点、补短板、强弱项，推进国有经济布局优化和结构调整，积极稳妥推进国有企业混合所有制改革，增强国有经济竞争力、创新力、控制力、影响力、抗风险能力。

2020年，《中共中央 国务院关于新时代加快完善社会主义市场经济体制的意见》发布，明确要求尊重市场经济一般规律，最大限度减少政府对市场资源的直接配置和对微观经济活动的直接干预，推动国有资本更多投向关系国计民生的重要领域和关系国家经济命脉、科技、国防、安全等的领域；对处于充分竞争领域的国有经济，则通过资本化、证券化等方式优化国有资本配置，提高国有资本收益。其后，为落实中央关于营造更好发展环境支持民营企业改革发展的政策目标，国家发展改革委等多部门于2020年10月出台《关于支持民营企业加快改革发展与转型升级的实施意见》，提出应对新冠肺炎疫情影响，激发民营企业活力和创造力，进一步为民营企业发展创造公平竞争环境。

（一）国企改革呈现管好与放活双重逻辑

自2015年国企改革启动以来，对国有企业的治理发生了显著转变。传统的国企治理呈现出行政型治理的特点，很多内部职能由外部主体来承担。而在经济新常态下，国企治理有了新的特点，从以“管好”为主旨的行政型治理转向了以“放活”为主旨的经济型治理：对于国企，除了管好，还要放活，在加强监管的同时还要提高国有资本的配置效率。

1. 管好：完善国有资产监督管理制度体系。

近年来，全国人大常委会多次就国有资产管理听取国务院专项工作报告，人大国有资产监督职能不断增强。报告主要围绕国务院国资委管理的企业国有资产管理情况，还没有完全覆盖其他企业国有资产，特别是金融企业国有资产。行政事业性国有资产、国有自然资源等国有资产管理情况，尚未列入制度化的报告范畴。2017年12月，《中共中央关于建立国务院向全国人大常委会报告国有资产管理情况制度的意见》（以下简称《报告制度》）出台，以贯彻党的十八届三中全会部署，加强人大对国有资产监督职能，进一步夯实党和国家对国有资产进行有效管理的基础。

首先，《报告制度》明确规定，国务院每年向全国人大常委会报告国有资产管理情况，并对报告框架、报告重点、审议程序、审议重点、组织保障等提出了明确要求。依据宪法和法律，国务院代表国家行使国有资产所有权并负有管理职责，全国人大及其常委会负有国有资产监督职责。

其次，摸清家底落实国有资产增值保值。《报告制度》对国有资产报告方式、报告重点、报告质量做出明确要求，提出算清全口径国有资产“明白账”，通过摸清国有资产家底，把国有资产保值增值的责任落到实处。《报告制度》要求国务院年度报告采取综合报告和专项报告相结合的方式。前者全面反映各类国有资产基本情况，后者分别反映企业国有资产（不含金融企业）、金融企业国有资产、行政事业性国有资产、国有自然资源等国有资产的管理情况。通过这种把所有的国有资产，无论是经营性的、行政事业性的，还是国有自然资源，最终都列入制度化的报告内容的方式，可以做到底数清楚、信息充分，有助于有效发挥人大国有资产监督职能。

最后，制度设计聚焦增强监督实效。《报告制度》强调增强制度的公开透明度，提高人大监督实效。关于审议程序的制度设计，在借鉴现有的法律规定确定审议程序的基础上，强化了监督力度。为进一步加大监督力度，《报告制度》规定，国务院要将全国人大常委会的审议意见分解细化到相关部门研究处理和整改，要健全问责机制，加大问责力度，对涉嫌违纪违法的依法依规严肃处理，并在6个月内向全国人大常委会报告研究处理情况以及存在问题整改和问责情况。总的来看，建立国务院向全国人大常委会报告国有资产管理情况制度，有利于实现人大国有资产监督的制度化、规范化，为加强国有资产管理和治理体系建设奠定坚实基础，将有助于提升国有资产管理的透明度和公信力。

遵循“管好”这一治理逻辑，为完善国有企业违规经营的追责体系，《国务院办公厅关于建立国有企业违规经营投资责任追究制度的意见》出台，明确了国有企业责任追究的范围，将集团管控、工程承包建设、改组改制、资金管理、转让产权、上市公司股权和资产、投资并购、购销管理、固定资产投资、风险管理等行为纳入调控范围，界定了资产损失的范围、经营者投资责任认定，以及对应的责任追究机制，根据损失的程度对相关责任人采取组织处理、扣减薪酬、禁入限制、纪律处分、移送司法机关等方式处理。国务院国有资产监督管理委员会则出台《中央企业违规经营投资责任追究实施办法（试行）》，进一步明确了中央企业违规经营投资责任追究的范围、处理、工作职责和工作程序，以及资产损失认定、责任认定。在此基础上，国务院国有资产监督管理委员会印发《关于做好中央企业违规经营投资责任追究工作体系建设有关事项的通知》（以下简称《追责通知》），从思想认识、分工负责、违规查处、工作方法、制度建设等方面来推动企业合规经营。在完善责任追究制度体系方面，《追责通知》要求，各中央企业要加快构建内容协调、流程清晰、配套完备、有效管用的责任追究制度体系，进一步完善重大决策评估、决策事项履职记录等规定，细化各类经营投资责任条款和清单，并且在有关外聘董事、职业经理人聘任合同中，要明确违规经营投资责任追究的原则要求。在违规问题线索查处方面，《追责通知》要求，各中央企业要违规必究，追责必严，切实增强国资监管法规制度和企业内部管理规定刚性约束。一要加大责任追究工作力度。二要强化责任追究工作指导监督。三要加强案例通报和有关信息公开。

2. 放活：改革国有资本授权经营体制。

在经济新常态下，如何放活国有企业，激发国有企业作为市场主体的活力，是国企改革的关键问题。对此，《国务院关于推进国有资本投资、运营公司改革试点的实施意见》（以下简称《试点意见》）发布，明确了改革试点的主要内容，对国有资本投资公司和资本运营公司的功能定位、组建方式、授权机制、治理结构、运行模式及监督与约束机制等做出全面规定。

第一，两种公司模式凸显资本运作功能定位。国有资本运作公司作为国有资产的直接出资人代表行使股东职责，其聚焦于资本而非生产经营，分为国有资本投资公司和国有资本运营公司两种类型。其中，国有资本投资公司的重点是以资本为纽带实现政府调控，尤其是通过投资、融资实现对战略性核心关键产业的培育、引导和带动。其投资对象侧重于公益类（基础设施、公共服务、国防等）和功能类（战略产业、科技创新、生态环境保护等）企业，体现更强的社会性、公共性。对此类公司的考核要兼顾公司战略执行和资本回报两个方面。而国有资本运营公司的重点是通过市场化运作的方式提高国有资本的流动性和运营效率，多涉及竞争类企业，更关注营利性，因此对其的考核注重国有资本流动和增值保值状况。

第二，两种授权模式适用不同范围。两种分别为“政府—国有资产监管机构—国有资本投资、运营公司”的国有资产监管机构授权模式和“政府—国有资本投资、运营公司”的政府直接授权模式。《试点意见》首次明确直接授权模式，意味着试点扩大到之前不属于国有资产监管机构的企业。前一种授权模式强调监管和责任，而直接授权模式下的公司可“自主开展”业务则显示了更大的活动空间。对直接授权模式公司的考核突出“落实国家战略和政策目标”，而不适用“国有资产保值增值”标准，因而此模式仅适用国有资本投资公司。

第三，三级结构理顺政企关系。“政府/国有资产监管机构—国有资本投资、运营公司—生产经营企业”的三级结构并非叠床架屋，而是减少行政干预的有益尝试，核心是厘清两两之间的权利义务边界和治理机制。一是两种授权模式下政府/国有资产监管机构对国有资本投资、运营公司的干预程度有所不同，但共同的倾向是政府仅作为出资人行使股东权益，限缩行政干预，落实董事会、经理层职权，同时提升参与治理能力。但从治理结构上看，由于执行董事、外部董事和董事长、副董事长均由政府/国有资产监管机构委派、指定，且外部董事在董事会中占多数，因而政府/国有资产监管机构仍保持着较大的干预空间。二是国有资本投资、运营公司对生产经营企业应是完全的市场治理行为，避免直接干预企业日常经营。这样，三级结构保障政府不再直接管理企业，从而有利于企业市场化主体地位的确立，有利于企业自主经营、提升效益和效率。三是就国有资本投资、运营公司本身的治理结构而言，原则是“国资姓党”，即对党负责、受党监督，党组织研究讨论是重大经营管理事项中董事会、经理层决策的前置程序；党组织不参与具体决策经营，董事会、经理层依法独立行使广泛职权；董事应强调职业性、专业性，经理层应经市场化选聘，避免行政力量干预；防止市场化运作下的内部人控制。

在前期试点的基础上，国务院出台《改革国有资本授权经营体制方案》（以下简称《授权方案》），强调把坚持和加强党的全面领导贯穿于改革的全过程和各方面，在具体的举措上体现出大放权、大监管、大建设三大特点。

第一个特点是大放权，由传统国资监管体制下的“管人、管事、管资产”模式，转变为“管资本”模式。就授权主体而言，《授权方案》将国家出资企业划分为国有资本投资、运营公司，其他商业类企业和公益类企业，重点围绕国有资本投资、运营公司实施放权授权，实现从“管人、管事、管资产”到清单管理的转变。《授权方案》还将依法应由企业自主经营决策的事项归位于企业，将延伸到子企业的管理事项原则上归位于一级企业，将配合承担的公共管理职能归位于相关政府部门和单位。授权放权内容包括3类：战略规划和主业管理，选人用人和股权激励，工资总额和重大财务事项管理。

第二个特点是大监管，在放活的同时还要管好国有企业，通过公司章程和事后的评估、监管、监督、责任追究等多维度实现国有资本规范运营。具体要求是，出资人代表机构对国企实施清单管理，应回归到股东身份，将监管事项和权责依法纳入公司章程，并严格依照公司章程行使权利、履行义务。对不同类型企业给予不同范围、不同程度的授权放权，要定期评估效果，采取扩大、调整或收回等措施动态调整。《授权方案》还提出搭建实时在线的国资监管平台，即通过信息技术、互联网、大数据等创新监管手段，整合包括产权、投资和财务等在内的信息系统，搭建联通出资人代表机构与企业的网络平台，实现监管信息系统全覆盖和实时在线监管。同时，通过“3 个区分”明确责任主体避免不敢行权，即：把因缺乏经验先行先试出现的失误与明知故犯行为区分开来，把国家尚无明确规定时的探索性试验与国家明令禁止后的有规不依行为区分开来，把为推动改革的无意过失与为谋取私利的故意行为区分开来。

第三个特点是大建设，加强治理，培养国有企业的行权能力。《授权方案》提出，要通过公司治理能力的完善、集团管控能力的优化、资本运作能力的提升与基础管理能力的夯实，确保国有企业对各项授权放权接得住、行得稳。

有效制衡的公司法人治理结构由各治理主体及其运行机制构成，股东会（权力机构，国有独资公司由出资人代表机构行使股东会职权）、董事会（决策机构）、经理层（执行机构）、监事会（监督机构）、党组织（领导核心和政治核心）等治理主体之间应划分清楚各自权责边界，明确各自权责清单和议事规则，确保各治理主体严格依照公司章程行使权利、履行义务。

集团管控就是母子公司管控，集团原则上应按照“管资本”的模式，根据集团定位和子公司发展情况，对子公司进行国资管理分类授权，并以国企股东的身份行权履责。《授权方案》首次列举了战略管控、财务管控、运营管控等国企集团管控模式。

《授权方案》高度重视提升国企资本运作能力，要求国有资本投资、运营公司以资本为纽带、以产权为基础开展国有资本运作，在所出资企业积极发展混合所有制，鼓励有条件的企业上市，引进战略投资者，增强股权运作、价值管理等能力。

国有企业作为市场经济中发挥着主导作用的主体，其功能的重要性不言而喻，因此激发其活力能为经济发展释放更多增长因素。在管好与放活相统一的治理逻辑下，国有企业在人事管理、经营范围、公司运作方式上有了更大自主权；与此同时，通过完善的评估体系与形成体系的追责机制，也能在放活国有企业的同时实现管好国有企业。可以说，放活与管好国有企业的治理逻辑，体现了中国培育具有全球竞争力的世界一流企业的新视野。

（二）政府频出新政助力民营经济脱困

改革开放 40 余年来，每当经济运行遇到阻力，企业经营出现困难，总会出现把国有经济与民营经济对立（“国进民退”）的论调。2020 年暴发的新冠肺炎疫情使这一说法再次成为焦点，“国进民退”的说法甚嚣尘上，主要原因还是民营企业出现了经营困难。然而，这一论调并不符合党和国家的一贯立场和政策。

1. 中央强调“国民共进”。

2018 年 11 月，中共中央政治局会议、民营企业座谈会就支持民营经济阐明立场和政策，驳斥“民营经济离场论”等错误论调，重申“两个毫不动摇”，并为民营经济发展中遇到的困难把脉，强调继续为非公有制经济发展营造良好环境和提供更多机会，为发展壮大民营经济创造有利条件。同期，国务院促进中小企业发展工作领导小组、国务院金融稳定发展委员会多次召开专题会议，研究部署促进民资发展具体举措。另外，2018 年 10 月，由中共中央统战部、全国工商联共同推荐宣传的“改革开放 40

年百名杰出民营企业家”名单发布，这是继《中共中央 国务院关于营造企业家健康成长环境 弘扬优秀企业家精神更好发挥企业家作用的意见》发布之后，政府鼓励支持民营企业家创新创业的又一重要举措。

对于国企收购民企的问题，国务院国有资产监督管理委员会回应，国企在资本市场上的运作是国企和民企之间一种正常的市场运作行为，是国企和民企互惠共赢的一种市场选择，不存在谁进谁退的问题，更不涉及意识形态。民企利润增长较低，面临经营困难，是由于美国发起的贸易战来袭，再加上发展转型升级，一些政策落实不到位，经济发展进入“三期叠加”，技术升级更快等。

要在市场竞争中实现优势互补，发挥好民企的管理弹性和国企的资源优势。例如，在国资收购民企的事件中，国资控股民企并不意味着民企离场。股权转让后，民企创始人团队往往保留部分股权，继续服务于公司，承担公司经营发展的责任。国企和民企之间的资本运作，不应是“谁进谁退”“此消彼长”的问题，相反，这应被当作是混合所有制的大胆试验，看看两种不同基因的结合，两种优势的发挥，是否能打开新的发展空间，共同做大产业蛋糕，开辟“国民共进”新局面。

2. 中央部署赋能民间资本。

2018 年 8 月，国务院常务会议部署以改革举措破除民间投资和民营经济发展障碍，激发市场活力，确保经济运行在合理期间。此次会议确立了民营资本“1 + 3”的发展模式，即一个基本原则和三大措施。一个基本原则，即坚持基本经济制度和“两个毫不动摇”。三大措施，即从三方面提高民间资本的发展水平。一是下更大力气降低民间资本进入重点领域的门槛，这有利于引进竞争机制，激发国有资本和民间资本的活力，从而缓解经济下行带来的压力。二是减少和取消阻碍民间投资进入养老、医疗等领域的附加条件，这有利于降低民间投资的成本，提高民间资本投资的积极性，增加民营企业的活跃度。三是帮助民营投资解决土地、资金、人才等方面难题，进一步落实好减税降费措施。

为帮助民营企业解决融资难、融资贵问题，中共中央办公厅、国务院办公厅印发《关于加强金融服务民营企业的若干意见》（以下简称《金服意见》），要求加强对民营企业的金融服务，实现各类所有制企业在融资方面得到平等待遇，确保民营企业的融资规模稳步扩大，融资效率明显提升，融资成本逐步下降并稳定在合理水平，民营企业特别是小微企业融资难、融资贵问题得到有效缓解，充分激发民营经济的活力和创造力。相关要点及措施包括：

第一，差别化货币信贷支持民企。《金服意见》提出，实施差别化货币信贷支持政策，鼓励金融机构增加民营企业、小微企业信贷投放，完善普惠金融定向降准政策；增加再贷款和再贴现额度，把支农支小再贷款和再贴现政策覆盖到包括民营银行在内的符合条件的各类金融机构；加大对民营企业票据融资支持力度，简化贴现业务流程，提高贴现融资效率，及时办理再贴现；加快出台非存款类放贷组织条例；支持民营银行和其他地方法人银行等中小银行发展，加快建设与民营中小微企业需求相匹配的金融服务体系；深化联合授信试点，鼓励银行与民营企业构建中长期银企关系。同时，发挥国家融资担保基金引领作用，推动各地政府性融资担保体系建设和业务合作。政府出资的融资担保机构应坚持准公共定位，不以营利为目的，逐步减少反担保等要求，对符合条件的可取消反担保。对民营企业和小微企业贷款规模增长快、户数占比高的商业银行，可提高风险分担比例和贷款合作额度。鼓励有条件的地方设立民营企业和小微企业贷款风险补偿专项资金、引导基金或信用保证基金，重点为首贷、转贷、续贷等提供增信服务。研究探索融资担保公司接入中国人民银行征信系统。

第二，加快民企上市、再融资审核进度。《金服意见》指出，要积极支持符合条件的民营企业扩大直接融资。完善股票发行和再融资制度，加快民营企业首发上市和再融资审核进度。深化上市公司并购重组体制机制改革。结合民营企业合理诉求，研究扩大定向可转债适用范围和发行规模。扩大创新创业债试点，支持非上市、非挂牌民营企业发行私募可转债。《金服意见》还提到要抓紧推进在上海证券交易所设立科创板并试点注册制。稳步推进新三板发行与交易制度改革，促进新三板成为创新型民营中小微企业融资的重要平台。支持民营企业债券发行，鼓励金融机构加大民营企业债券投资力度。对于新三板的定位，《金服意见》也进一步明确，促进新三板成为创新型民营中小微企业融资的重要平台，这将极大缓解新三板流动性较差、市场主体参与不积极的状况，也将进一步提升多层次资本市场服务经济的力度。

第三，研究取消险资股权投资范围。《金服意见》明确，研究取消保险资金开展财务性股权投资行业范围限制，规范实施战略性股权投资。聚焦民营企业融资增信环节，扩大信用保险和债券信用增进机构覆盖范围。引导和支持银行加快处置不良资产，将盘活资金重点投向民营企业。事实上，监管层一直在探索拓宽险资股权投资的范围。银保监会曾就《保险资金投资股权管理办法（征求意见稿）》公开征求意见，其中修订调整的主要内容是取消保险资金开展股权投资的行业范围限制，通过“负面清单 + 正面引导”机制提升保险资金服务实体经济的能力，要求保险公司综合考虑自身实际，自主审慎选择行业和企业类型，并加强股权投资能力和风险管控能力建设。吸引更多保险资金以多种方式参与资本市场投资能更好地巩固市场长期投资的基础，提振市场信心，有序化解股权质押风险，有利于支持优质上市公司和民营企业发展，为优质上市公司及其股东提供长期资金支持。

第四，培育天使投资、风险投资等股权融资。《金服意见》明确，积极推动地方各类股权融资规范发展。积极培育投资于民营科创企业的天使投资、风险投资等早期投资力量，抓紧完善进一步支持创投基金发展的税收政策。规范发展区域性股权市场，构建多元融资、多层细分的股权融资市场。鼓励地方政府大力开展民营企业股权融资辅导培训。

第五，化解上市公司股票质押风险。《金服意见》明确，从实际出发帮助遭遇风险事件的企业摆脱困境。加快实施民营企业债券融资支持工具和证券行业支持民营企业发展集合资产管理计划。研究支持民营企业股权融资，鼓励符合条件的私募基金管理人发起设立民营企业发展支持基金。支持资管产品、保险资金依法合规通过监管部门认可的私募股权基金等机构，参与化解处置民营上市公司股票质押风险。对暂时遇到困难的民营企业，金融机构要按照市场化、法治化原则，区别对待，分类采取支持处置措施。自民营企业股权质押风险暴露以来，地方政府、保险机构、商业银行、券商等各类主体都在积极帮助部分民企渡过难关。2018 年 10 月，银保监会发布《关于保险资产管理公司设立专项产品有关事项的通知》，允许保险资产管理公司设立专项产品，发挥保险资金长期稳健投资优势，参与化解上市公司股票质押流动性风险，为优质上市公司和民营企业提供长期融资支持，维护金融市场长期健康发展。

三、构建对外经济新格局

经过改革开放 40 余年，中国已成为世界第二大经济体，取得了被西方称为“中国奇迹”的历史性成就。依托改革开放，过去 40 多年间，中国与世界在深度融合中持续加大对外开放步伐。“十三五”时期，中国经济跻身世界前列，对世界经济增长的贡献率位居世界首位，经济规模、贸易规模和资本市场规模亦居世界前列。

中国对外开放水平不断提升，我国作为世界第一大货物贸易经济体，地位进一步巩固。即便在中美贸易战和新冠肺炎疫情背景下，中国仍然进一步扩大对外开放。中国尤其注重加强对外开放制度建设，范围覆盖自贸区建设及改革、知识产权、企业合规等新老问题，同时依托数字化技术，探索新型市场监管体系。此外，中国于2020年积极参与、推动《区域全面经济伙伴关系协定》签署，并与欧盟签订《中欧全面投资协定》，从而以更高的标准推动区域经济合作。

中国开拓世界市场能力更强，作为世界第二大吸引对外投资国，我国主动放宽市场准入限制，连续压减自贸试验区外资准入负面清单，以制度型开放推进构建更高水平开放型经济新体制。

21世纪已经开启第3个10年，曾为人类文明发展提供巨大动力的全球化浪潮，却遭遇了某种逆流的扰动和阻击。由美国单方面挑起的中美贸易战，其背后是数百年来迭出不绝的保护主义。新冠肺炎疫情的全球暴发更加剧了这一趋势。面对这股逆流，中国数年来一直明确表态支持全球自由贸易，也未改扩大开放的决心意志，近年来的多次宣言，进一步明确了中国新一轮对外开放的路线和重点。“双循环”新发展格局的提出更加体现了中国反对单边主义和保护主义的鲜明态度；而在与多国深化抗疫合作的过程中，中国始终恪守多边主义、坚持经济合作。根据世界银行统计，2000年，中国位居中低收入经济体行列，到2010年，中国人均国民收入达到4260美元，已进入中高收入经济体行列，中国改变了世界发展格局，带动世界发生了重大变化。中国在世界发展进程中显示了极强的追赶效应，我国综合国力迈上了新台阶，如期实现第一个百年奋斗目标，为“十四五”开局奠定了稳定的发展基础。

（一）推动形成开放新格局

2018年4月，习近平在博鳌亚洲论坛开幕式发表题为《开放共创繁

荣 创新引领未来》的主旨演讲。① 适逢中国改革开放40年这一重要时间节点，在中美贸易战的背景下，此次论坛上中国的态度备受全球关注。此次论坛向外界释放重要信号：中国将坚定而持续地拓展对外开放的广度与深度，构建多元、立体、健康的开放新格局。

围绕上述目标，中国从以下几个维度向世界表达新时代背景下中国对外开放政策。第一，大幅度放宽市场准入。在金融领域，加快保险行业开放进程，放宽外资金融机构设立限制，扩大外资金融机构在华业务范围，拓宽中外金融市场合作领域；在制造业领域，进一步放宽外资股比限制特别是汽车行业外资限制。第二，创造更有吸引力的投资环境。政府将不断简政放权，进一步激发市场活力，为促进市场在资源配置中起决定性作用提供保障，中国将加强同国际经贸规则对接，增强透明度，坚持依法办事，鼓励竞争、反对垄断。第三，加强知识产权保护。中国将重新组建国家知识产权局，加大执法力度，提高侵犯知识产权的违法成本，保护在华投资企业合法知识产权。第四，进一步扩大进口。中国将降低汽车进口关税，同时降低部分其他产品进口关税，加快加入世界贸易组织《政府采购协定》进程。第五，将“一带一路”打造成顺应经济全球化潮流的最广泛的国际合作平台，坚持开放共赢，构建人类命运共同体。

2019年11月，第二届中国国际进口博览会在上海国家会展中心开幕，习近平出席开幕式并发表讲话，提出“三点倡议”和“五项举措”。“三点倡议”包括：一是共建开放合作的世界经济，坚决反对保护主义、单边主义；二是共建开放创新的世界经济，各国应该加强创新合作，让创新源泉充分涌流；三是共建开放共享的世界经济，促进贸易和投资自由化便利化。“五项举措”则包括：一是继续扩大市场开放，进一步降低关税和制

---

① 习近平出席博鳌亚洲论坛年会开幕式并发表演讲［EB］．中国日报网，2018－04－11．

度性成本，培育一批进口贸易促进创新示范区；二是继续完善开放格局，加快推进海南自由贸易港建设，并将制定高质量发展新的国家战略；三是继续优化营商环境，放宽外资市场准入，继续缩减负面清单，增强知识产权民事和刑事司法保护力度；四是继续深化多双边合作，加快中欧投资协定、中日韩自由贸易协定、中国－海合会自由贸易协定谈判进程；五是继续推进共建“一带一路”，中国将秉持共商共建共享原则，推动共建“一带一路”高质量发展。①

2019 年 12 月，《中共中央 国务院关于推进贸易高质量发展的指导意见》（以下简称《指导意见》）发布，为建设开放型经济新体制擘画总体蓝图。《指导意见》是新形势下指导我国外贸质量变革、动力变革、效率变革，充分发挥外贸对国民经济发展全局重要作用的纲领性文件。《指导意见》明确提出贸易结构优化、效益提升、实力增强的总目标，主要有以下几方面特点：一是将新发展理念贯穿推进贸易高质量发展全过程，突出彰显“创新、协调、绿色、开放、共享”发展观念；二是将“五个优化”和“三项建设”作为推进贸易高质量发展的重要举措，即优化国际市场布局、国内区域布局、经营主体、商品结构和贸易方式，建设国家外贸转型升级基地、国际营销服务网络和贸易促进平台；三是将深化改革作为推进贸易高质量发展的强大引擎，推动外贸发展由要素驱动向创新驱动转变，由规模速度型向质量效益型转变，由以成本、价格优势为主向贸易竞争新优势转变；四是将进一步扩大开放作为推进贸易高质量发展的持久动力，充分发挥自由贸易示范区引领作用，加快形成立足周边、辐射“一带一路”、面向全球的高标准自由贸易区网络。

---

① 习近平在第二届中国国际进口博览会开幕式上的主旨演讲（全文）［EB］. 新华网，2019－11－05.

可以看到，中国经济发展正从出口主导型模式向消费主导型模式转型、从局部开放模式向全面开放模式转型、从直接投资模式向进口模式转型。以高水平对外开放促高质量经济发展，是中国今后一个时期的主要战略选择。在新的历史关口，中国将顺应世界经济发展的时代潮流，加强创新能力开放合作，形成陆海内外联动、东西双向互济的开放格局，推动中国迈向新的开放阶段，建设更高水平开放经济新体制，为构建人类命运共同体做出中国贡献。

（二）自贸区改革促开放型经济发展

党的十九大报告提出，推动形成全面开放新格局是建设现代化经济体系的基本要求，并强调“中国开放的大门不会关闭，只会越开越大”。全面统筹中国各区域对外开放格局，开创沿海、内陆、沿边地区对外开放新局面，加快建设若干个高水平的国际经济开放区，推进中国多地自贸区建设，加快推进自由贸易港建设，打造开放新高地。

1. 深化各地自贸区改革，优化投资进口环境。

第一，2018 年 5 月，《国务院关于做好自由贸易试验区第四批改革试点经验复制推广工作的通知》发布，肯定了广东（粤港澳大湾区合作示范区）、天津（京津冀协同发展示范区）、福建（深化两岸经济合作示范区）三大自由贸易试验区的试点经验，明确在全国范围或特定区域内复制推广的改革事项，总体涉及服务业、投资管理、贸易便利化、事中事后监管等多领域、多方面、多层次的内容。第二，国务院印发关于进一步深化广东、天津及福建三大自由贸易试验区的改革开放方案，在推广第一阶段经验的基础之上继续增加改革的深度。第三，国务院批复同意设立中国（海南）自由贸易试验区并印发《中国（海南）自由贸易试验区总体方案》，提出要发挥海南岛全岛试点的整体优势，紧紧围绕建设全面深化改革开放试验区、国家生态文明试验区、国际旅游消费中心和国家重大战略服务保障区，实行更加积极主动的开放战略，加快构建开放型经济新体制，打造高标准高质量自由贸易港，推动形成全面开放新格局，把海南打造成为我国面向太平洋和印度洋的重要对外开放门户。第四，国务院印发《中国（上海）自由贸易试验区临港新片区总体方案》，明确提出打造“更具国际市场影响力和竞争力的特殊经济功能区”，主动服务和融入国家重大战略，更好服务对外开放总体战略布局，力求进一步推动自贸试验区在改革开放的“深水区”中积极探索创新。

2018 年 11 月，《国务院关于支持自由贸易试验区深化改革创新若干措施的通知》（以下简称《通知》）发布，围绕自贸试验区建设发展需要，提出了 53 项针对性强、见效快的举措，主要表现为 4 个方面。一是营造优良投资环境。《通知》提出的放宽人才中介机构限制、放宽自贸试验区土地利用政策等 16 项举措中，土地政策是亮点。《通知》要求，编制下达全国土地利用计划时，考虑自贸试验区的实际情况，合理安排有关省（市）的用地计划；有关地方应优先支持自贸试验区建设，促进其健康有序发展。自贸试验区可以依据实际情况安排用地，为各地自贸试验区扩容留下了想象空间。二是提升贸易便利化水平。《通知》提出，支持有条件的自贸试验区研究和探索赋予国际铁路运单物权凭证功能，将铁路运单作为信用证议付票据，提高国际铁路货运联运水平；支持自贸试验区开展海关税款保证保险试点等 19 项举措。此次改革在国际贸易“单一视窗”现有的 12 项基本功能基础上，拓展航空、铁路仓单申报等新的功能，以满足自贸试验区新的发展需要，并加强与“一带一路”重点沿线国家互联互通、信息共享。三是推动金融创新服务实体经济。《通知》提出，简化保险分支机构审批，允许自贸试验区银行业金融机构办理人民币衍生业务等 12 项举措。此次改革在扩大个人境外投资市场的同时，吸引境外金融机构进入中国市场，拓宽了资产配置的渠道。四是推进人力资源先行先试。《通知》提出，增强企业用工灵活性、下放外资人才中介机构审批权限，制定港澳专业人才管理办法等6项举措。人力先行，吸引各领域专业人才，为自贸试验区的深化改革建设提供人才保障。

深化自贸区改革的核心在于制度创新。一方面，优化营商环境，赋予市场主体更为广泛的自主权，激发创新活力；另一方面，转变政府职能，即提升治理能力现代化水平，以服务促发展。改革的基本途径在于积极主动参与国际竞争。在贸易保护主义愈演愈烈的国际环境中，“化被动为主动”是扭转我国当下不利局面的战略选择。为了最终构建开放型经济体制，提升我国参与全球经济治理的影响力与话语权，要将新的制度框架作为一项长期的工程来稳步搭建，以实现长远的综合性目标。全面拓展对外开放的广度和深度，自贸区改革经验推广及深化的过程亦是我国对外开放政策不断成熟的过程。政策先行，倒逼制度的自我更新与完善，再引水入渠，以既有经验教训指导各区域的开放实践，此路径立足于经济体制改革全局，颇具成效且相对稳妥。

2. 发展高质量开放型经济，掌握开放主动权。

对外开放本身不是目的，在信息技术革命的契机之下，发展高质量开放型经济，牢牢掌握开放主动权，是为了从根本上改善人民生活，解决人民日益增长的美好生活需要和不平衡不充分的发展之间的矛盾，建设现代化强国。

（三）外商投资政策宽松化与法治化

1. 实施外商投资负面清单制度。

实施外商投资负面清单制度，促进多种形式的开放，是中国构建对外经济新格局的一个重要举措。央行曾就外商投资支付机构的准入规则和监管要求做出规定，明确外资机构进入中国市场享受“国民待遇”，从而加快了我国第三方支付市场对外开放的进程。

2019 年，国家发改委、商务部发布《外商投资准入特别管理措施（负面清单）（2019 年版）》、《自由贸易试验区外商投资准入特别管理措施（负面清单）（2019 年版）》和《鼓励外商投资产业目录（2019 年版）》（以下简称《鼓励目录》），又对一些相关文件做出了大量修订。

就两份清单而言，它们均进一步精简了清单内容，全国外资准入负面清单条目由 48 条减至 40 条，自贸试验区外资准入负面清单条目由 45 条减至 37 条。两份清单的主要变化有两方面。第一，推进服务业扩大对外开放：交通运输领域，取消国内船舶代理须由中方控股的限制；基础设施领域，取消 50 万人口以上城市燃气、热力管网须由中方控股的限制；文化领域，取消电影院、演出经纪机构须由中方控股的限制；增值电信领域，取消国内多方通信、存储转发、呼叫中心 3 项业务对外资的限制。第二，放宽农业、采矿业、制造业准入：农业领域，取消禁止外商投资野生动植物资源开发的规定；采矿业领域，取消石油天然气勘探开发限于合资、合作的限制，取消禁止外商投资钼、锡、锑、萤石勘查开采的规定；制造业领域，取消禁止外商投资宣纸、墨锭生产的规定。此次修订在政策上保持了一定的连续性、稳定性。

《鼓励目录》的总条目共 1108 条，其中全国目录 415 条，与 2018 年相比增加 67 条、修改 43 条；中西部目录 693 条，与 2018 年相比增加 54 条、修改 165 条。

2.《外商投资法》为外商投资提供法治保障。

过去较长一段时间内，我国有关外商投资的法律规范散见于以宪法为核心的法律、行政法规、地方性法规、政府规章及我国缔结和参加的国际条约中。1982 年宪法在其序言中明确宣示了开展对外经济交流活动的合法地位及利用外资应遵循的基本原则。1979 年 7 月五届人大二次会议通过的《中外合资经营企业法》是我国第一部规范外商投资的专门法律，此后全国人大又先后制定了《外资企业法》和《中外合作经营企业法》，这三者一度构成我国外商投资的主干法律。除此之外，国务院及外经贸部还分别制定了各自的实施条例（实施细则），《中华人民共和国民法通则》《中华人民共和国合同法》《中华人民共和国担保法》《中华人民共和国外汇管理条例》等法律、法规中也有规范外商投资行为的若干规定。随着改革开放进入新时期，中国吸引外资的力度进一步增加，中国对外开放水平的提高，不仅需要改变以往法规分散及地方化的状态，从而与国际法律体系接轨，而且需要营造法治化的市场环境。

2019 年 3 月，十三届全国人大第二次会议表决通过《中华人民共和国外商投资法》（以下简称《外商投资法》），实现了“三法合一”，从投资行为、保护与促进外资、国民待遇原则、覆盖外商投资实践 4 个方面为对外开放打造法治化的市场环境。与以往外资相关法律相比，《外商投资法》的创新之处在于，从企业组织法转型为投资行为法，更加强调对外商投资的促进和保护，全面落实内外资一视同仁的国民待遇原则以及更加周延地覆盖外商投资实践。①

① 宋微．读解《外商投资法》的四个角度［EB］．人民网，2019－03－15.

第三编　现代治理

全面建成小康社会，是建成社会主义现代化强国、实现中华民族伟大复兴的关键一步。这是中国处于社会主义初级阶段的核心发展任务。从邓小平1979年提出“小康之家”[①] 算起，中国实现从低收入国家到中等偏上收入国家的历史性跨越，并且根据联合国开发计划署（UNDP）发布的《2019年人类发展报告》，中国已进入“高人类发展水平”国家之列。

改革开放40多年来，中国社会结构发生了翻天覆地的变化。随着中国经济进入以创新、高质量等为特征的新时代，中国社会也焕发新的生机与活力，与此同时，社会矛盾呈现出高度复杂性。对于中国这样一个有着深厚历史传统的超大规模国家而言，推进国家治理现代化，不仅是面对高速流动、充满风险的现代信息社会所要承担的全新政治任务，也意味着一场深刻的社会革命。党的十八大以来，党在加强和创新社会治理方面取得了重大成就，续写了社会长期稳定的奇迹。

在此背景下，中国国家治理体系和治理能力现代化全面提速，并取得积极进展：

其一，实现了社会治理方式的历史性转变。更加突出党委领导和政府主导下的多元社会主体共同参与，强化人民群众在社会治理中的主体地位和首创精神，形成和健全党委领导、政府负责、民主协商、社会协同、公众参与、法制保障、科技支撑的社会治理体系。

经过事、权、责等多方面的改革调整，中央和地方关系在一定程度上得到融合。特别是在应对新冠肺炎疫情这样的突发性重大风险挑战的过程中，从中央到地方的各级党政机关、职能部门、群团组织实现了一体指挥和协同配合，政府力量、医护力量、企业力量、人民力量都被激发出来，汇聚成举国抗疫的制度优势。

① 党史声音日历——“小康社会”构想首次提出［EB］. 央广网，2021-12-06.

各级党委、政府积极推进社会治理方式创新，以信息化建设为基础不断推进社会治理网络化和智能化，使社会治理模式转向双向互动、从线下转向线上线下融合，从单纯的政府监管转向更加注重社会协同治理，使社会治理的社会化、法治化、智能化、专业化水平大幅度提升。

其二，构建全民共建共治共享的社会治理体系。突出城乡社区在社会治理中的基础作用，健全党组织领导的自治、法治、德治相结合的城乡基层治理体系，推动社会治理重心向基层下移，切实向基层放权赋能，并引导群团组织和社会组织融入社会治理大格局。

其三，创造了人民安居乐业、社会安定有序的良好局面，使广大人民群众的安全感和满意度不断提升，我国成为世界上最安全的国家之一。

其四，边疆治理在新时代背景下获得了新内涵，其在国家治理和国家发展中的作用更为凸显，未来的边疆治理仍将面临一系列新的挑战。如何在统筹国内国际两个大局的基础上，解决边疆治理和国家安全问题，需要更多实践智慧。

第九章 社会治理现代化

治理现代化是新时代中国的一项基础性课题。要建成社会主义现代化强国，首先就要实现国家治理的现代化。在治理现代化的诸多议题中，中央与地方关系、社会建设与治理、网络生态治理对应3种不同的治理空间，牵涉面广、矛盾点多、问题复杂，颇有挑战性。

首先，党的十八大以来的一项重要改革，就是理顺中央与地方关系，建立事权和支出责任相适应的制度，形成权责清晰、财力协调、区域均衡的中央和地方财政关系。在此基础上，以新一轮机构改革和财政事权与支出责任改革为主轴，中央和地方关系进入发展新阶段。

其次，治理现代化是否有效、能否提高人民群众的获得感和幸福感，最终要看在社会建设和社会治理层面如何落实。近年来，我国以脱贫攻坚、扫黑除恶、规范社会组织发展、促进人才流动、应对人口老龄化、建设健康中国、保障食品药品安全等为切入点，稳步推进社会建设，多元共治的社会治理格局初步形成。“十四五”规划把完善共建共治共享的社会治理制度，作为未来一个时期中国社会建设的基本方向。

最后，针对近年来互联网领域出现的诸多乱象，国家进一步明确网络治理思路，从多方面重塑网络生态，促进网络规范发展，整个互联网生态进入规范重塑的新阶段。这一轮以网络主权和网络安全为核心的网络治理及其制度化过程，将为我国网络空间建设与网络良性发展奠定基础。

一、通过改革理顺权责关系

党的十八大以后，如何正确处理中央与地方之间的关系，构成国家治理现代化的核心问题之一。党的十八届三中全会提出，要正确处理中央和地方、全局和局部、当前和长远的关系，正确对待利益格局调整，加强中央政府宏观调控职责和能力，加强地方政府公共服务、市场监管、社会管理、环境保护等职责，建立事权和支出责任相适应的制度。这标志着在全面深化改革进程中，如何处理中央与地方关系，已成为一个影响改革全局的重大问题，需要更好发挥中央与地方“两个积极性”，更好发挥各自优势，更好履行各自职能，更好实现国家治理与地方治理。随后，《国务院关于改革和完善中央对地方转移支付制度的意见》印发，对中央适度集权、控制转移支付予以明确。党的十八届四中全会提出，要推进各级政府事权规范化、法律化，完善不同层级政府特别是中央和地方政府事权法律制度。2016 年 8 月，《国务院关于推进中央与地方财政事权和支出责任划分改革的指导意见》发布，明确了中央和地方关系改革的基本框架。党的十九大提出，要建立权责清晰、财力协调、区域均衡的中央和地方财政关系。

党的十九大以来，以新一轮机构改革和央地财政事权与支出责任改革为主轴，央地关系进入发展新阶段。此轮改革旨在健全充分发挥中央和地方两个积极性体制机制，优化政府间事权和财权划分，建立权责清晰、财力协调、区域均衡的中央和地方财政关系，形成稳定的各级政府事权、支出责任和财力相适应的制度，切实将制度优势转化为治理效能。

值得一提的是，2020 年初暴发的新冠肺炎疫情，曾使地方财政面临紧张态势，不仅财政收入降幅较大，而且新增减税降费又带来更大压力。

为缓解基层财政困难，2020年，中央新增1万亿元财政赤字，并发行1万亿元抗疫特别国债，这2万亿元全部转给地方，直达基层。按照2020年《政府工作报告》要求，中央建立特殊转移支付机制，资金直达市县基层、直接惠企利民，主要用于保就业、保基本民生、保市场主体，包括支持减税降费、减租降息、扩大消费和投资等，强化公共财政属性，决不允许截留挪用。2020年6月，国务院常务会议进一步明确上述2万亿元新增财政资金的目的，即支持地方落实帮扶受疫情冲击最大的中小微企业、个体工商户和困难群众的措施，加强公共卫生等基础设施建设和用于抗疫相关支出等。由此可见，中央在紧急状态下千方百计为地方及基层提供财政支持，让地方和基层更好地服务群众，这是制度优势的一个集中体现。

（一）中央和地方关系改革的三重面向

1. 巩固中央权威，适度加强中央的财政事权。

巩固和维护中央权威是改革的前提。以解决事权与支出责任的矛盾为例，改革不再延续之前事权下沉并通过转移支付实现事权与支出责任再平衡的路径，也没有通过财权和事权同步下沉来实现两者相匹配，而是上收事权，即加强中央事权，以此实现人（主体）、财（财税）、物（事权）均衡一致，压缩转移支付，逐步改变以往财权、事权脱节的状态。从2018年印发的《基本公共服务领域中央与地方共同财政事权和支出责任划分改革方案》和《医疗卫生领域中央与地方财政事权和支出责任划分改革方案》来看，中央的财政事权和支出责任都有较大幅度提高。例如，前一方案明确划定了央地共同财政事权范围，所涉及的多为民生、教育等原为一般性转移支付和专项转移支付安排的基本公共服务领域，将这些统一调整为共同财政事权，打破了地方政府对转移支付的高度依赖。在机构改革中，简政放权与适度集权构成一组动态关系。例如，新组建国家食品药品监督管理总局，弥补职能交叉的缺陷，改变权随利走的状况，遏制食品安全监管混乱的问题；2018 年国税、地税征管体制改革后，全国县乡国税、地税机构合并，税务机构实行垂直领导体制，在税源的重新分配过程中，强化中央税收权限，在此基础上再进行税收收入分配；新组建的中国银行保险监督管理委员会更加强调“中央金融监管为主导，地方监管作为有益补充”的原则，地方政府要在坚持金融管理主要基于中央事权的前提下，强化对地方金融监管工作的督促和指导。

2. 适度提升地方政府自主权。

地方政府是社会治理的前沿，必要的管理权限、充分的自主权是地方有效治理的基础。过去数十年来，中国各地方政府基于自主权进行地方发展和制度创新。着眼未来，尊重地方经验成果，赋予地方相应权能，能更好调动地方积极性。新一轮党和国家机构改革要求在进一步维护中央权威和集中统一领导的基础上，构建从中央到地方运行顺畅、充满活力、令行禁止的工作体系，解决央地事权不清晰、基层资源分配不足、权力滥用等问题。改革赋予省级及以下机构更多自主权，允许地方因地制宜设置机构和配置职能，为其留出政策空间，有利于朝着更好联系群众、增加政府服务性功能发展。而全国各个地方的机构改革，除“规定动作”外，还体现出鲜明的地方自主权。财政事权改革直接面向基层，量大面广，与当地居民密切相关，由地方提供基本公共服务更方便有效，这些事项都属于地方的财政事权范畴。在财政事权的“中央—地方—央地共同”三分结构中，减少并规范中央与地方共同财政事权，这也意味着地方财政事权的相应扩展。

近年来，基层治理也得到强化。基层是新型央地关系运作的末梢神经，也是社会治理的落脚点。一方面，新一轮机构改革特别要求加强基层政权建设、推动治理重心下移，要求基层政权机构设置和人力资源调配必须面向民众、符合基层特点，尽可能把资源、服务、管理放到基层，使基层有人、有权、有物，在确保权力不被滥用的同时，主动改进公共服务方式，最大限度方便民众。另一方面，针对检查频繁、问责滥用、压力“甩锅”、处处留痕、以材料论英雄、庸政懒政、典型速成、政策打架等基层治理中的症结，中央要求破除形式主义和官僚主义，切实为基层“减负”，鼓励基层治理创新，推动基层治理的规范化与科学化。

3. 优化调整中央与地方收入划分。

为进一步理顺中央与地方财政分配关系，支持地方政府落实减税降费政策、缓解财政运行困难，2019 年 9 月，国务院印发《实施更大规模减税降费后调整中央与地方收入划分改革推进方案》（以下简称《划分方案》）。按照保持财力格局总体稳定、建立更加均衡合理的分担机制、稳步推进健全地方税体系改革、增强地方应对更大规模减税降费能力的原则，《划分方案》明确 3 项改革措施。

一是保持增值税“五五分享”比例稳定。2016 年印发的《国务院关于印发全面推开营改增试点后调整中央与地方增值税收入划分过渡方案的通知》确定的 2—3 年过渡期到期后，继续保持增值税收入划分“五五分享”比例不变，即中央分享增值税的 50%、地方按税收缴纳地分享增值税的 50%。要进一步稳定社会预期，引导各地因地制宜发展优势产业，鼓励地方在经济发展中培育和拓展税源，增强地方财政“造血”功能，营造主动有为、竞相发展、实干兴业的环境。

二是调整并完善增值税留抵退税分担机制。建立增值税留抵退税长效机制，结合财政收入形势确定退税规模，并保持中央与地方“五五”分担比例不变。为缓解部分地区留抵退税压力，增值税留抵退税地方分担的部分（50%），由企业所在地全部负担（50%）调整为先负担 15%，其余 35% 暂由企业所在地一并垫付，再由各地按上年增值税分享额占比均衡分担，垫付多于应分担的部分由中央财政按月向企业所在地省级财政调库。合理确定省级以下退税分担机制，切实减轻基层财政压力。

三是后移消费税征收环节并稳步下划地方。按照健全地方税体系改革要求，在征管可控的前提下，将部分在生产（进口）环节征收的现行消费税品目逐步后移至批发或零售环节征收，拓展地方收入来源，引导地方改善消费环境。改革调整的存量部分核定基数，由地方上解中央，增量部分原则上将归属地方，确保中央与地方既有财力格局稳定。

（二）公共服务领域财政分权改革

中央与地方事权和支出责任划分是理顺政府间财政关系的前提和基础，是推进国家治理体系和治理能力现代化的重要方面。改革开放以来，中央与地方财政关系经历了从高度集中的统收统支到“分灶吃饭”、包干制，再到分税制财政体制的变化，财政事权和支出责任划分逐渐明确。

1. 基础公共服务领域。

继 2014 年出台《深化财税体制改革总体方案》、2016 年出台《国务院关于推进中央与地方财政事权和支出责任划分改革的指导意见》等改革文件后，国务院办公厅又于 2018 年印发《基本公共服务领域中央与地方共同财政事权和支出责任划分改革方案》（以下简称《公共服务方案》），改革范围限定在基本公共服务领域的共同财政事权，聚焦于 8 个大类共 18 项与人民群众基本生活和发展紧密相关的领域，体现了中央“兜住民生底线，提高基本公共服务的保障能力”的要求。

改革的要点在于：第一，以“人”为核心，明确基本公共服务领域中央与地方共同财政事权范围。《公共服务方案》将义务教育、学生资助、基本就业服务、基本养老保险、基本医疗保障、基本卫生计生、基本生活救助、基本住房保障等主要基本公共服务事项纳入中央与地方共同财政事权范围。这些事项涉及人民群众基本生活和发展需要，以人员或家庭为补助对象或分配依据，需要优先和重点保障。明确央地共同财政事权，有利于进一步明确各级政府的职责，推动解决中央与地方部分财政事权不够清晰明确、责任落实不到位，甚至相互推诿、扯皮等问题，促进财政事权划分的制度化、法治化、规范化。

第二，制定基本公共服务保障国家基础标准。为更好推进基本公共服务均等化，《公共服务方案》对具备条件的 9 项基本公共服务保障，参照财政保障或中央补助标准，制定国家基础标准。地方应确保已制定国家基础标准落实到位，可因地制宜制定高于国家基础标准的地区标准，对于暂未制定国家基础标准的事项，地方可结合实际制定地区标准，待具备条件后，由中央制定国家基础标准。

第三，规范支出责任的分担方式。根据《公共服务方案》，支出责任分担方式实行按比例分担，并保持基本稳定。中央对不同地区划分打破了以往简单按东、中、西确定的惯例，而是大体依据地方财力分档次确定分担比例，有利于打破固化的利益格局，更加公平地配置财政资源，为推进基本公共服务均等化打下坚实的基础。一是对基本公共卫生服务等 7 个事项实行中央分档分担办法，并将其分担比例适当简化和归并为 5 档。二是对义务教育公用经费保障等 6 个按比例分担、按项目分担或按标准定额补助的事项，暂按现行政策执行。三是对基本公共就业服务等 5 个事项，中央分担比例主要依据地方财力状况、保障对象数量等因素确定。

第四，调整完善转移支付制度。由于我国地区间差异较大，为了平衡地区财力差距，此次改革采取在一般性转移支付下设立共同财政事权分类分档转移支付。原则上将改革前一般性转移支付和专项转移支付安排的基本公共服务领域共同财政事权事项，统一纳入共同财政事权分类分档转移支付。

第五，推动省以下支出责任划分改革。《公共服务方案》提出，中央财政要加强对省以下共同财政事权和支出责任划分改革的指导；各省因地制宜，加强省级统筹规划，科学划分省以下各级政府支出责任。

2. 医疗卫生领域。

2018 年 8 月，国务院办公厅印发《医疗卫生领域中央与地方财政事权和支出责任划分改革方案》（以下简称《医疗方案》），明确了医疗卫生领域央地财政事权关系，旨在提高资金使用效益，提高基本医疗卫生服务的供给效率及水平。《医疗方案》主要就公共卫生、医疗保障、计划生育、能力建设等方面做了划分，具有如下特点：

第一，坚持政府主导，调整领域框架，重点领域中央权责有所强化。自 2009 年以来，中央强调医疗卫生服务体系的公益性与政府主导，以扭转市场化带来的公共资源配置困境，更有利于基层群众。《医疗方案》明确提出，坚持政府主导与发挥市场机制作用相结合。在涉及具体事项时，结合实际，对划分不合理且改革条件成熟的事项进行调整，保证了重点领域的“全国性”或“跨区域性”特征，中央财政事权和支出责任则在这些领域有所强化。

第二，因地制宜，制定分档分担方案。基本公共卫生服务等 6 个事项在《医疗方案》中被明确划分为中央与地方共同财政事权，对于其中的基本公共卫生服务、城乡居民基本医疗保险补助、计划生育扶助保障 3 项，《医疗方案》提出了分档分担的方案，全国共分为 5 档，中央财政对不同经济发展水平的省市负担不同的比例；而对于另外 3 项，也提出了结合工作任务量、绩效考核情况、地方财力状况等方面的要求，因地制宜，注重灵活性。

第三，完善配套机制，协同推进相关改革。此次医疗领域的财政改革或将为推动医改注入新活力。2016 年 7 月，国家发展改革委、国家卫生计生委、人力资源社会保障部、财政部下发《推进医疗服务价格改革的意见》，明确全面推进医疗服务价格改革，逐步建立以成本和收入结构变化为基础的价格动态调整机制，基本理顺医疗服务比价关系；2016 年 11 月，《国务院深化医药卫生体制改革领导小组关于进一步推广深化医药卫生体制改革经验的若干意见》发布，回顾新一轮医改进展，总结并大力推广各地典型经验，进一步巩固和扩大医改成果，推动医改向纵深发展。《医疗方案》强调，要将财政领域改革同医药卫生体制改革相结合、统筹推进，健全城乡居民基本医疗保险稳定可持续的筹资和报销比例调整机制，合理确定政府与个人分担比例，推动公立医院体制机制改革。

此外，《医疗方案》还提出了细化措施的要求，强调完善规章制度、完善省以下分担机制，加强区域间的协同处理，加大向困难地区的转移支付力度，同时避免过多增加基层政府支出压力。

财税制度改革是改革的基础，在宏观战略层面起重要作用，关乎全局。如何把握央地之间的平衡，在注重总体统筹安排的同时又激发地方积极性，以及消除制度性迁移的成本，仍是此次财税制度改革面临的重大挑战。如何界定政府与市场之间的关系，一直是医疗等民生领域的重点议题。2013 年以来，政府加大了向社会购买公共服务的力度，现已在全国基本建立比较完善的政府向社会力量购买服务的制度方案。但也必须意识到，资本是一把“双刃剑”，医疗领域因存在公共属性所以要限制私有资本进入，要防止把那些原本属于公共服务、具有公益属性的领域推向市场化。政府与社会关系的协调，不能突破民众对公共服务均等化、对社会公平正义的强烈期待这一底线。尽管就全国而言，以政府为主导的基调已经确立，但涉及具体地方时，如何细化措施，结合实际、掌握平衡仍是对地方政府的巨大考验。

（三）征税体制改革重回“国地合一”

国税系统与地税系统二分，源于 1994 年分税制改革。1994 年中央决定废除财政包干制度，实行分税制，核心是将税种分为中央税、地方税和共享税，建立相应的国税、地税征收系统，以及税收返还与转移支付制度。此后，两套征税机构的运行有效充实了中央财力，但也引发了征税成本过高、纳税人负担增加等问题，而自营业税改增值税改革以来，两套机构也面临权责和资源重新分配的问题。与此同时，为缓解财政压力，地方政府积极推行区域竞争，而产业实力突出的地区在转移支付、吸引投资等方面展现出更强的谈判能力，形成“马太效应”，反而加剧了地区发展的不平衡。2015 年 12 月，针对这一问题，中共中央办公厅、国务院办公厅印发《深化国税、地税征管体制改革方案》，明确国税和地税开展合作，可谓新一轮改革的先声。而中共中央办公厅、国务院办公厅于 2018 年 7 月印发的《国税地税征管体制改革方案》（以下简称《改革方案》），则揭开了自 1994 年以来又一次税制大变革的序幕，标志着我国迈向现代税收制度。此轮税制改革的重点体现在以下 4 个方面：国税、地税机构合并，调整国税、地税征管方式和内容，优化自然人纳税体制，建立现代税收信息系统。《改革方案》提出，将省级和省级以下国税、地税机构合并，承担所辖区域内税收、非税收入征管等职责；将基本养老保险费、基本医疗保险费、失业保险费等各项社会保险费交由税务部门统一征收。国税、地税机构合并后，实行以国家税务总局为主并与省（自治区、直辖市）政府双重领导管理体制，着力构建完善高效统一的税收征管体系。《改革方案》坚持为民、便民、利民原则，推出包括网上纳税在内的多样化方式，为纳税提供极大便利，全国性的税收信息服务系统的构建也将推动实现国税、地税的服务系统信息的有机融合，更好地提升税务部门的服务能力和效率。

此次改革，意味着分税制实施20多年后，中国征税体制又重回“国地合一”的局面。一方面，将地方收税权和属地管理的收费权交由国家统一行使，并由国家统筹调配税收等，必将增强中央对地方的话语权，由此催生的事权、责任等的重新界定将对地方政府和官员的行为模式产生深刻影响。收紧财权之后如何制定科学的划分方案，保障央地之间、地区之间的合理平衡，就成为关乎全局的关键。而机构合并所产生的资源整合、力量配备等问题，也需要多层级、多方面、多机构的协调推进。另一方面，机构合并和现代税收信息系统的构建有助于统一税制，维护税收权威，提升中央统筹能力，规范预算、决算制度，消除“应收不收”等乱象，但也不可避免地降低了税收弹性，使地方特点得不到恰当反映。

（四）专项债新政为地方扩大融资空间

地方债是地方政府筹措财政收入的一种重要形式，其收入列入地方政府预算，由地方政府安排调度。近些年来，地方债获得巨大扩容。地方债曾经主要在银行间市场发行，从2016年下半年开始，上海证券交易所开发的地方债发行专用系统经财政部批准运行，上海市财政局在该系统顺利招标发行300亿元地方债，拉开了地方债在交易所市场发行的帷幕。此后，财政部下发通知，鼓励具备条件的地区，研究推进通过深圳证券交易所政府债券发行系统发行地方债。上交所和深交所的加入，拓宽了发行渠道，丰富了投资人群体，为地方债的平稳发行和流动性的提高提供了保障，更有助于地方债朝着市场化迈进。2018年11月，中国人民银行、财政部和银保监会三部门联合发布《关于在全国银行间债券市场开展地方政府债券柜台业务的通知》，允许居民通过银行柜台购买地方债。地方债成为继记账式国债、政策性银行债和国家开发银行债后又一类可在银行间债券市场开展柜台业务的品种。

在政策支持下，专项债的发行和创新加快推进。一方面，国务院常务会议要求加快推进专项债发行使用，尽早发挥资金效益。政策支持导致新增专项债发行时间也大幅度提前。许多省相继发行专项债，资金迅速拨付到位，提高了财政资金配置效率和使用效益。另一方面，财政部出台一系列政策文件，不断拓宽资金用途，鼓励发展专项债创新方向，拓展地方政府专项债创新品种。2019 年 3 月，宁波市财政局、浙江省财政厅作为首批柜台发行者发行地方政府柜台债，个人和企业投资者购买地方债的起投额仅为 100 元。根据财政部的相关安排，四川、陕西、山东、北京等地作为首批试点也陆续开展了相关业务。从银行间市场到交易所市场，再到银行间市场，地方债发行不断扩容、逐步放开，如今已流入平常百姓家。

地方债发行呈现出诸多新特点：一是增加地方政府债券规模。二是加快地方政府债券发行使用进度。三是加大专项债券对稳投资促消费的支持力度，要求地方将专项债券资金重点用于急需资金支持的方面，优先用于解决在建项目"半拉子工程"、存量隐性债务项目、政府拖欠工程款等问题。四是严格执行国务院文件要求，加强管理，确保法定债券不出任何风险。

金额庞大的专项债是缓解地方基建投资压力的重要融资工具，其有专门的预算管理制度规范，是风险可控的融资工具，有利于地方审慎进行基建投资，减少隐性债务风险，已成为支持重大项目建设和补短板的一个重要选择。

（五）国务院建立养老金中央调剂制度

2018 年 6 月，《国务院关于建立企业职工基本养老保险基金中央调剂制度的通知》发布，国务院决定建立养老保险基金中央调剂制度。这意味着中国养老保险正式制度化地进入"富省"帮助"穷省"的时代。

1. 地区间抚养比差距促中央调剂制度出台。

过去一段时间，国内养老保险实行的是中央定目标和兜底、地方调剂和补差、基层统筹和担责、责任下行的层级运行机制。基本养老保险费由企业和被保险人按不同缴费比例共同缴纳。企业职工基本养老保险基金的收入来源有3个：一是企业职工基本养老保险费缴费收入，二是由财政补贴形成的收入，三是基金投资收益等其他收入，其中企业职工缴费收入是养老基金的主要收入来源。然而，随着人口老龄化速度加快，年轻劳动力由中西部向东部流动、不发达地区向发达地区流动，但退休人员的养老金发放责任并不因此而调整，从而导致人口流出地区的青壮劳动力给流入地区的退休职工养老。一些省份出现基金当期收支缺口，与此形成对比的是，广东、北京、江苏、浙江等省（市）基金累计结余均超过千亿元，在这一“贫富不均”的背景下，中央通过建立中央调剂制度，以平衡地区间抚养比、养老资金池规模、养老支付压力。

2. 从中央调剂到全国统筹。

经过多年努力，我国基本养老保险基金逐步实行全国统筹，这意味着，未来养老金的缴费将由中央来管理，支出兜底也由中央来管理。

3. 养老金问题的解决离不开社会系统工程的建构。

我们注意到，养老基金不平衡的省份多是老工业基地，人口老龄化问题特别严重。而解决人口老龄化问题的根本途径，还在于提高生育率。但2016年“全面二孩”政策开始执行后的几年，全国生育率不升反降。面对紧张的工作环境、抚养孩子的高额成本以及婚姻状况的不稳定，许多年轻人对生育二孩有心无力。面对这种情况，2021年7月20日，《中共中央 国务院关于优化生育政策促进人口长期均衡发展的决定》发布，提出实施三孩生育政策及配套支持措施，具体包括：实施一对夫妻可以生育3个子女政策，取消社会抚养费，清理和废止相关处罚规定，配套实施积极生育支持措施等。然而，低生育率并未得到扭转，根据国家统计局发布的数据，2021 年末，全国人口总数为 141260 万，比 2020 年末增加 48 万；2021 年人口自然增长率为 0.34‰，比 2020 年下降 1.11 个千分点；育龄妇女人数持续减少，2021 年育龄妇女总数和生育率继续下降。显然，“二孩”“三孩”政策面临着巨大的现实挑战，前景与收效都尚不明朗。

鉴于以上情况，养老金收支不平衡的问题不能仅从养老金本身着手解决，还要注意与之紧密相连的其他社会问题，比如怀孕女性的工作待遇与机会问题、生育带来的经济压力问题、婴幼儿抚养的社会成本问题等。这一系列问题需要有一个良性的社会生态循环系统予以吸纳消解，也应当有与这一系统工程相适应的一系列配套制度。

二、筑实治理现代化的根基

中国要实现社会主义现代化，一个很重要的基点是实现国家治理体系和治理能力现代化。党的十八大之后，中国在向改革的深水区进军时，在现代化治理方面实现了从局部探索、破冰突围到系统集成、全面深化的转变，并提出了分 3 个阶段实现“坚持和完善中国特色社会主义制度、推进国家治理体系和治理能力现代化的总体目标”。党的十九大以来，面对严峻的国内外形势，中国以脱贫攻坚、扫黑除恶、规范社会组织发展、促进人才流动、应对人口老龄化、建设健康中国、保障食品药品安全等为切入点，在推进社会公平、防范社会风险、完善治理格局、回应民生关切、促进社会流动、促进医疗卫生事业发展等多方面取得积极进展。总的来看，社会建设得以稳步推进，治理现代化的根基更加坚实，多元共治的现代社会治理格局初步形成。

其中最突出的进展有：其一，决战脱贫攻坚取得决定性胜利，全面建成小康社会取得历史性成就。党的十八大以来，中国拉开了新时代脱贫攻坚的序幕。党的十九大把精准脱贫作为三大攻坚战之一进行全面部署，聚力攻克深度贫困堡垒，决战脱贫攻坚。习近平于 2021 年 2 月全国脱贫攻坚总结表彰大会上庄严宣告，经过全党全国各族人民共同努力，在迎来中国共产党成立 100 周年的重要时刻，我国脱贫攻坚战取得了全面胜利，现行标准下 9899 万农村贫困人口全部脱贫，832 个贫困县全部摘帽，12.8 万个贫困村全部出列，区域性整体贫困得到解决，完成了消除绝对贫困的艰巨任务，创造了又一个彪炳史册的人间奇迹。[①] 2021 年十三届全国人大第四次会议表决通过的《中华人民共和国国民经济和社会发展第十四个五年规划和 2035 年远景目标纲要》（“十四五”规划纲要）指出，脱贫摘帽不是终点，而是新生活、新奋斗的起点。下一步，如何巩固和拓展脱贫攻坚成果，守住防止规模性返贫底线，任务依然艰巨。其二，全面开展扫黑除恶专项斗争，社会安全感显著提升。2020 年初，中央政法工作会议提出，把维护国家政治安全放在第一位，着力推进市域社会治理现代化试点，努力建设更高水平的平安中国和法治中国。这一年，扫黑除恶专项斗争顺利收官。这场“人民战争”把扫黑除恶和基层反腐、基层组织建设结合起来，有力打击威慑黑恶势力，形成了压倒性态势，也为维护社会治安形成了长效机制。此后，全国政法队伍教育整顿于 2021 年全面铺开。其三，全力应对新冠肺炎疫情，举国抗疫取得重大战略成果。党的集中统一领导、各级组织群策群力、人民群众团结互助、公立医院“一方有难、八方支援”，汇聚成抗击疫情的强大力量。抗疫的胜利，充分体现了中国在社会建设和社会治理方面的制度优势。其四，社会领域体制机制改革分类推进，为社会长远发展打下坚实基础。针对老龄化问题，有关商业保险、

① 习近平：在全国脱贫攻坚总结表彰大会上的讲话 [N]. 光明日报，2021-02-26.

养老机构及老年人运用智能技术困难等方面政策陆续出台；配合城镇化战略，户籍制度改革进一步深化，促进了城乡劳动力要素的有序流动和有效配置；聚焦打造健康中国，医疗领域改革持续展开，降低了人民群众因病致贫、因病返贫的可能。

2021 年通过的“十四五”规划明确了未来一个时期中国社会建设的方向，即加强和创新社会治理，完善共建共治共享的社会治理制度。面向未来，如何推进社会治理创新，构建人人有责、人人尽责、人人享有的社会治理共同体，依然任重道远。

（一）中国实现脱贫攻坚三年冲刺目标

我国扶贫举措经历了农村集中贫困地区的体制改革下救济式扶贫（1978—1985 年），贫困县的开发式扶贫制度和八七扶贫攻坚（1986—2000 年），贫困村的“大扶贫”格局形成和发展（2001—2013 年），贫困户的脱贫攻坚和精准扶贫（2014—2018 年）4 个阶段。2018 开始，我国进入精准脱贫攻坚冲刺阶段。2021 年，中央宣布，我国取得脱贫攻坚战全面胜利。

党的十八大以来，党中央把脱贫工作作为全面建成小康社会的底线任务和标志性指标，举全党全国全社会之力，采取超常规的举措，全面打响脱贫攻坚战，取得巨大成就。[①] 在 2015 年 11 月发布的《关于打赢脱贫攻坚战的决定》中，中央明确全面实施精准扶贫战略，即精准识别、精准帮扶、精准管理。2016 年 11 月，国务院印发《“十三五”脱贫攻坚规划》，明确了 2020 年必须实现的量化指标。2017 年 6 月，在深度贫困地区脱贫

① 新闻办就《关于打赢脱贫攻坚战三年行动的指导意见》举行发布会［EB］. 中国政府网，2018 -09 -02.

攻坚座谈会上，习近平提出加快推进深度贫困地区脱贫攻坚①，中共中央办公厅、国务院办公厅随后印发《关于支援深度贫困地区脱贫攻坚的实施意见》。这也标志着中国进入整体脱贫的快车道。党的十九大以后，中国正式打响了精准脱贫攻坚战。

1. 中央部署打赢三年脱贫攻坚战。

2018 年 5 月 31 日，中共中央政治局召开会议，审议《关于打赢脱贫攻坚战三年行动的指导意见》（以下简称《指导意见》），要求确保至 2020 年在现行标准下实现农村贫困人口脱贫，消除绝对贫困；贫困县全部摘帽，解决区域性整体贫困，明确了各项工作的时间表和路线图。3 年内，全国将消除 3000 万左右农村贫困人口，实现贫困地区和贫困群众同全国一道进入全面小康社会，为实施乡村振兴战略打好基础。

第一，《指导意见》提出了打赢脱贫攻坚战三年行动工作要求：一是聚焦深度贫困地区和特殊贫困群体，着力改善贫困地区的发展条件，着力解决深度贫困地区群众的特殊困难。二是从包括加大产业扶贫力度在内的 10 个方面，强化各项到村到户到人的精准帮扶举措，并在水利、交通、电力与网络、人居环境方面完善基础设施。三是加强统筹协调，加强财政、金融、土地、人才和科技等各个方面的支撑保障，动员全社会力量合力攻坚。

第二，《指导意见》以“深度贫困地区与特殊贫困人群”作为脱贫攻坚对象，以“精准到户、提高质量”作为工作要求。特殊群体贫困程度深、减贫成本高、脱贫难度大，按照建档立卡的资料，当时贫困户中因病、因残致贫比例分别超过 40%、14%，65 岁以上的老年人比例超过 16%。对于农村这些特殊贫困群体，要从以开发式扶贫为主向坚持开发式

① 习近平：在深度贫困地区脱贫攻坚座谈会上的讲话［EB］. 新华网，2017－08－31.

和保障性扶贫相统筹转变，建立以社会保险、社会救助、社会福利制度为主体，以慈善帮扶、社工助力为辅助的综合保障体系。

第三，在提高脱贫质量方面，《指导意见》强调坚持原有的“两不愁、三保障”脱贫标准，落实精准扶贫、精准脱贫基础性工作，规范贫困户的识别、退出，加强建档立卡的动态管理，建立防止因病致贫返贫的长效保障机制，并坚持“脱贫不脱政策”。

第四，《指导意见》明确，要加强和改善党对脱贫攻坚工作的领导，进一步落实脱贫攻坚责任制，开展扶贫领域腐败和作风问题专项治理。它特别强调“行动”二字，每一项任务都有牵头部门、都有负责部门，其核心理念是帮助深度贫困地区和特殊贫困群体脱贫脱困，这是脱贫攻坚战取胜的关键。

2. 中组部密集选派厅官助力脱贫攻坚。

为保障扶贫战略有效开展，党的十八大以来，中央以能否承担起脱贫攻坚任务为重要标准，选派政治素质好、年富力强的各单位业务骨干至“西老革”地区挂职锻炼。各骨干的工作岗位安排紧紧围绕脱贫攻坚工作需要。干部多数到有国家扶贫开发工作重点县分布的市地州盟挂职。在脱贫攻坚进入啃硬骨头、攻坚拔寨的关键阶段，精准对口扶贫，要求挂职干部充分发挥自身特长和优势，科学谋划、推进脱贫攻坚各项工作，准确把握中央脱贫攻坚相关政策措施在贫困地的落实。2018 年初，在中央组织部、财政部、国务院扶贫办联合印发《关于聚焦脱贫攻坚 选派干部到西部地区、老工业基地和革命老区挂职锻炼的通知》后，中央组织部选派 283 名干部到西部地区、老工业基地和革命老区挂职锻炼。此次挂职干部多数到有国家扶贫开发工作重点县分布的市地州盟挂职，任市委常委、副市长职务，实地开展工作。中央还选派干部到西部地区、老工业基地和革命老区挂职，意在利用中央干部自身优势，保证因地制宜，为贫困地区找准路子、构建好的体制机制，在精准施策上出实招、在精准推进上下实功、在精准落地上见实效。

3. 以消费扶贫突破“发钱式”扶贫弊病。

2019 年 1 月，国务院办公厅印发《关于深入开展消费扶贫助力打赢脱贫攻坚战的指导意见》，强调消费扶贫对于打赢脱贫攻坚战的意义，明确推动消费扶贫的手段，并对有关部门与地方提出了相应任务要求，其要点有：第一，动员社会各界扩大贫困地区产品和服务消费。第二，拓宽贫困地区农产品流通和销售渠道。第三，全面提升贫困地区农产品供给水平和质量。第四，促进贫困地区休闲农业和乡村旅游提质升级。

总的来看，消费扶贫的意义在于突破“发钱式”的扶贫手段，以消费贫困地区产品或服务的方式帮扶脱贫，有助于形成贫困地区与消费地区的产业循环，达成消费扶贫体系健康运转。这一方式动员全社会力量、发挥市场经济特点并激发群众社会责任感，具有促进经济平衡与凝聚社会团结力量的双重作用。

（二）新一轮扫黑除恶剑指基层

过去一段时间以来，一些地方黑恶势力的滋生，已严重影响到民众的安全感，侵蚀社会和谐与政权稳定的根基。继 2018 年 1 月中共中央、国务院发出《关于开展扫黑除恶专项斗争的通知》，决定在全国开展扫黑除恶专项斗争后，最高人民法院、最高人民检察院、公安部、司法部联合印发《关于办理黑恶势力犯罪案件若干问题的指导意见》，中央政法工作会议、全国扫黑除恶专项斗争电视电话会议、全国公安厅局长会议、全国检察长会议、全国法院扫黑除恶专项斗争电视电话会议、全国律师行业党委会议等接连召开，政法系统自上而下发起总动员，誓将“坚决打赢这场为期三年的攻坚仗”，通过破解基层治理困局，进一步巩固执政基础。

第一，黑恶势力与贪腐问题盘根错节侵蚀政权稳定根基。新中国成立之初，政府即对遍布全国的黑社会帮派组织展开凌厉攻势，在短短4年内将其彻底肃清。改革开放以来，针对卷土重来的黑恶势力，中央先后于1983年、1996年、2000年发起全国性、大规模的打黑行动，取得显著成效，此后则致力于建立常态化的治理机制。针对国内黑恶势力新的发展态势，一方面，黑恶势力已从帮派化向公司化、企业化等表象合法的形式转变，从采砂、建筑等行业，转向物流、交通，再到非法高利放贷平台等领域。另一方面，伴随农村“空心化”、基层政权弱化等问题的出现，黑恶势力趁虚而入，在广大农村地区迅速蔓延。中央注重把打击黑恶势力同反腐肃贪、基层治理联系在一起加以处置，既抓涉黑组织，也抓后面的“保护伞”，为中国新一轮扫黑除恶专项行动确定了整体基调。

第二，此轮行动以重点依法打黑、强化基层反腐和政权建设为主线。从基层特别是农村切入，边扫、边治、边建，重点关注国家治理体系的神经末梢、政权组织的边缘、社会治理最为薄弱的地区、与普通大众距离最近的地方，重点铲除黑恶势力滋生的土壤。伴随中国法治的发展，保障人权、程序正义、罪刑相当等原则已成为共识。

第三，扫黑除恶的长远意义与实际效果。对于百姓而言，腐败“大老虎”或许遥远，而基层黑恶势力就在身边，这些势力如果不得到惩治，将极大地威胁民众生活和基本安全，由此侵蚀政权稳定的基础。对于新一代中国共产党人而言，仅靠体制内的规模化反腐，还不足以消除前进道路上的障碍，势必需要动员全社会，自上而下扫清长期存在的治理痼疾，形成强大合力。当然，在扫黑除恶的过程中，也应恪守法治原则，保证行动不走偏、不变形、不侵犯人权、不破坏法治。对一些黑恶势力把持的农村，不仅要扫黑除恶，更要及时稳妥地推进基层党组织建设，避免治理真空，杜绝新的“村霸”产生，以期真正实现基层社会的政通人和。

经过近3年努力，扫黑除恶行动取得显著成效。截至2020年8月底，全国累计打掉涉黑组织3347个、涉恶犯罪集团10564个，打掉的涉黑组织数量相当于专项斗争开展以前10年的总和，专项斗争5824名目标逃犯到案5512人，到案率达94.6%。与此同时，扫黑除恶也成为全面从严治党向基层延伸的重要战场。截至2020年10月底，全国共立案查处涉黑涉恶腐败及“保护伞”案件76627起，处理90171人，其中，厅级干部315人、处级干部4913人。在扫黑除恶的基础上，基层组织建设和基层治理体系也得以加强。

（三）政府疏堵并举规范社会组织发展

社区社会组织是由社区居民发起成立，在城乡社区开展为民服务、公益慈善、邻里互助、文体娱乐和农村生产技术服务等活动的社会组织。党的十九大报告明确提出，加强社区治理体系建设，推动社会治理重心向基层下移，发挥社会组织作用。2018年1月，《民政部关于大力培育发展社区社会组织的意见》（以下简称《意见》）印发，提出了培育发展社区社会组织的总体要求，明确了充分发挥社区社会组织积极作用的发展导向，是打造“共建共治共享”的社会治理格局的重要举措。为培育扶持社区社会组织更好承担社会职能，《意见》要求，要明确社会组织发展重点，加快发展生活服务类、公益慈善类和居民互助类社区社会组织；加大扶持力度，通过建立社区社会组织综合服务平台等多种扶持举措，着力解决社区社会组织的实际困难和发展需求；促进能力提升，加强人才培养，推动建立专业社会工作者与社区社会组织联系协作机制，加强社区社会组织能力建设。贯穿始终的，是要加强党对社区社会组织的领导，鼓励社区党员担任社区社会组织负责人，把符合条件的优秀人才吸引到党组织中，提供社区服务，提升居民参与度，培育社区文化，促进社区和谐。

长期以来，我国存在着大量非法社会组织。它是指未经民政部门登记擅自以社会组织名义开展活动的组织，以及被撤销登记后继续以社会组织名义开展活动的组织，还包括活动筹备期间开展筹备以外活动的社会组织。一些社会组织甚至打着国家旗号，冒用国家机关名义，甚至与部分公权力机关纠合，使得一般社会公众难辨真假，不仅造成经济损失，而且影响市场秩序，破坏公众对社会组织的信任。2018 年 2 月，民政部公布取缔了多家涉嫌非法的社会组织，其中不少还是“中字头”“国字号”的。与此同时，民政部门重点查处了社会团体的违规行为。另外，民政部还加大了对社会团体违反规定收取会费、强制收费、评比达标表彰收费等违规涉企收费行为的查处力度，对中国建筑业协会、中国城市规划协会、中国烹饪协会、中国有色金属建设协会、中国食品工业协会等多家社团违规涉企收费行为做出行政处罚，并向社会公示民政部直属单位和直管社会团体涉企收费、中介机构收费情况，促进社会组织健康有序发展。

社会组织是社会自治的重要力量和不可缺少的手段，自新中国成立以来，历次运动瓦解了旧中国遗留的乡绅、乡贤阶层，客观上有利于国家权力深入基层，有利于执政者和基层人民对话，中国社会因此具有巨大的动员力量，在国家建设、移风易俗方面取得一系列成就。但是，在市场经济体制下，基层治理呈现出了空白和边缘化的趋势，这是各类非法社会组织乱象纷呈的重要因素之一。在基层治理上，先扫黑除恶，再取缔非法社会组织，查处社会组织违法违规行为，进而引导培育合法的社会组织，属于“拔出毒草，种上庄稼”，是党在基层治理上的重要举措。

（四）多措并举应对人口老龄化

人口老龄化是我国当前及今后较长一段时期的基本国情。自 2000 年我国进入老龄化社会以来，老年人口数量和占总人口的比重持续增长，

2000 年至 2018 年，60 岁及以上老年人口从 1.26 亿增加到 2.49 亿，老年人口占总人口的比重从 10.2% 上升至 17.9% 。未来一段时间，老龄化程度还将持续加深。①

党的十九大报告提出，要积极应对人口老龄化，构建养老、孝老、敬老政策体系和社会环境，推进医养结合，加快老龄事业和产业发展。近年来，我国在积极应对人口老龄化方面取得了显著成效，但人口老龄化趋势不可逆转，有必要做出前瞻性的制度安排。

1. 应对人口老龄化中长期规划正式出台。

2019 年 11 月，中共中央、国务院正式印发《国家积极应对人口老龄化中长期规划》（以下简称《老龄规划》），明确了近期至 2022 年、中期至 2035 年、远期展望至 2050 年的积极应对人口老龄化的总体战略。《老龄规划》明确了应对人口老龄化的重要意义和战略目标，从 5 个方面部署了应对人口老龄化的具体工作任务。一是夯实应对人口老龄化的社会财富储备。通过扩大总量、优化结构、提高效益，实现经济发展与人口老龄化相适应。通过完善国民收入分配体系，优化政府、企业、居民之间的分配格局，稳步增加养老财富储备。健全更加公平更可持续的社会保障制度，持续提高全体人民的福祉水平。二是改善人口老龄化背景下的劳动力有效供给。一方面，通过提高出生人口素质、提升新增劳动力质量、构建老有所学的终身学习体系，提高我国人力资源整体素质；另一方面，要推进人力资源开发利用，实现更高质量和更加充分就业，确保积极应对人口老龄化的人力资源总量足、素质高。三是打造高质量的养老服务和产品供给体系。建立和完善综合、连续的老年健康服务体系。健全多层次养老服务体

---

① 坚持以人民为中心，积极应对人口老龄化——国家发展改革委负责人就《国家积极应对人口老龄化中长期规划》答记者问［EB］. 国务院网，2019－11－22.

系，多渠道、多领域扩大适老产品和服务供给，提升产品和服务质量。四是强化应对人口老龄化的科技创新能力。深入实施创新驱动发展战略，把技术创新作为积极应对人口老龄化的第一动力和战略支撑。提高老年服务科技化、信息化水平，加大老年健康科技支撑力度，加强老年辅助技术研发和应用。五是构建养老、孝老、敬老的社会环境。强化应对人口老龄化的法治环境，保障老年人合法权益。构建家庭支持体系，建设老年友好型社会，形成老年人、家庭、社会、政府共同参与的良好氛围。

值得注意的是，《老龄规划》提出，要走出一条中国特色应对人口老龄化的道路。我国老龄化规模之大、速度之快，世界范围内罕有，特殊的国情决定了必须探索出一条具有中国特色的积极应对人口老龄化的道路。对此，要充分发挥社会主义的制度优势，调动各方积极性，把应对老龄化社会的各项举措落到实处。

2. 国务院推出养老服务新举措。

2019 年 4 月，《国务院办公厅关于推进养老服务发展的意见》（以下简称《养老服务意见》）发布，提出具体措施推动养老服务工作，旨在打通和消除养老服务的一系列“堵点”和“痛点”，显著提高老年人及其子女的获得感、幸福感、安全感。其要点包括：一是增强老年人获得感。为解决老年人“住不起”“住不上”“住不好”等突出问题，明确提出要提供基本服务，建立健全长期照护服务体系，提升政府投入精准化水平，建立经济困难的高龄、失能老年人补贴制度；支持社会参与，营造尊老、敬老、孝老氛围；保护老年人合法权益，如扩大养老服务综合责任保险覆盖范围。二是扩大社会资本投资。针对养老服务举办主体普遍反映的“盈利难”“融资难”“用地难”等突出问题，明确进一步放宽行业准入，实行“一个窗口”办理；拓宽投融资渠道，促进融合创新发展，如推行居家、社区和机构养老融合发展；持续优化营商环境，如建立完善的养老领域产业统计监测制度。三是完善养老服务行业监管机制。提出完善工作机制，将养老服务政策落实情况纳入政府年度绩效考核范围；建立综合监管，推进养老服务领域社会信用体系建设，采取商业银行第三方存管方式确保资金管理使用安全，健全养老机构食品安全监管机制；完善标准体系，推行全国统一的养老服务等级评定与认证制度。四是提高养老服务队伍素质。明确提出建立完善的养老护理员职业技能等级认定和教育培训制度，大力推进养老服务业吸纳就业，建立养老服务褒扬机制。

总的来看，《养老服务意见》直面困扰养老服务业发展的各项难题，进一步明确了养老服务未来的发展方向和重要趋势，旨在探索依靠社会力量来发展普惠性养老的新模式，对于更好满足多样化、多层次的养老服务需求，提升老年人幸福感具有重要意义。

2019 年 5 月，国务院推出进一步促进社区养老和加快发展家政服务业的新措施，决定对养老、托幼、家政等社区家庭服务业加大税费优惠政策支持：至 2025 年底，对提供社区养老、托育、家政相关服务的收入免征增值税，并减按 90% 计入所得税应纳税所得额；对承受或提供房产、土地用于上述服务的，免征契税、房产税、城镇土地使用税和城市基础设施配套费、不动产登记费等税费；完善增值税加计抵减政策，进一步支持生活服务业发展；扩大员工制家政企业免征增值税适用范围。

为促进社区养老服务业发展，国务院还推出 4 项举措：一是加大社区养老服务设施有效供给。对老旧小区通过政府回购、租赁等补上养老设施欠账。新建小区按规定建设的养老设施移交政府后，要无偿或低偿用于社区养老服务。对企业、政府和事业单位腾退的用地、用房，适宜的要优先用于社区养老服务。二是放宽准入，引导社会力量广泛参与社区养老服务。鼓励发展具备全托、日托、上门服务等综合功能的社区养老机构，依托“互联网 +”提供“点菜式”就近便捷养老服务，支持连锁化、综合化、品牌化运营。三是建设专业化的养老服务队伍。按规定以财政补贴等方式，支持大范围开展养老服务人员培训，扩大普通高校、职业院校在这方面的人才培养规模，加快建设素质优良的专业队伍。四是优化财政支持养老服务业发展的支出结构。相关资金更多用于支持社区养老服务，整合高龄津贴、护理补贴等，集中补贴经济困难高龄、失能老人长期照护费用。

（五）国家推动人才社会性流动体制改革

改革开放以来，我国经济社会焕发出蓬勃生机，一个极为重要的因素就是人才流动激发出的巨大活力。然而，当前我国劳动力、人才社会性流动还存在一些体制机制方面的障碍，这与我国目前所处的经济社会发展阶段密切相关。促进劳动力和人才跨界流动，已成为新时代中国经济社会发展形势的客观需要。2019 年 12 月，中共中央办公厅、国务院办公厅印发《关于促进劳动力和人才社会性流动体制机制改革的意见》（以下简称《人才流动意见》），围绕创造流动机会、畅通流动渠道、扩展发展空间、兜牢社会底线做出顶层设计和制度安排。《人才流动意见》的出台，意味着我国长期以来倾向于人口稳定的户籍政策，在中央层面向鼓励和促进人口流动的方向做出了大幅度调整。

具体来看，《人才流动意见》提出的政策措施，涉及公共服务供给体制、户籍制度、劳动体制、技术体制、人事薪酬体制、教育体制和兜底机制等方面，首次构建了促进劳动力和人才社会性流动的政策体系框架。一是推动经济高质量发展，筑牢人才社会性流动基础。实施就业优先政策创造流动机会，推进创新创业创造激发人才流动动力，努力保障流动机会数量增多、质量提高、更加均衡，推动人才社会性流动顺畅有序。二是畅通有序流动渠道，激发人才社会性流动活力。以户籍制度和公共服务牵引区域流动，要求全面取消城区常住人口300万以下的城市落户限制，全面放宽城区常住人口300万至500万的大城市落户条件，完善超大城市积分落户政策，尤其是消除对随迁子女的义务教育限制。社会流动的前提是有就业机会，《人才流动意见》清楚地表明，为了破除制度障碍，要实施就业优先政策，确保流动人口有业可就，使得人们可以选择更多的就业机会。三是完善评价激励机制，拓展人才社会性流动空间。科学合理的评价体系和积极正向的激励机制，是促进人才社会性流动的催化剂。《人才流动意见》提出拓宽技术技能人才上升通道、拓展基层人员发展空间、加大对基层一线奖励激励力度等举措。四是健全兜底保障机制，阻断贫困代际传递。强化兜底保障，是政府政策的重要发力点。通过夯实社会保障制度，保障起点公平，实施公平就业以及社会救助政策，提高困难群体的就业和流动能力，为其配偶和子女提供向上流动的机会和条件。

《人才流动意见》在以往政策基础上更为全面系统地提出了破除劳动力和人才社会性流动障碍的措施，具有很强的针对性和实用性。其中，“改革户籍制度与降低落户门槛”和“让人才获得充分的成长条件，得到公平、合理的使用”，是两大亮点。但也要看到，户籍制度改革需要其他配套措施，公共服务均等化就是最重要的前提条件。

（六）健康中国和体育强国行动路线

1. 国务院确定“健康中国”行动路线图。

新中国成立后特别是改革开放以来，我国卫生健康事业获得了长足发展，居民主要健康指标总体高于中高收入国家平均水平。随着工业化、城镇化、人口老龄化进程加快，居民不健康生活方式比较普遍，由此引起的疾病问题日益突出，同时重大传染病防控形势仍然严峻，精神卫生、职业健康、地方病等方面问题不容忽视。为积极有效应对当前突出健康问题，必须将以治病为中心的思路改为以预防为中心，聚焦重大疾病和突出问题，实施疾病预防和健康促进的中长期行动，健全全社会以预防为主的制度体系，努力使群众不生病、少生病，提高生活质量。就此问题，2016年10月，国务院印发《“健康中国2030”规划纲要》，提出了推进健康中国建设的目标和任务。为了进一步落实上述纲要，2019年7月，国务院办公厅印发《国务院关于实施健康中国行动的意见》、《健康中国行动组织实施和考核方案》和《健康中国行动（2019—2030年）》，为实施健康中国战略绘就了“路线图”和“施工图”。依托全国爱国卫生运动委员会，国家层面成立了健康中国行动推进委员会，统筹推进健康中国建设任务的组织实施、监测和考核等相关工作。健康中国行动以统计数据为基础，通过完善的统计监测体系，依托互联网和大数据，对主要指标、重点任务的实施进度进行年度监测。监测内容主要包括：15项专项行动主要指标（包括结果性指标、个人和社会倡导性指标、政府工作性指标等）的年度完成情况，专项行动目标实现情况，个人、社会和政府各项任务的落实情况。主要健康指标被纳入政府绩效考核指标，其结果是领导干部综合考核评价、干部奖惩使用的重要参考。这种将健康指标与各级党委、政府绩效挂钩的做法，虽在短期内可以调动官员积极性，促进健康中国行动的贯彻落实，但从长期来看，要真正推动国民健康水平的提升，还需要更具可持续性的举措。

国家注重动员社会力量参与卫生医疗事业发展，发挥市场在健康中国建设中的作用。继2017年《国务院办公厅关于支持社会力量提供多层次多样化医疗服务的意见》《国务院办公厅关于进一步激发社会领域投资活力的意见》等重要政策文件出台之后，广东、陕西、湖北等地相继推出政策，降低准入门槛、简化审批流程、加强发展指导，积极引导社会力量进入医疗领域。“国家队”、“地方队”、互联网巨头、专业医疗投资机构等纷纷响应“健康中国”战略，布局大健康产业。在政策支持、资本助推、医生自由执业等因素作用下，民营医院、诊所、第三方独立医疗机构、健康管理机构、互联网医院等多种形态的社会办医蓬勃发展，民营医院数量增加，就诊人数快速提高。

2. 首部卫生健康“基本法”出台。

长期以来，我国医疗卫生与健康领域形成了精神卫生法、医师法、献血法等不同门类的法律，但并无卫生健康领域的基础性法律。2019 年 12 月 28 日，十三届全国人大常委会第十五次审议通过《中华人民共和国基本医疗卫生与健康促进法》（以下简称《卫健法》）。《卫健法》作为我国卫生健康领域首部基础性、综合性法律，将统领现行十余部专门法律，并引领未来相关立法。《卫健法》在明确“实施健康中国战略、建立基本医疗卫生制度”等基本制度的同时，又对医患纠纷、特种药品需求等现实问题予以明确回应，主要有三大亮点。一是明确“公益性”原则。作为新一轮医药卫生体制改革得出的最重要改革经验，其最重要的价值就是以立法形式明确医疗卫生事业必须具有公益性，医疗卫生服务必须以公民健康为目的。该原则以立法形式确立，使得宪法保障的公民健康权利首次有了明确界定和实施蓝图。各级人民政府应当把人民健康放在优先发展的战略地位，将健康理念融入各项政策制定及执行过程中。《卫健法》还首次以立法形式设立了健康影响评估制度，将公民主要健康指标的改善情况纳入政府目标责任考核范畴。二是全力推进“强基层”。“以基层为重点”是新时期我国卫生与健康工作总方针中的一项，“强基层”是《卫健法》一个非常重要的着力点。《卫健法》分别从医疗机构配置、分级诊疗医疗服务下沉、医疗卫生人才建设、边远贫困地区保障 4 个方面对促进基层医疗卫生发展做了详细的规定。在“物”的方面，强调在规划制定和医疗资源配置方面以基层为重点，对加强基层尤其是艰苦偏远地区的医疗卫生服务和公共服务的重要作用不言而喻；在“人”的方面，强调建立医疗卫生人员定期到基层和艰苦边远地区从事医疗卫生工作的制度及乡村医生“县乡村”上下贯通的职业发展机制。三是强调“大健康”理念。《卫健法》体现出对基本国情和现实挑战的考量，强调“大健康”和“预防为主”的理念。其设立“健康促进”专章，明确个人、政府和社会的健康防病责任，提出建立国民健康教育制度，包括将健康教育纳入国民教育体系、建立健康知识和技能核心发布制度，等等。

总的来看，《卫健法》内容全面广泛，涉及医疗卫生领域的各个方面，势必对我国医药生产、医药流通、医疗服务、健康养老等行业产生重大而深远的影响。但是作为基础性和综合性的法律，《卫健法》的条文和规定仍需要在广泛的司法实践中加以明确和落实。

3. 国务院办公厅发文部署体育强国建设。

近年来，我国体育改革全面深化，体育公共服务水平不断提升，全民健身蓬勃发展，竞技体育成绩显著，体育产业日益壮大，同时成功举办2022年北京冬奥会，体育事业取得长足发展。然而，与建设世界体育强国的要求相比，我国体育发展不平衡不充分的问题依然突出。2019年9月，国务院办公厅印发《体育强国建设纲要》，在宏观层面明确了加快推进体育强国建设的政策安排，要求充分发挥体育在建设社会主义现代化强国新征程中的重要作用。其要点有：第一，明确体育强国建设的三阶段战略目标。到2020年，建立与全面建成小康社会相适应的体育发展新机制；到2035年，形成政府主导有力、社会规范有序、市场充满活力、人民积极参与、社会组织健康发展、公共服务完善、与基本实现现代化相适应的体育发展新格局，体育治理体系和治理能力实现现代化；到2050年，全面建成社会主义现代化体育强国，人民身体素养和健康水平、体育综合实力和国际影响力居于世界前列，体育成为中华民族伟大复兴的一个标志性事业。第二，提出体育强国建设的五大战略任务，即：落实全民健身国家战略，助力健康中国建设；提升竞技体育综合实力，增强为国争光能力；加快发展体育产业，培育经济转型新动能；促进体育文化繁荣发展，弘扬中华体育精神；加强对外和对港澳台体育交流，服务大国特色外交和“一国两制”事业。第三，确定了体育强国建设的九大工程项目，即体育场地设施建设工程、全民健身活动普及工程、青少年体育发展促进工程、国家体育训练体系构建工程、科技助力奥运工程、体育产业升级工程、体育文化建设工程、体育志愿服务工程、体育社会组织建设工程。

三、从乱象整治到网络业态重塑

党的十八大以来，网络治理受到高度重视，以网络主权和网络安全为核心的治理理念贯穿于网络治理实践的全过程。由此引发的数轮大规模网络整治行动以及一系列立法建制，都为中国网络空间的良性发展奠定了基础。然而近年来，网络乱象仍有大量残余，例如网络谣言、网络极端思潮、网络涉黄涉赌、网络恶俗文化、网络诈骗、非法网站等问题依然突出；同时，这些乱象借助微信公众号、网络直播平台、网络搜索引擎、手机应用软件、网络游戏程序等传播渠道或内容载体滋生出新的变异形式，有的则发展出产业链，使得整个网络乃至社会环境呈现泛娱乐化、低俗化的走向。另外，随着大众创业、万众创新的政策导向深入人心，“互联网+”思维得到广泛应用，催生了电商、共享经济、互联网金融等新业态。这些业态创新使不少传统产业找到了新的发展方向，极大地激发了市场的活力，但也隐含着一定的风险。特别是一些大型互联网平台发展迅猛，使得平台经济成为中国经济的一道新景观，但在发展过程中，平台经济出现了一些“不健康”迹象，使其发展前景蒙上了一层阴影。在这样的背景下，国家进一步明确网络治理思路，从多方面重塑网络生态，促进网络规范发展。

（一）高层定调新时代网信治理新思路

2018 年召开的全国网络安全和信息化工作会议，对于新时代中国网络发展和治理而言，有着重大的转折意义。这次会议确定了新时代网信治理思路，强调必须敏锐抓住信息化发展的历史机遇，自主创新推进网络强国建设。

新时代网信治理思路主要体现在：第一，坚持吸取成功经验，提高网络综合治理能力。在今后的网络治理中，必须坚持“中国特色治网之道”，形成党委领导、政府管理、企业履责、社会监督、网民自律等多主体参与，经济、法律、技术等多种手段相结合的综合治网格局。

第二，保障网络安全，维护人民群众合法权益。一是加强网络信息安全基础设施建设，防患于未然；二是落实关键信息基础设施防护责任，行业、企业作为相关运营者承担主体防护责任，主管部门履行好监管责任；三是依法严厉打击网络黑客、电信网络诈骗、侵犯公民个人隐私等违法犯罪行为；四是提高广大人民群众网络安全意识和防护技能。

第三，立足自主创新，推动信息领域核心技术突破。互联网核心技术是我国最大的“命门”，核心技术受制于人是我国最大的隐患。要把握好核心技术这一“国之重器”，最关键、最核心的技术一定要掌握在自己手里，自主创新，自立自强，加速推动信息领域核心技术突破。

第四，发挥信息化对经济、社会发展的引领作用。一是发展数字经济，推动产业数字化，促进互联网新技术新应用对传统产业全方位改造。二是推动互联网、大数据、人工智能和实体经济深度融合，加快制造业、农业、服务业数字化、网络化、智能化。三是支持互联网企业发展，加强引导与监管。四是推进政府工作公开化、数字化，提高效率，更好服务群众。

第五，坚持党的领导，开创网信事业新局面。做好网信工作，必须在党中央的统一领导下，把网络强国战略思想贯穿到网信工作各方面、诸环节。在此基础上，中国要主动参与网络空间国际治理进程，为全球互联网发展和治理贡献中国智慧和中国方案。

（二）多部门发起新一轮“净网行动”

近年来，国内监管部门密集发力，掀起新一轮净网行动：从出台微博管理制度，到责令微博整改“热搜榜”、督促微信整治违规公众号和小程序；从清理恶搞革命歌曲的网络视频及音乐、严查危害未成年人的网络动漫，到网络游戏市场迎来最严监管风暴；从清理网络直播平台，到联合整治娱乐八卦炒作、部署治理虚假网络广告，一系列行动旨在规制网络乱象、改善网络生态，反映出党的十九大后网络监管进一步从紧从严。

网络乱象频现变种形式，屡禁不绝。例如，一些新闻网络平台大量充斥着炒作明星绯闻和娱乐八卦等低俗内容，一些网络视频平台大量充斥着打着“儿童早教”旗号却充满色情、虐待、暴力色彩的“儿童邪典片”，不少恶搞历史经典的视频和音乐频频出现，涉嫌色情、赌博、暴力的网络游戏比比皆是，借助微商、微信小程序、网络广告等形式的网络售假和传销更是大行其道。这些从侧面折射出网络监管体系内部存在的腐败端倪，以及相应的选择性执法问题。网络监管无论在政治基调上还是在治理力度上，都到了必须全面强化的时候。

在此背景下，平台整治和内容整治双管齐下，净网执法与建制同步展开。净网行动包括从网络传播平台到传播内容的全方位整治，在集中执法和督促整改的同时，也注重建立和完善相应的监管制度。平台整治是强化对重点网络传播平台的规范监管，铲除低俗、恶俗信息的生存土壤，切断其传播途径。2018年2月，国家网信办公布《微博客信息服务管理规定》，专门就微博客服务提供者主体责任、真实身份信息认证、分级分类管理、辟谣机制、行业自律、社会监督及行政管理等做出18条细致规定。微信方面也开始自查，对歪曲党史国史类信息的公众号进行封号处理，并永久封禁976个“假货、高仿”及千余个“现金贷”小程序，处罚了3万多个涉赌账号。

内容整治是在传播内容上加以干预，重点筛查触犯政治法律底线、破坏公序良俗的意识形态内容、文娱产品和商业活动。全国扫黄打非工作小组办公室、文化部[①]先后要求监测和清查“儿童邪典片”并要求相关视频平台自查。文化部还要求排查清理针对红色经典及英雄人物的恶搞视频。在2018年2月国家网信办、文化部、公安部等六部门要求联合整治炒作明星绯闻隐私和娱乐八卦后，北京市网信办责令微博关停多个相关账号。对于网络游戏市场乱象，中宣部等八部门于2017年底联合印发《关于严格规范网络游戏市场管理的意见》，各部门各地区开展全面排查，仅公安系统即查处违法违规网络游戏应用程序数千款。

总体而言，国家网信办、全国扫黄打非工作小组办公室、文化部等监管部门的清查行动相对及时，但相较于传播速度如此之快的网络信息，其监管也存在一定滞后性。因此，在专项治理、强力监管的同时，也要督促各网络信息传播平台做好常态化自查，而司法惩治要及时跟上，网民也要发挥监督作用，从而共同抵制低俗、恶俗、虚假信息的传播。另外，要标本兼治。例如，恶搞红色经典的背后是泛滥的历史虚无主义，解决问题的

① 2018年3月，十三届全国人大第一次会议审议通过《国务院机构改革方案》，组建文化和旅游部，不再保留文化部。

关键还是要引导民众重拾对历史的认同感和敬畏之心，同时也要尽早出台明确何为“恶搞”以及相应惩处机制的法规或政策指引，从而在避免泛娱乐化解构红色传统和保护民众言论自由之间形成良性平衡。

（三）最高人民法院推进“依法治网”

1. 发布第一批涉互联网典型案例。

伴随互联网技术的迅猛发展，其在催生电商、共享经济、互联网金融等新业态的同时，也使得市场主体之间的纠纷向新的领域延伸，给司法实践带来了许多新问题。另外，因互联网技术具有极强的专业性，使得处理这些问题更具挑战，再加上各级法院对同类问题的处理不尽相同，一定程度上造成了司法的混乱。互联网技术的广泛应用还使各种新型网络侵权行为涌现，而其中的许多侵权行为在法律上尚无明确认定，司法实践中容易出现“同案不同判”，在给当事人带来困扰的同时，也降低了人们对法院的信任。因此，有必要通过树立典型案例，来统一司法裁判标准、规范司法裁判行为、推广行之有效的裁判经验，以化解互联网技术发展带来的新问题。

2018 年 8 月，最高人民法院发布了第一批涉互联网典型案例，包含涉互联网领域内的小额借款合同纠纷、网络购物合同纠纷、网络服务合同纠纷、隐私权纠纷、知识产权与竞争纠纷等多类型案件。① 这一方面有力回应了互联网技术发展给司法裁判带来的新问题、新挑战，另一方面也为各级法院审理相关案件提供了指引，有利于在规范审判行为的同时更好地保障当事人合法权益，促进涉互联网产业的健康有序发展。此次最高人民法院发布的第一批涉互联网典型案例共 10 个，深入总结了我国涉互联网案件的审判经验，为更好地规范网络行为、预防交易纠纷、降低网络交易风

---

① 最高人民法院发布第一批涉互联网典型案例［EB］. 最高人民法院网站，2018－08－16.

险提供了值得借鉴的审判思路。

最高人民法院发布涉互联网典型案例具有重要意义。首先，发布典型案例有利于纠正“同案不同判”问题。其次，发布典型案例可以节省司法资源、提高审判效率。最后，最高人民法院作为我国的最高审判机关，发布的典型案例对地方各级法院具有重要的指导意义，有利于提高落后地区对相关问题的应对和处理能力，使它们对司法实践中出现的新问题有相对统一的应对态度，从而利于维护司法的权威。

2. 出台互联网法院审理案件规定。

2018 年 7 月，中央全面深化改革委员会第三次会议审议通过《关于增设北京互联网法院、广州互联网法院的方案》（以下简称《增设方案》），决定设立北京、广州互联网法院。《增设方案》同时要求，由最高人民法院制定发布关于互联网法院审理案件的司法解释，明确互联网法院案件管辖范围，健全完善适应互联网审判特点的诉讼规则。同年 9 月，《最高人民法院关于互联网法院审理案件若干问题的规定》发布，旨在对互联网法院审理案件的相关问题做细化规定，对于实现“网上纠纷网上审理”，推动网络空间治理法治化，具有重要意义。

作为顺应时代潮流的新兴事物，杭州、北京与广州互联网法院拥有广阔的发展前景与空间，我国因此迎来了积累网络法治经验的绝佳机遇。机遇与挑战并存，互联网法院在审理案件的实际过程中，应做到严格遵循互联网法院案件管辖范围规定，完善在线诉讼平台建设，力求真正符合老百姓的诉讼需求，做到使当事人“一看就懂，一用就会”。互联网法院应当在实践中完善落地细节，使其真正发挥在线诉讼模式的优势。

3. 互联网司法的中国模式与未来展望。

近年来，中国法院积极推动实施网络强国战略、国家大数据战略，推进“互联网 +”行动，探索审判方式、诉讼制度与互联网技术深度融合的新路径、新领域、新模式，推动网络多元解纷和诉讼服务体系框架初步搭建，促进网络治理的司法裁判规则逐步完善。随着司法体制改革和智慧法院建设深入推进，互联网司法发展逐步体系化、制度化、规范化。互联网司法从单点突破、各自为战，转向顶层规划、整体推进。改革成效逐步显现，互联网司法对于强化便民机制、提升审判效率、保障审判质量、破解执行难题、服务保障大局的作用日益明显，得到了广大人民群众认可。在此背景下，2019 年 12 月，最高人民法院在浙江乌镇召开《中国法院的互联网司法》白皮书新闻发布会，发布了《中国法院的互联网司法》白皮书；最高人民法院还举办了首届世界互联网法治论坛，共同探讨网络空间治理、互联网法院探索实践、人工智能在司法领域的深度应用等热点话题，论坛通过了《乌镇宣言》，并形成了推进互联网法治发展的共同愿景。

白皮书总结了互联网司法的中国规则，世界互联网法治论坛将其向世界各个国家和地区推介，两者共同为总结中国互联网司法的制度经验、提升中国互联网司法的国际影响、推进全球网络空间命运共同体建设提供助力。白皮书反映了中国法院互联网司法发展的基本路径、价值取向、主要举措和重要成果，内容包括 5 个方面：构建专业化审判体系，树立裁判规则，推动建构现代化诉讼制度，重视技术应用，打造立体化诉讼服务。

在首届世界互联网法治论坛上，来自 25 个国家和地区的首席大法官、大法官、司法官员、专家学者就“网络空间的法治治理模式”“互联网法院的探索与实践”等 6 个议题进行了对话，全面介绍了中国法院的互联网司法。《乌镇宣言》将互联网司法的中国理念、中国智慧、中国方案，以国际社会普遍能够接受的话语方式，凝聚成重要的国际共识，扩大了中国司法的国际影响力。

总的来看，互联网司法侧重机制创新和规则确立，最高人民法院将智慧法院发展到互联网司法，体现了以审判执行工作为主体，司法改革、信息化建设为两翼的“一体两翼”总体战略布局。互联网司法与传统的各个法院和各个法律部门走向深度融合，塑造一种新兴的互联网司法生态体系。互联网司法在继承智慧法院的技术创新基础上，特别重视各类法院与互联网相关的司法机制建设和裁判规则发展，在近年来出现的新型案件中做出了一系列有影响力的判决，为进一步完善相关立法提供了重要素材和参考。

（四）差异化监管助平台经济健康发展

1. 国务院新政规范平台经济发展。

近年来，得益于经济开放发展势头以及庞大的互联网用户基础，中国平台经济发展迅猛，多家中国平台企业甚至在全球市场上占据重要地位。但是，平台经济在发展过程中也出现了一些问题。在经历了野蛮生长的初创时期以后，平台经济已经进入行业洗牌和业态重整的关键时期，亟须规范发展。有鉴于此，2019 年 8 月，《国务院办公厅关于促进平台经济规范健康发展的指导意见》（以下简称《平台经济意见》）发布，要求围绕更大激发市场活力，聚焦平台经济发展面临的突出问题，遵循规律、顺势而为，加大政策引导、支持和保障力度，创新监管理念和方式，落实和完善包容审慎监管要求，推动建立健全适应平台经济发展特点的新型监管机制，着力营造公平竞争市场环境。

《平台经济意见》提出了 5 个方面政策措施。第一，优化完善市场准入条件，降低企业合规成本。第二，创新监管理念和方式，实行包容审慎监管。第三，鼓励发展平台经济新业态，加快培育新的增长点。第四，优化平台经济发展环境，夯实新业态成长基础。第五，切实保护平台经济参与者合法权益，强化平台经济发展法治保障。

互联网平台的蓬勃发展离不开政策引导支持和必要监管。互联网平台经济是以互联网技术带动的商业模式，新出现的这种模式前所未有，而且历史上没有出现过这么大规模的平台企业。此次新政明确，对这些新业态的监管，要持审慎包容的态度。但审慎不等于不监管，对于出现假冒伪劣、侵犯知识产权、严重侵害消费者权益的行为，监管部门将依法从严打击。下一步，还要以公共信用综合评价结果为依据，对平台企业实施差异化监管。对风险较低、信用较好的适当减少检查频次，对风险较高、信用较差的加大检查力度和频次，引导平台诚信依法经营。总的看来，政府在此时对互联网平台经济予以规范和支持，为其营造了有利的发展环境，有利于帮助其渡过生存发展难关，促进其健康可持续发展。

2. 多部门联手监管网约车。

国内网约车发展，主要历经 4 个阶段：自由发展阶段、全盘否定阶段、合法化阶段、进一步规范和加强监管阶段。在自由发展阶段，2010 年，易到、“滴滴”专车、“快的”等网约车平台推出网约车服务。在此阶段，网约车缺乏法律规范和政府监管，其发展呈现出自由竞争和野蛮生长的特点。在全盘否定阶段，2014 年下半年，北京、沈阳、南京、广州等多个城市在相继出台了严禁私家车主等利用互联网和手机软件从事非法营运行为的通知、通告，并实施严厉的处罚，网约车发展进入冬天。在合法化阶段，2016 年，交通运输部、工业和信息化部、公安部等七部门联合发布《网络预约出租汽车经营服务管理暂行办法》，同时《国务院办公厅关于深化改革推进出租汽车行业健康发展的指导意见》发布，规范网约车行业发展。上海、广州、北京、深圳等地方政府发布相应网约车发展管理规则，对网约车平台、驾驶司机要求更加严格，网约车发展逐渐步入规范化轨道。在进一步规范和加强监管阶段，网约车发展迅速，但在丰富交通运输服务类型、方便公众出行的同时，也出现了未取得许可从事网约车经营、线上线下车辆人员不一致、信息泄露、不依法纳税、不正当竞争、非法从事资金支付结算等违法违规行为，以及乘客安全受到威胁等突出问题。据 2018 年 7 月北京市海淀区人民法院网信息显示，滴滴司机所犯刑事案件“从地域范围上横跨全国，罪名种类多，包括强奸、故意伤害等，时间集中于近 3 年，滴滴平台所衍生的刑事案件数量，远高于公众所知”。

为了整治网约车发展存在的诸多乱象，防止违法犯罪行为的发生，2018 年 5 月，《交通运输部办公厅 中央网信办秘书局 工业和信息化部办公厅 公安部办公厅 中国人民银行办公厅 国家税务总局办公厅 国家市场监督管理总局办公厅关于加强网络预约出租汽车行业事中事后联合监管有关工作的通知》（以下简称《网约车通知》）发布，探索利用互联网思维创新监管方式，进一步整顿和优化网约车行业发展，明确网约车平台运营规范，解决乘客安全问题。2022 年，《网约车通知》又被进行了修订。

《网约车通知》旨在加强事中事后联合监管，建立多方协同治理机制。一是要求各级交通运输、网信、通信、公安、人民银行、税务、工商和市场监管等部门，充分发挥各自职能，加强对网约车平台公司有关经营行为的监管，加快形成部门协调、上下联动的监管机制。二是明确联合监管工作流程，对于违法经营网约车经营活动，明确监管部门以及不同情形下的联合监管情形，明确主管部门、通信部门及公安部门等之间监管流程。根据平台公司违法违规行为严重程度和整改情况，综合运用约谈、暂停发布、下架移动互联网应用程序（App）以及停止互联网服务、6 个月内停止联网或停机整顿等多项措施。三是建立联合监管应急机制，明确“政府主导、部门参与”的应急处置机制，加强多部门维稳长效机制建设。如对网约车行业聚集、停运、群众维权等群体性事件，由联合监管部门提请政府启动紧急机制，召集相关部门紧急处理。四是创新监管手段和多元治理机制，探索利用互联网思维、信息化手段、创新监管手段，提高监管效能，加强企业信用公示和控制，同时建立政府部门、企业、从业人员、乘客及行业协会共同参与的多方协同治理机制。2022 版《网约车通知》主要修订内容包括：一是增加了事前联合监管要求。二是完善了全链条联合监管事项。三是细化了全链条联合监管流程。

（五）网络治理迎来大转折

2020 年至 2021 年，中国网络治理迎来大转折。2020 年 1 月，《中华人民共和国反垄断法》（以下简称《反垄断法》）迎来首次大修，增设互联网领域反垄断规定，与《中华人民共和国电子商务法》（以下简称《电子商务法》）等法律法规有效衔接。同年 9 月，《最高人民法院关于审理涉电子商务平台知识产权民事案件的指导意见》和《最高人民法院关于涉网络知识产权侵权纠纷几个法律适用问题的批复》发布，对电商平台合规化精细运营提出更高要求。同年 10 月，国家市场监管总局等 14 个部门发起网络市场监管专项行动“网剑行动”，以落实《电子商务法》规范网络市场竞争秩序的具体要求。针对蚂蚁金服等互联网金融机构存在的巨大风险，中国人民银行、中国银保监会公布《网络小额贷款业务管理暂行办法（征求意见稿）》，直指互联网金融杠杆过高、风险过大问题。而 2020 年底先后召开的中央政治局会议和中央经济工作会议都明确提出“强化反垄断和防止资本无序扩张”，特别是金融、媒体、民生领域的资本无序扩张。随后，阿里巴巴、阅文集团和丰巢科技因违反《反垄断法》，被市场监管机构处罚。

在此基础上，2021 年，网络治理力度进一步加大。2 月，国家市场监管总局发布《关于平台经济领域的反垄断指南（征求意见稿）》，对互联网平台公司“二选一”“大数据杀熟”等行为进行监管。中央财经委员会第九次会议明确提出，要坚持正确政治方向，从构筑国家竞争新优势的战略高度出发，坚持发展和规范并重，把握平台经济发展规律，建立健全平台经济治理体系，明确规则，划清底线，加强监管，规范秩序，更好统筹发展和安全、国内和国际，促进公平竞争，反对垄断，防止资本无序扩张。国家市场监管总局依法对阿里巴巴集团和美团的“二选一”行为做出行政处罚，责令其停止违法行为。之后，国家市场监管总局分两批依法对互联网领域内31起违法实施经营者集中案做出行政处罚决定，对滴滴、阿里、腾讯、苏宁、美团等的涉案企业分别处以50万元人民币罚款。针对平台垄断、竞争失序、无序扩张等问题，国家市场监管总局表示将继续有力有序强化竞争监管，坚决反对垄断，防止资本无序扩张，着力规范平台经济竞争秩序，营造公平、高效、有序的市场竞争环境。此外，2021年7月，《人力资源社会保障部 国家发展改革委 交通运输部 应急部 市场监管总局 国家医保局 最高人民法院 全国总工会关于维护新就业形态劳动者劳动保障权益的指导意见》发布，针对依托互联网平台就业的网约配送员、网约车驾驶员、货车司机、互联网营销师等新就业形态劳动者数量大幅增加的现实，围绕规范用工、健全制度、提升效能、齐抓共管4个方面提出了新就业形态劳动者权益保障的新要求。

总的来看，中国互联网行业经过10多年的狂飙突进，正迎来规范重塑的新阶段。正如2021年11月首届中国网络文明大会所提倡的，网络文明是新形势下社会文明的重要内容，是建设网络强国的重要领域，未来中国将进一步深化网络生态治理，广泛汇聚向上向善力量。

第十章　规范整顿文化教育

改革开放以后，党坚持物质文明和精神文明两手抓、两手硬，在以经济建设为中心发展阶段，文化教育领域曾一度偏离两手都要硬。一些领导干部偏离政治立场，拜金主义、享乐主义、极端个人主义、历史虚无主义等错误思潮不时出现，网络舆论乱象丛生，严重影响人们在思想和文化教育领域健康发展。我们必须坚持以人民为中心的工作导向，举旗帜、聚民心、育新人、兴文化，牢牢掌握意识形态工作领导权，构筑文化教育领域的中国精神、中国价值。从2018年至2019年，文化产业发展和文化内容传播得到进一步规范；以“教育回归本质”为导向，教师队伍建设、学生素质培养、教育资源分配等都步入正轨，义务教育、普通高中教育、职业教育、高等教育实现多元发展；在《中国教育现代化2035》的指引下，中国朝着建设学习强国、教育强国的方向阔步迈进。

在此背景下，2020年以来，文化教育领域的改革密集推进。中共中央、国务院印发《深化新时代教育评价改革总体方案》，强调扭转不科学的教育评价导向，坚决克服唯分数、唯升学、唯文凭、唯论文、唯帽子的顽瘴痼疾，办好人民满意的教育；聚焦“德智体美劳全面发展”的培养目标，教育部联合其他相关部门，从德育、体育、美育和劳育等各方面出台新政。例如，教育部先后发布《高等学校课程思政建设指导纲要》《大中小学劳动教育指导纲要（试行）》，提出将体育、美育逐步纳入中考；教育部等七部门联合印发《全国青少年校园足球八大体系建设行动计划》。围绕高校教师队伍建设、研究生导师队伍建设和乡村教师队伍建设，教育部连续出台文件，探索新时代“以德立身、以德立学、以德施教”的“四有”① 好老师队伍建设路径；为了促进中小学发展，教育部等八部门联合印发《关于进一步激发中小学办学活力的若干意见》，支持中小学探索具有特色的基础教育路径；针对职业教育发展问题，教育部等九部门印发《职业教育提质培优行动计划（2020—2023年）》，要求“巩固专科高职教育的主体地位”，推动各地落实职业学校毕业生在落户、就业、参加机关事业单位招聘、职称评审、职级晋升等方面与普通高校毕业生享受同等待遇；为了给未成年人创造良好的网络环境，多部门开展未成年人网络环境专项治理行动，教育部要求进一步强化对涉未成年人网课平台的规范管理，加强网课教学大纲和图文、视频授课内容等审核把关；针对校外培训市场乱象，教育部先后出台文件，部署治理面向中小学生的校外培训机构超标超前培训行为。

2021年是“十四五”开局之年，也是高质量教育体系建设进程中的重要一年。这一年，十三届全国人大常委会修订《中华人民共和国教育法》，对现行教育法涉及教育指导思想、地位、方针、内容的条款进行了相应调整。这一年，教育部着力规范学校教育发展，从1月至7月出台的47个重要文件中，有12个文件指向规范学校教育教学行为，提升教育质量，促进学生身心健康成长。这一年，教育部成立校外培训监管司，承担规范面对中小学生的校外教育培训管理职责，而后推出“双减”政策旨在推动教育提质增效。这一年，职业教育和民办教育迎来政策利好，全国职

① “四有”指的是有理想信念、有道德情操、有扎实学识、有仁爱之心。

业教育大会召开，对我国新时代职业教育发展、建设技能型社会做出总体规划；为促进修订后的《中华人民共和国民办教育促进法》落地实施、保障民办学校权益，国务院公布修订后的《中华人民共和国民办教育促进法实施条例》，进一步明确教育公益属性，鼓励和引导社会力量兴办教育。

一、规范影视文化传播秩序

21 世纪以来，影视日益成为大众文化的重要载体。影视行业的蓬勃发展，影视作品的海量生产，极大丰富了人们的精神文化生活。但是，影视文化在发展过程中也存在诸多乱象，污染了文化环境。基于文化发展新环境、新形势，2018 年 3 月 6 日，国家新闻出版广电总局印发《点播影院、点播院线管理规定》（以下简称《院线规定》）；3 月 22 日印发《关于进一步规范网络视听节目传播秩序的通知》（以下简称《传播通知》），在院线和网络两大领域双管齐下、重点整治，旨在规范文化产业发展秩序，在推动文化创新及繁荣的同时，巩固健康、积极、优质文化的主导地位。

（一）净化网络空间，加强版权保护

随着我国文化产业规模的日益扩大和“线上—线下”文化互动的不断增强，文化产品低俗化、版权管理混乱、产业内部权责不明等问题陆续涌现。其中，低俗化等内容问题主要出现在通过网络进行传播的文化产品当中，如利用刺激性字眼赚取点击率的“标题党”视频广告，以及通过所谓“二次创作”传播血腥、暴力、色情内容的“儿童邪典”视频等。此类影视产品的肆虐将对社会整体健康文化的建构产生破坏。《传播通知》强调，不能做“标题党”，以低俗创意吸引点击。此外，《传播通知》还将侵犯版权行为列为监管重点对象之一，这意味着在原影视作品基础上加工创作

的一些非法视听内容的网上流传渠道将被切断，相关视频制作者、网站、手机应用程序及内容创作公司的非法操作将受到法律约束。以视频网站 B 站（bilibili）为例，其在美国纳斯达克上市的招股书显示，该网站收到了 50 起因“侵犯第三方权益”引发的诉讼，为应对这一问题，其内容筛选团队中有超过 200 名员工需要实时对平台内容进行筛选和监控。企业所面临的版权问题同样也是我国文化产业发展的一大掣肘，《传播通知》指出，坚决禁止非法抓取、剪拼改编视听节目的行为，不给存在导向问题、版权问题等的剪拼改编视听节目提供传播渠道，这是对线上文化作品版权保护的一针强心剂。

（二）整合点播院线，规范新兴市场

就传统的院线平台而言，既有的备案、审批等制度已经在文化产品准入阶段严格把关，其问题主要集中在“点播影院”等新兴领域。2014 年以来，这类以包间、小型影厅及自选方式观看电影的“私人影院”曾一度呈现出爆发式增长态势，2016 年以后逐渐进入平稳发展的阶段。据国家电影局统计数据显示，截至 2021 年 10 月 10 日，中国电影市场共有影院 14235 家、银幕 80743 块，银幕数正式突破 8 万块大关。

点播影院在满足受众多元化、个性化要求的同时，也存在着非正版片源、非正规经营等问题，一度处于监管盲区。2017 年 4 月，国家新闻出版广电总局针对该现象进行监管，指出要将过往分散的点播影院纳入电影票房的统计渠道。《院线规定》进一步将监管措施条目化，针对版权管理、资质审核等问题做出明确规定。其将相对分散而具备相当发展潜力的点播院线纳入电影市场监管范畴，有利于解决电影市场票房疲软、盗版猖獗等问题，对于我国电影行业的健康发展以及产业发展的规模化、规范化均有裨益。

（三）改革破旧立新，产业面临新局面

2018 年，原属国家新闻出版广电总局的电影管理职责被划入中共中央宣传部，这一重大变化体现了国家从更高层面对文化产业发展的战略关切及布局。过去一段时间，新闻出版和广播电影电视领域存在审查标准适用不均衡等现象。改革之后的中共中央宣传部统一筹划、制定相关标准并具体指导实施，将有力促进影视行业的协调整合与规范化发展。《院线规定》与《传播通知》的出台，正是宏观战略指导下的规则细化。在视觉消费时代，影视作为一种直观、生动、便捷的传播媒介构成了文化产品生产与消费的重要形式。由于网络这一传播渠道具有开放性与相对匿名性，影视产品的消费者群体日趋低龄化。强化影视传播秩序，不仅有利于文化产业自身的健康发展，也具有相当显著的正外部效应，如提高国民素质及道德水平，营造良好的社会风气，培养版权自觉意识及法律意识，等等。

二、提出中国教育现代化 2035 年目标

党的十九大以来，中共中央、国务院印发的《中国教育现代化 2035》与中共中央办公厅、国务院办公厅印发的《加快推进教育现代化实施方案（2018—2022 年）》（以下简称《实施方案》）远近结合，共同构成教育现代化的顶层设计和行动方案。

《中国教育现代化 2035》是我国第一个以教育现代化为主题的中长期战略规划，是新时代推进教育现代化、建设教育强国的纲领性文件，系统勾画了我国教育现代化的战略愿景。全文共分为战略背景、总体思路、战略任务、实施路径、保障措施 5 个部分。其亮点包括：

第一，提出教育现代化的基本理念，即：更加注重以德为先，更加注

重全面发展，更加注重面向人人，更加注重终身学习，更加注重因材施教，更加注重知行合一，更加注重融合发展，更加注重共建共享。这八大基本理念，遵循了教育规律和人才成长规律，也顺应了国际教育发展趋势。

第二，提出推进教育现代化的总体目标。到2035年，总体实现教育现代化，迈入教育强国行列，推动我国成为学习大国、人力资源强国和人才强国；建成服务全民终身学习的现代教育体系，普及有质量的学前教育，实现优质均衡的义务教育，全面普及高中阶段教育，职业教育服务能力显著提升，高等教育竞争力明显提升，残疾儿童少年享有适合的教育，形成全社会共同参与的教育治理新格局。

第三，重点部署面向教育现代化的十大战略任务。一是学习习近平新时代中国特色社会主义思想，二是发展中国特色世界先进水平的优质教育，三是推动各级教育高水平高质量普及，四是实现基本公共教育服务均等化，五是构建服务全民的终身学习体系，六是提升一流人才培养与创新能力，七是建设高素质专业化创新型教师队伍，八是加快信息化时代教育变革，九是开创教育对外开放新格局，十是推进教育治理体系和治理能力现代化。

《实施方案》聚焦2018—2022年教育发展的战略性问题、教育发展面临的紧迫性问题和人民群众关心的问题，按照可实施、可量化、可落地的原则，将教育现代化远景目标和战略任务细化为短期内的具体目标任务和工作抓手，指导推进短期内的教育改革发展，确保新时代教育现代化建设开好局、起好步。其亮点包括：

第一，明确了推进教育现代化的10项重点任务，即：实施新时代立德树人工程，推进基础教育巩固提高，深化职业教育产教融合，推进高等教育内涵发展，全面加强新时代教师队伍建设，大力推进教育信息化，实施中西部教育振兴发展计划，推进教育现代化区域创新试验，推进共建“一带一路”教育行动，深化重点领域教育综合改革。

第二，明确了推进教育现代化的4个方面的保障措施。一是全面加强教育系统党的建设，不断提高教育系统党的建设质量，坚定不移推进全面从严治党向纵深发展。二是全面推进依法治教，加快完善教育法律制度体系，加快推进教育行政执法体制机制改革，建立健全教育系统法律顾问制度，加强学校法治工作，广泛深入开展青少年法治教育。三是完善教育经费投入和管理机制，健全财政教育投入机制，全面实施绩效管理。四是加强教育督导评估，有效发挥教育督导“督导评估、检查验收、质量监测”职能，保障教育事业优先优质发展。

三、全方位打造新时代教师队伍

兴国必先强师，建设一支高水平的教师队伍，是教育事业发展乃至国家发展的重要条件。党的十八大以来，我国始终把教师队伍建设摆在优先发展的位置。为造就一支素质优良、甘于奉献、扎根乡村的教师队伍，2013年，教育部、财政部对在连片特困地区工作的乡村教师给予生活补助，2015年6月，国务院办公厅专门印发《乡村教师支持计划（2015—2020年）》。为构建覆盖大中小学完整的师德建设制度体系，2013—2014年，《教育部关于建立健全中小学师德建设长效机制的意见》《教育部关于建立健全高校师德建设长效机制的意见》等文件相继出台，将师德建设推向制度化、规范化和法治化轨道。2017年12月，教育部印发《高校思想政治工作质量提升工程实施纲要》，将思想政治表现及育人功能发挥作为教师评聘考核首要指标。为提升教师队伍素质，逐步完善与教育现代化发展相适应的教师教育体系，2013年，《中小学教师资格考试暂行办法》和《中小学教师资格定期注册暂行办法》两项政策文件相继出台；2015

年 8 月，国务院常务会议亦决定全面推开中小学教师职称制度改革；2017 年 1 月，教育部出台《中小学幼儿园教师培训课程指导标准》，为教师能力提升“照镜子”“开方子”。

随着中国特色社会主义进入新时代，人民对公平而有质量的教育的向往与现有教师队伍建设不足的矛盾逐渐凸显。例如，有的教师素质能力难以适应新时代人才培养需要，思想政治素质和师德水平需要提升，专业化水平需要提高；教师职业吸引力不足，地位待遇有待提高；教师城乡结构、学科结构分布不尽合理，管理体制机制亟须理顺等。为此，2018 年 1 月，《中共中央、国务院关于全面深化新时代教师队伍建设改革的意见》印发，这是新中国成立以来出台的第一个专门面向教师队伍建设的里程碑式政策文件。其要点有：第一，全面加强师德师风建设，加强教师党支部和党员队伍建设，提高教师思想政治素养，弘扬高尚师德。第二，提升教师专业素质能力。加大对师范院校支持力度，支持高水平综合大学开展教师教育，分类提高教师教育质量。第三，深化教师管理综合改革，切实理顺体制机制。创新和规范中小学教师编制配备，优化义务教育教师资源配置，实行义务教育教师“县管校聘”，完善中小学教师准入和招聘制度，深化中小学教师职称和考核评价制度改革，健全职业院校教师管理制度，深化高等学校教师人事制度改革。第四，提高教师地位待遇，提高教师职业吸引力。不断提高教师地位待遇，让教师有更多的获得感、幸福感、安全感，真正成为让人羡慕的职业，完善中小学教师待遇保障机制，大力提升乡村教师待遇，维护民办学校教师权益，推进高等学校教师薪酬制度改革，切实提升教师社会地位。

2019 年 11 月，教育部等七部门印发《关于加强和改进新时代师德师风建设的意见》，明确了新时代师德师风建设的指导思想、基本原则、工作目标及任务举措，健全师德师风建设长效机制，倡导全社会尊师重教。

2019 年 12 月，中共中央办公厅、国务院办公厅印发《关于减轻中小学教师负担进一步营造教育教学良好环境的若干意见》，进一步营造全社会尊师重教的浓厚氛围。

四、教育新政倡导“教育回归本质”

现阶段，我国教育尚存在功利化、质量低的问题。功利化体现在社会普遍存在一种视教育为“当官发财”敲门砖的思想，认为“只要考上了北大、清华，就能发大财、当大官”。这种功利化思想导致教育内容偏重应试能力培养，而忽视创造力和独立思考能力培养，由此导致学生缺乏批判思维和创新精神。

人们呼吁“教育回归本质”。2018 年 3 月，李克强总理在政府工作报告中提出要发展公平而有质量的教育，着力解决中小学生课外负担重问题。① 教育部则要求在全国层面取消体育特长、中学生竞赛等高考加分项目。此外，多位人大代表提出让学生减负减压、重视学生精神成长、以兴趣为导向注重学生个性培养，在“双一流”建设中多注重大学内涵发展等观点。总的来看，减负和鼓励个人兴趣发展，是“教育回归本质”的两大核心内容。

2021 年 7 月，中共中央办公厅、国务院办公厅印发《关于进一步减轻义务教育阶段学生作业负担和校外培训负担的意见》（以下简称《意见》），将“双减”推向深处、落到实处。《意见》要求全面压减作业总量和时长，减轻学生过重作业负担；提升学校课后服务水平，满足学生多样化需求；坚持从严治理，全面规范校外培训行为。其对“双减”工作做出了重要决策部署，要求从国家层面认识和对待，从体制机制入手深化改革，全面贯彻党

① 政府工作报告［EB］. 中国政府网，2018－03－05.

的教育方针，落实立德树人根本任务，促进学生全面发展和健康成长。

五、重点扶持两类最薄弱乡村学校

我国城乡差距由来已久，不仅体现在经济上，而且体现在医疗、教育、社会保障等诸多方面。就乡村教育而言，其也面临一些困境。首先，乡村留守儿童规模比较大。根据教育部公布的《2015 年全国教育事业发展统计公报》，全国留守儿童超两千万，家庭关怀的缺失使留守儿童在教育、健康、心理发展等方面面临挑战，也增大了开展优质乡村教育的难度。其次，乡村教育投入不足，乡村教育质量仍较低，乡村义务教育普及难度比较大。最后，乡村优质教师资源流失严重。尽管国家和某些省推出农村义务教育阶段学校教师特设岗位计划（即“特岗计划”）与农村教师资助行动计划（即“资教计划”），一定程度上改善了乡村教师队伍结构，提高了乡村教育质量，但乡村教师的生活条件并未得到改善，优质教师资源大量流失。

2018 年 4 月，《国务院办公厅关于全面加强乡村小规模学校和乡镇寄宿制学校建设的指导意见》（以下简称《乡村学校意见》）印发。按照《乡村学校意见》要求，2018 年 5 月，教育部发布 6 项具体措施，落实针对两类最薄弱乡村学校的布局规划、办学标准、教师编制、教育质量监测、均衡认定等方面的举措。随后，教育部办公厅和财政部办公厅联合发布《关于做好 2018 年农村义务教育阶段学校教师特设岗位计划实施工作的通知》（以下简称《特岗通知》）。其中，《乡村学校意见》对建设两类学校提出了 3 点基本要求。一是统筹规划、合理布局。合理设校，统筹就近上学与接受良好义务教育的关系。二是重点保障、兜住底线。保障两类学校资源配置，补齐教学短板，维护正常运行。三是内涵发展、提高质量。提高教师素质，运用“互联网 +”教育方式，全面提高教学水平。为此，《乡村学校意见》提出3项具体措施：一是妥善处理撤并问题。科学布局，合理设校，坚决防止因学校布局不合理导致乡村学生求学困难甚至辍学的问题。二是强化经费保障。教育经费投入向两类学校倾斜，切实落实两类学校公用经费补助政策。探索将学校安保、生活服务等事项纳入政府购买服务范围，避免经费保障不到位。三是加强师资队伍建设。在教师编制岗位核定、职称评定等方面对两类学校实行倾斜政策。严格落实补贴政策，提高乡村教师待遇，改革乡村教师培训培养，完善对口支教制度，提升乡村教师教学能力。《特岗通知》则要求确保乡村特岗教师与当地公办学校教师同等待遇，严格落实服务期满特岗教师入编工作。教育资源是最重要的公共资源，能否解决城乡教育公平问题，会直接影响是否能够缩小城乡差距，实现乡村振兴战略。

六、新一轮教育改革和整顿全面展开

（一）推动学前教育规范发展

与其他教育领域相比，学前教育是相对开放的领域，又长期处于供需失衡状态，因此备受资本的关注。学前教育市场投资活跃，在实现快速发展的同时，民办幼儿园的过度扩张也带来诸多管理漏洞。“虐童”事件屡禁不绝、触目惊心，学前教育市场在资本的熏染下变得乌烟瘴气，有些甚至危害到儿童的健康成长。加强政府管制，重塑产业格局，遏制资本过度逐利，引导学前教育行业良性发展，已势在必行。

2018年11月，《中共中央 国务院关于学前教育深化改革规范发展的若干意见》（以下简称《学前教育意见》）发布。这是新中国成立以来第一个以中共中央和国务院的名义发布的学前教育重要文件，凸显中央对学前教育事业的高度重视。《学前教育意见》强调学前教育发展要以政府主导为依托，以公益普惠为目标。民间资本非理性扩张，挤占有限的场地和教师资源，严重脱离教育本质，加强政府介入乃至由政府主导学前教育体系构建成为必然选择。在公益普惠的总体要求下，《学前教育意见》强调建立以普惠性资源为主体的办园体系，重点发展公办幼儿园，坚决扭转高收费民办园占比偏高的局面。对于资本过度逐利行为泛滥的问题，《学前教育意见》进一步要求，民办园不准上市，未来营利性幼儿园占比不得超过20%，更好地引导社会资金理性投资，引导依法办好学前教育。

（二）基础教育改革聚焦义务教育质量提升

改革开放以来特别是党的十八大以来，我国义务教育取得了举世瞩目的成就，实现了全面普及，但还存在一些亟待解决的难点问题，迫切需要深化教育教学改革，全面提高义务教育质量。2019 年 6 月，《中共中央 国务院关于深化教育教学改革全面提高义务教育质量的意见》印发。这是中央出台的第一个聚焦深化教育教学改革、全面提高义务教育质量的纲领性文件。其要点有：一是坚持“五育”并举，从突出德育实效、提升智育水平、强化体育锻炼、增强美育熏陶、加强劳动教育 5 个方面全面发展素质教育；二是切实提高课堂教学质量，从优化教学方式、加强教学管理、完善作业考试辅导、促进信息技术与教育教学融合应用等方面强化课堂主阵地作用；三是高度重视教师队伍建设，从大力提高教育教学能力、优化教师配置、依法保障教师权益和待遇、提升校长实施素质教育能力 4 个方面建设高素质专业化教师队伍；四是深化关键领域改革，从加强课程教材建设、完善招生考试制度、健全质量评价监测体系、发挥教研支撑作用、发挥教研支撑作用、激发学校生机活力、实施义务教育质量提升工程等方面为提高教育质量创造条件。

此前，2019 年 4 月，教育部办公厅还出台了《禁止妨碍义务教育实施的若干规定》（以下简称《规定》），对一些社会培训机构以“国学”“女德”教育等名义招收适龄儿童开展全日制教育培训的行为进行规范，同时也回应了社会关切。为了保护适龄儿童接受义务教育的权利，《规定》从社会、家长和政府 3 个角度出发，对校外机构、监护人和教育行政部门的责任和义务做了规定，尤其强调了妨害义务教育的主要责任方——校外机构的责任。

（三）教育部三大重磅文件布局中学教育改革

三大重磅文件是指《教育部关于加强和改进新时代基础教育教研工作的意见》（以下简称《教研工作意见》）、《教育部关于加强初中学业水平考试命题工作的意见》（以下简称《考试命题意见》）和《教育部关于加强和改进中小学实验教学的意见》（以下简称《实验教学意见》）。这 3 个文件围绕深化教育教学改革、全面提高基础教育质量做了细化规定。

《教研工作意见》提出，要进一步完善国家、省、市、县、校 5 级教研工作体系，组织开展基础教育教研工作，突出全面育人的教学思路，创新教研工作方式，尤其对课程、教学、作业和考试评价等育人关键环节加强研究；明确教研员应具备的基本条件，主要包括政治素质过硬、事业心责任感强、教育观念正确、教研能力较强、职业道德良好 5 个方面；要求各地严格按照专业标准和准入条件完善教研员遴选配备办法，配齐所有学科专职教研员，并建立专职教研员定期到中小学任教的制度。

《考试命题意见》提出，取消初中学业水平考试大纲。在命题导向上，《考试命题意见》强调考试命题要坚持正确政治方向，要根据课程标准科学命题，提高命题质量，严格规范命题程序。

《实验教学意见》提出，2023 年前要将实验操作考试成绩纳入高中阶段学校招生录取依据，有条件的地区可将理化生实验操作纳入普通高中学业水平省级统一考试。《实验教学意见》要求，各地要保障实验教学的经费投入，按照标准和实际需要，建设实验教学场所，支持探索建设学科功能教室、综合实验室、创新实验室、教育创客空间等，保质保量配置并及时更新教学仪器设备。

（四）国办印发文件推进普通高中教育改革

近年来，我国普通高中教育快速发展，普及水平显著提高。普通高中教育的整体办学水平也得到了逐步提升，已经进入以内涵发展和提高质量为重点的发展新阶段。但是，普通高中教育还存在着素质教育实施不够全面、片面应试教育倾向严重、唯分数唯升学率评价教育质量等突出问题，亟须通过推动普通高中育人方式的改革来加以破解和应对。普通高中教育处于普及攻坚、课程改革和高考综合改革三大改革同步推进的关键时期，迫切需要通过深化改革着力破解体制机制性障碍，确保各项改革能够有效衔接、协同推进。2019 年 6 月，国务院办公厅发布《关于新时代推进普通高中育人方式改革的指导意见》（以下简称《普高意见》）。《普高意见》就推进普通高中教育教学改革、全面提高教育质量做了全面部署，是新世纪以来国务院办公厅出台的第一个关于普通高中教育改革的重要纲领性文件。其要点有：一是提出“三个坚持”总体思路，即：坚持正确方向，全面贯彻党的教育方针；坚持改革创新，着力破解体制机制障碍；坚持统筹协调，注重各项改革的衔接。二是提出“1 + 6”主要目标，1 个总目标是到 2022 年，德智体美劳全面培养的育人体系进一步完善，立德树人落实机制进一步健全；6 个具体目标是：普通高中新课程新教材全面实施，适应学生全面而有个性发展的教育教学改革深入推进，选课走班教学管理机制基本完善，科学的教育评价和考试招生制度基本建立，师资和办学条件得到有效保障，普通高中多样化有特色发展的格局基本形成。三是明确重点任务：构建全面培养体系，进一步突出德育时代性，强化综合素质培养，拓宽综合实践渠道和完善综合素质评价，增强学生综合素质；优化课程实施，全面实施新课程新教材，完善学校课程管理，落实国家课程方案；创新教学组织管理，有序推进选课走班，深化课堂教学改革，优化教学管理，满足学生不同发展需要，减轻学生过重课业负担；加强学生发展指导，从注重指导实效、健全指导机制两方面提出明确要求；完善考试和招生制度，在总结高考综合改革试点经验的基础上，规范学业水平考试，深化考试命题改革和稳步推进高校招生改革，发挥考试招生的育人导向功能；强化师资和条件保障，加强教师队伍建设，创造良好的育人环境和条件。

（五）教育部发文推进大学本科课程建设

近年来，国家高度重视大学本科教育优化提质。2018 年 6 月，新时代全国高等学校本科教育工作会议强调坚持以本为本，推进“四个回归”，加快建设高水平本科教育，建设中国特色、世界水平的一流本科教育。2019 年 4 月，教育部等 13 个部门联合启动“六卓越一拔尖”计划 2.0，提出实施一流专业建设“双万计划”、一流课程建设“双万计划”、建设 260 个左右基础学科拔尖学生培养一流基地。

为全面振兴本科教育，2019 年 10 月，《教育部关于一流本科课程建设的实施意见》印发，围绕观念理念转变、课程目标导向、提升教师能力、改革教学方法、科学评价学生学习、严格制度管理、强化激励机制、实施一流本科课程“双万计划”等提出了 22 项改革举措。

人才培养是大学的本质职能，本科教育是大学的根和本。对学生来说，本科阶段非常重要，既需打下学科专业的理论基础，还要确立正确的世界观、人生观和价值观。坚持以本为本，就是把本科教育放在人才培养的核心地位、教育教学的基础地位、新时代教育发展的前沿地位。

（六）中央指明思政课创新改革方向

党的十八大以来，中央高度重视教育工作和思想政治工作，要求各级党委、各级教育主管部门、学校党组织把思想政治工作紧紧抓在手上。2019 年 3 月，学校思想政治理论课教师座谈会召开，这是中央对学校思想政治课建设的一次重要部署。其中值得注意的动向有以下 3 点：第一，加强党对思政课建设的领导，首先就要深化思想认识。培养什么人，是教育的首要问题。习近平在座谈会上强调："我们党立志于中华民族千秋伟业，必须培养一代又一代拥护中国共产党领导和我国社会主义制度、立志为中国特色社会主义事业奋斗终身的有用人才。在这个根本问题上，必须旗帜鲜明、毫不含糊。"① 第二，加强党对思政课建设的领导，就要明确责任、落实任务。对于各级党委来说，就是要把思想政治理论课建设摆上重要议程。对于学校党委来说，就是要坚持把从严管理和科学治理结合起来，学校党委书记、校长要带头走进课堂，带头推动思政课建设。第三，加强党对思政课建设的领导，还要把统筹推进大中小学思政课一体化建设作为一项重要工程，推动思政课建设内涵式发展。

七、职业教育改革锻造"大国工匠"

伴随我国产业升级和经济结构调整不断加快，各行各业对技术技能人才的需求越来越急迫。职业教育是培养技术型人才、促进就业创业的重要

---

① 党的领导是思政课建设根本保证：论学习贯彻习近平总书记在学校思政课教师座谈会上重要讲话 [N]. 人民日报，2019-03-22.

内容。但我国职业教育尚面临体系建设不够完善、职业技能实训基地建设有待加强、制度标准不够健全、企业参与办学的动力不足、配套政策尚待完善、办学和人才培养质量水平参差不齐等问题。有鉴于此，国家将职业教育作为深化教育改革的重要突破口。

2019 年 1 月，国务院印发《国家职业教育改革实施方案》（以下简称《职教方案》），明确了深化职业教育改革的路线图、时间表和任务书。《职教方案》提出，职业教育要由以政府举办为主向政府统筹管理、社会多元办学的格局转变，由追求规模扩张向提高质量转变，由参照普通教育办学模式向企业社会参与、专业特色鲜明的类型教育转变。为了实现这 3 个转变，《职教方案》着重强调了 4 个要点。一是完善国家职业教育制度体系。健全国家职业教育制度框架，提高中等职业教育发展水平。推进高等职业教育高质量发展，完善学历教育与培训并重的现代职业教育体系。二是构建职业教育国家标准。完善教育教学相关标准，狠抓教学、教材、教师，培育和传承好工匠精神。深化复合型技术技能人才培养培训模式改革，面向在校学生和全体社会成员开展职业培训。三是促进产教融合。总结现代学徒制和企业新型学徒制经验，推动校企全面加强深度合作，打造一批高水平实训基地。四是建设多元办学格局。发挥企业重要办学主体作用，鼓励有条件的企业特别是大企业举办高质量职业教育，与国际先进标准接轨，做优职业教育培训评价组织。

为了推动职业院校面向社会广泛开展培训，服务扩大就业，2019 年 11 月，教育部办公厅等 14 个部门联合印发《职业院校全面开展职业培训促进就业创业行动计划（2019—2022 年）》（以下简称《行动计划》）。《行动计划》是我国第一个推动职业院校全面开展职业培训的专门文件，针对当前职业院校面向社会开展职业培训中存在的突出问题，《行动计划》重点从广泛开展企业职工技能培训、做好职业指导和就业服务、推进培训资源建设和模式改革、加强培训师资队伍建设、完善职业院校开展培训的激励政策、建立培训评价与考核机制等方面提出了具体行动措施。相信这些措施在调动职业院校开展培训积极性方面会有一定突破，也能为加快形成学历教育与培训并举并重的办学格局以及实现更高质量和更充分就业提供有力支持。

第十一章　完善生态文明制度体系

经过多年努力，我国生态文明建设“四梁八柱”式的制度改革已经完成。根据《中共中央 国务院关于加快推进生态文明建设的意见》和《生态文明体制改革总体方案》的安排和要求，我国有序推进实施生态文明建设领域各项改革措施，生态环境治理体系现代化取得重大进展。2018 年，十三届全国人大第一次会议通过《中华人民共和国宪法修正案》，生态文明被正式写入国家根本法。在此基础上，生态文明建设和环境保护的重要性被提升到前所未有的高度。

“十四五”时期，进一步完善生态文明制度体系是推进生态文明建设的重点任务和方向之一。生态文明制度体系是国家治理体系的重要组成部分，我国目前仍然处在转型的关键时期，生态压力仍不容忽视，完善生态文明制度体系必将是一项长期、系统、复杂的工作。2020 年，中共中央办公厅、国务院办公厅印发《关于构建现代环境治理体系的指导意见》，提出到 2025 年建立健全环境治理的领导责任体系、企业责任体系、全民行动体系、监管体系、市场体系、信用体系、法律法规政策体系七大体系的主要目标。以长江地区环境保护为例，2020 年 4 月，最高人民检察院发布《绿色发展 · 协作保障 服务保障长江经济带发展检察白皮书》，针对各类破坏长江流域生态环境资源的刑事犯罪，检察机关通过依法严惩加大了生态环境司法保护力度。2020 年底，《中华人民共和国长江保护法》获审议通过。

值得注意的是，中国确立了碳达峰和碳中和目标。在 2020 年 9 月召开的第 75 届联合国大会上，中国正式提出，力争在 2030 年前实现碳达峰、2060 年前实现碳中和。这是中国基于推动构建人类命运共同体的责任担当和实现可持续发展的内在要求做出的重大战略决策。中国承诺实现从碳达峰到碳中和的时间，远远短于发达国家所用的时间，这意味着需要付出更多努力。2021 年 10 月《中共中央 国务院关于完整准确全面贯彻新发展理念做好碳达峰碳中和工作的意见》印发，明确把碳达峰、碳中和纳入经济社会发展全局，同时要求以经济社会发展全面绿色转型为引领，以能源绿色低碳发展为关键，加快形成节约资源和保护环境的产业结构、生产方式、生活方式、空间格局，坚定不移走生态优先、绿色低碳的高质量发展道路。可以预见，未来相当长的一段时间，将是生态环境保护和经济发展协同共进的攻坚期。

一、中央首提“习近平生态文明思想”

2018 年 5 月，全国生态环境保护大会在北京召开。习近平在会上全面阐述了新时代生态文明建设总体思想，韩正则在会议总结时着重强调“认真学习领会习近平生态文明思想”。[①] 此次会议显示出重要的政治意义——中央将环境保护的重要性上升到前所未有的高度，以系统性的生态文明思想向外界传达推进生态文明建设的强烈决心。

此次会议所传递出的习近平生态文明思想，可从“一个重大判断、两

① 顾仲阳．坚决打好污染防治攻坚战 推动生态文明建设迈上新台阶［N］．人民日报，2018－05－20.

个阶段目标、一个优先领域 、六大原则”四层维度加以解读。一个重大判断，是指党的十八大以来，中国共产党开展一系列根本性、开创性、长远性工作，加快推进生态文明顶层设计和制度体系建设，从而推动生态环境保护发生历史性、转折性、全局性变化。两个阶段目标，是指到2035年，中国生态环境质量实现根本好转，美丽中国目标基本实现；到21世纪中叶，建成美丽中国，而为实现这一目标，必须加快建立健全包括生态文化体系、生态经济体系、目标责任体系、生态文明制度体系和生态安全体系在内的生态文明体系。一个优先领域，是指将解决突出生态环境问题作为民生优先领域，努力实现到2020年生态环境质量总体改善，主要污染物排放总量大幅减少，环境风险得到有效管控，生态环境保护水平与全面建成小康社会相适应的目标。六大原则，是指新时代背景下推进生态文明建设务必坚持的发展理念，即：一是坚持人与自然和谐共生，坚持节约优先、保护优先、自然恢复为主的方针；二是绿水青山就是金山银山，贯彻创新、协调、绿色、开放、共享的发展理念；三是良好生态环境是最普惠的民生福祉，坚持生态惠民、生态利民、生态为民，重点解决损害民众健康的突出环境问题；四是山水林田湖草是生命共同体，要统筹兼顾、整体施策、多措并举，全方位、全地域、全过程开展生态文明建设；五是用最严格制度最严密法治保护生态环境；六是共谋全球生态文明建设。①

当前中国已进入多重压力叠加的攻坚发展时期，在供给侧结构性改革的大背景下，不少地方都面临着经济转型升级的严峻考验，特别在新老产业衔接、环境保护和经济增长相互协调等问题上，回旋余地有限，难度有增无减。这意味着，未来的生态文明建设上的压力和矛盾会更加凸显。中

① 董峻，高敬，王立彬，侯雪静．推动生态文明建设迈上新台阶——全国生态环境保护大会释放四大新信号［N］．新华网，2018－05－20.

央确立新的生态文明战略思想，从顶层设计上解决了生态文明发展的方向和路径问题，但是要真正攻克“绿色难关”，则有赖于全社会环保观念和行动的双重变革。

二、中央全面打响“污染防治攻坚战”

污染防治攻坚战是生态文明建设的重中之重。为此，中央提出，既要明确治污攻坚战目标，打好一系列标志性的污染防治战役，也要调整产业结构、能源结构、运输结构及农业投入结构，做到“四增四减”，实现升级转换。在“十三五”时期取得环境保护成效基础上，实施最严格的环境保护制度，打好大气、水、土壤污染防治三大战役，提高生态环境治理成效，突出依法、科学、精准治污。作为新时代生态文明建设的顶层设计之一，《中共中央 国务院关于全面加强生态环境保护 坚决打好污染防治攻坚战的意见》要求加大力度、加快治理、加紧攻坚，推动形成绿色发展方式和生活方式，打好蓝天保卫战、碧水保卫战、净土保卫战等标志性的重大战役，加快生态保护与修复，改革完善生态环境治理体系，为人民创造良好生产生活环境。“十四五”时期，我国将持续推动产业生态化和生态产业化协同发展，优先发展新技术、新产业、新业态，以实现绿色生态转型。

（一）密集整治海洋生态问题

近年来，中国海洋生态问题形势严峻，不容小觑。实施监测的河口、海湾、滩涂湿地、珊瑚礁等典型海洋生态系统76%处于亚健康和不健康状态。2017年8月，国家海洋局组建第一批共6个海洋督察组陆续进驻辽宁、海南、河北、江苏、福建、广西，开展以围填海专项督察为重点的海洋督察。其间，同步对河北、福建开展海域海岛资源开发利用、海洋生态环境保护、海洋防灾减灾等方面海洋管理工作情况的例行督察。

2018 年 1 月，国务院派出的海洋督察组对辽宁、河北、江苏、福建、广西、海南 6 个省（区）的海洋生态保护情况进行了反馈；国家海洋局公布了我国首批国家海洋督察情况，并发布了史上最严的围填海管控措施。一系列行动处罚力度之大、措施之严，使得海洋生态问题再成议论的焦点。海洋督察组“点名道姓”对各个省（区）的具体问题进行了详细反馈与曝光。国务院还发布了史上最严的围填海管控措施，包括“十个一律”和“三个强化”，明确了“谁破坏，谁修复”的原则，中央整治海洋生态的决心可见一斑。

海洋督察的突破口在于围海造田。过去一个时期，各地方政府曾不计规模和成本地开展围填海活动，以求拉动当地经济发展。围填海活动会产生一系列环境问题。其粗放式发展模式一旦造成系统性的生态恶化，将难以根治与修复，退田还海成为解决此问题的首选方案。海洋开发活动与陆域活动是我国海洋生态环境问题的主要成因，未来唯有提高政府审批门槛，才能守住“禁止围填海”的底线，这对整治海洋生态环境问题至关重要。

（二）中央发起蓝天保卫战

2018 年 7 月，国务院印发《打赢蓝天保卫战三年行动计划》（以下简称《蓝天计划》），要求经过三年努力，明显减少重污染天数，明显改善环境空气质量，明显增强人民的蓝天幸福感。《蓝天计划》从调整优化产业、能源、运输、用地结构，实施重大专项行动，强化区域联防联控，健全法律法规体系，加强基础建设能力等方面提出任务及措施。

总的来看，大气污染防治是一项回应民众关切的系统工程，涉及改变发展观念、转变发展方式、优化经济结构等，需要综合调配科技、组织、舆论等各方面力量，进一步凝聚共识，妥善协调整体与局部、长期与短期、地区与部门以及城乡与阶层等多维度、多层次利益。现阶段，大气污染防治仍以政府推动为主，下一步也可以探索市场在污染治理中的作用。事实上，为控制温室气体排放，我国多地尝试建立碳排放权交易试点，市场的自发性调控已显示出一定效果，但也需要通过政策的宏观调控，规避市场的盲目性与滞后性。

三、首部生态党规引领第二轮环保督察

当前中国面临的环境形势依然严峻，生态环境恶化的趋势尚未得到根本性转变。为了加强环境保护力度，中央曾于2016年启动第一轮生态环境保护督察，此工作已于2019年5月完成。首轮督察覆盖31个省份，整改方案共明确整改问题2069项，移交地方387个责任追究问题，共问责4218人。尽管中央生态环境督察发现并整改了大量的生态环境问题，但是环境督察需形成一个长效机制。中央生态环境保护督察和地方日常监督执法之间是相辅相成的关系。中央生态环境保护督察通过发现典型案例和一些突出问题，通过以点带面的方式，督促地方进一步加强生态环境保护工作，但仍需要进一步建立长效机制，以便加强日常监管。

在此基础上，2019年6月，中共中央办公厅、国务院办公厅印发《中央生态环境保护督察工作规定》（以下简称《环保督察规定》），明确中央生态环境保护督察包括例行督察、专项督察和“回头看”等，例行督察的对象包括各省、自治区、直辖市党委和政府及其有关部门，承担重要生态环境保护职责的国务院有关部门，从事的生产经营活动对生态环境影响较大的有关中央企业和其他中央要求督察的单位。

《环保督察规定》首次以党内法规的形式确立了督察基本制度的框架、程序规范、权限责任等，它也是生态环境保护领域第一部党内法规，体现

了中央推进生态文明建设、加强生态环境保护工作的坚强意志。相比第一轮环保督察实施前由中共中央办公厅、国务院办公厅印发实施的《环境保护督察方案（试行）》，《环保督察规定》更加完备。其中的重大变化有：一是更加强调督察工作要坚持和加强党的全面领导，严格落实全面从严治党要求。二是更加突出纪律和责任，并且要求更多也更严格。三是进一步完善督察的顶层设计。《环保督察规定》明确中央生态环境保护督察实施两级督察体制，包括中央一级和省一级，还明确了 3 种督察方式：例行督察、专项督察和“回头看”。

四、新时代国土空间规划体系基本形成

国土空间是人类生产生活、开展社会经济活动以及生态文明建设的重要空间载体，是一个区域维护发展秩序与维持发展动力的根本基石，其核心在于空间规划权在不同层级间、不同部门间的分配关系。国土空间规划作为国土空间治理的基本手段，是实现社会经济高质量、可持续发展的基础保障。面临城乡建设转型升级、生态环境问题突出、社会矛盾发生转变等挑战，党的十八大报告将“优化空间开发格局”作为生态文明建设的四大任务之首，为空间规划体系改革埋下重要伏笔。此后，国土空间改革逐步推进，经历了由积极探索、试点实践到政策落实推进的历程。2019 年 5 月，《中共中央 国务院关于建立国土空间规划体系并监督实施的若干意见》（以下简称《若干意见》）印发，对国土空间规划工作做了总体部署，进一步明晰了新时代国土空间规划的功能定位、发展目标、框架体系和任务要求。

《若干意见》的发布，标志着国土空间规划体系顶层设计和“四梁八柱”基本形成，其内容要点有：一是明确 3 个阶段的发展目标，即：2020 年初步形成全国国土空间开发保护“一张图”，2025 年形成国土空间开发

保护制度，2035 年基本形成国土空间格局。二是搭建国土空间规划体系的总体框架，即“四梁八柱”。“四梁八柱”可简单归纳为“五级三类四体系”，从规划运行角度将规划体系分为编制审批体系、规划实施监督体系、法规政策体系和技术标准体系四个体系，从规划层级和内容类型角度将国土空间规划分为“五级三类”，分别对应我国“国省市县乡”的五级行政管理体系和规划总体规划、详细规划、相关专项规划三类，体现了生态文明新时代空间供给侧结构改革的要求。三是强化实施监管，推进了统筹改革。《若干意见》提出建立“全国统一、相互衔接、分级管理”的国土空间规划体系，统筹规划、建设、管理三大环节，按照事权对应的编审原则，强化规划权威，着重改进规划审批和实施监督，分级建立国土空间规划审批备案制度，精简规划审批内容，以“多规合一”为基础，推进“放管服”改革，提高空间治理效能，做到“一张蓝图干到底”。

作为对《若干意见》的重要补充，中央全面深化改革委员会第九次会议审议通过《关于在国土空间规划中统筹划定落实三条控制线的指导意见》，明确以资源环境承载能力和国土空间开发适宜性评价为基础，保障生态安全、粮食安全和国土安全。生态保护红线、永久基本农田、城镇开发边界三条控制线，是调整经济结构、规划产业发展、推进城镇化不可逾越的红线。

国土空间是相互影响、相互作用的整体，城市的扩张必然带来绿色空间的减少，这是世界各国经济发展的基本规律。中央一直坚守土地规划红线，如 2013 年中央农村工作会议上就提出过“十八亿亩耕地红线”。从“十八亿亩红线”到“三条控制线”，回应了社会关切，体现了中央对国土空间的基本定位。

城镇不仅要追求经济目标，还要追求生态目标，实现人与自然和谐共生。在城镇周边留下充足的生态空间，能够有效防止城镇无序蔓延，促进国土空间紧凑布局、集约发展，倒逼经济发展方式转变。在国土空间规划中，城镇空间、农业空间、生态空间三区规划主导功能划分，三线侧重边界管控，以线控区，能够充分发挥国土规划的“底盘”作用，为美丽中国建设提供有力保障。

五、“无废城市”引领生态建设新思路

“无废城市”是以创新、协调、绿色、开放、共享的新发展理念为引领，通过推动形成绿色发展方式和生活方式，持续推进固体废物源头减量和资源化利用，最大限度减少填埋量，将固体废物环境影响降至最低的城市发展模式。

面对快速工业化和城市化带来的生态环境问题，国家陆续出台多项政策以应对固体废物污染防治问题。其中，国务院办公厅印发的《“无废城市”建设试点工作方案》（以下简称《无废城市方案》），首次正式提出“无废城市”的城市管理理念。《无废城市方案》集中指出了城市废物处理不力所带来的生态环境问题，高度概括了建设“无废城市”的重大意义和基本原则，详细阐述了开展“无废城市”建设试点工作的总体目标和主要方针，为提升生态文明、建设美丽中国提供了新思路。

《无废城市方案》的出台，不仅是在生态文明建设方面对城市发展新模式的探索，也是对过去环境政策的延续和创新。《无废城市方案》明确，在全国范围内选择10个左右有条件、有基础、规模适当的城市开展“无废城市”建设试点；到2020年，系统构建“无废城市”建设指标体系，探索建立“无废城市”建设综合管理制度和技术体系，形成一批可复制、可推广的“无废城市”建设示范模式。

“无废城市”建设作为一项复杂的系统工程，需要政府、企业、民众三方协调合作。其中，政府主导制度设计和安全监督，民众参与构建社会

基础，废物处理企业成为固体废物高效资源化利用的市场主体。对此，《无废城市方案》明确以下6项重点任务：一是强化顶层设计引领，发挥政府宏观指导作用；二是实施工业绿色生产，推动大宗工业固体废物贮存处置总量趋零增长；三是推行农业绿色生产，促进主要农业废弃物全量利用；四是践行绿色生活方式，推动生活垃圾源头减量和资源化利用；五是提升风险防控能力，强化危险废物全面安全管控；六是激发市场主体活力，培育产业发展新模式。

《无废城市方案》指出，“无废城市”作为一种新的社会发展理念，在保障社会经济发展的同时，将使物质消耗大幅度减少，资源利用效率进一步提升，废弃物近零排放，为推动“无废社会”奠定良好基础。在实现环境保护和社会进步的同时，建设“无废城市”的潜在经济效益不容忽视。据估计，到2030年，我国固体废物分类资源化利用产值规模将达7万亿至8万亿元，将带动4000万—5000万个就业岗位，成为我国战略性新兴产业的重要支柱和经济增长新动能。《无废城市方案》为人们进行固体废物处理提供了一个系统性解决的思路。建设“无废城市”可改变城市面貌，也将在未来衍生新的产业体系，具有可观的市场机遇和发展空间。

第四编　新时代的中国与世界

改革开放以后，中国继续坚持独立自主的和平外交政策，为发展营造良好的外部环境。进入新时代，国际秩序出现大幅度调整，单边主义、保护主义、霸权主义、强权政治对世界和平与发展威胁上升，逆全球化思潮泛起，世界进入动荡变革期。党中央强调，面对复杂严峻的国际形势，必须统筹国内国际两个大局，健全党对外事工作领导体制机制，加强对外工作顶层设计，对中国特色大国外交做出战略谋划，推动建设新型外交关系，弘扬和平、发展、公平、正义、民主、自由的全人类共同价值，推动构建人类命运共同体。

中国新时代外交工作大局，紧扣服务民族复兴、促进人类进步这条主线，高举和平、发展、合作、共赢的旗帜，推进和完善全方位、多层次、立体化的外交布局，积极发展全球伙伴关系。

随着西方世界重拾“大国竞争”“美国优先”“欧洲优先”等论调，以零和博弈、二元对立、冲突对抗为特点的思维方式逐渐向全球扩散，冷战思维卷土重来。以经贸争端为表、全方位竞争为里的中美博弈，已经拉开了“世界百年未有之大变局”的序幕。对于经贸争端，中国政府明确“不想打、不怕打”的坚定立场，积极展开沟通协调，有理、有力、有节地进行反制，扭转了争端初期的被动局面，巩固了经济发展良好势头，稳定了社会信心。面对外部局势的反复变化，中国始终保持战略定力，充分调动各种积极要素，团结可以团结的各方力量，维护以联合国为核心的国际体系、以国际法为基础的国际秩序、以《联合国宪章》宗旨和原则为基础的国际关系基本准则，维护和践行真正的多边主义，坚决反对单边主义、保护主义、霸权主义、强权政治，积极推动经济全球化朝着更加开放、包容、普惠、平衡、共赢的方向发展。

经过持续努力，中国特色大国外交全面推进，我国外交在世界大变局中开创新局、在世界乱局中化危为机，我国国际影响力、感召力、塑造力显著提升。

2020年，全球新冠肺炎疫情暴发，许多国家一度相互争夺抗疫资源，疫情的全球蔓延，也进一步加重了逆全球化趋势。疫情暴发以来，中国展现出负责任大国形象。

中国屡次在国际场合呼吁世界各国团结合作战胜疫情，表示愿同有关国家共同分享疫情防控经验。在2020年5月召开的第73届世界卫生大会视频会议上，中方提出共同构建“人类卫生健康共同体”的创造性合作构想，得到国际社会的广泛关注和赞誉。由“人类命运共同体”衍化而来的“人类卫生健康共同体”，体现了从“自助”到“扶助”的理念转换，在人类共同面临危机时，更要以正确的义利观对待国际关系中的权利与义务问题。我国在开展抗击新冠肺炎疫情的国际合作中，发起新中国成立以来最大规模的全球紧急人道主义行动，向众多国家特别是发展中国家提供物资援助、医疗支持、疫苗援助。

世界大变局与世纪疫情交织叠加、相互影响。尽管新冠肺炎疫情造成强烈冲击，但中国的全球经济合作仍在稳步推进，与此同时，中国面临的国际斗争也日趋激烈。一方面，面对贸易保护主义的抬头之势，中国坚定维护以世界贸易组织为核心的多边贸易体制，积极参与构建以区域性合作为主体的全球经济网络。2020年11月，中国还积极参与、推动了由东盟十国发起的《区域全面经济伙伴关系协定》（RCEP）签署。2020年最后一天，历经7年磋商的《中欧全面投资协定》（CAI）终于达成。当然，由于欧盟内部的因素变化以及美国等力量的干预，未来《中欧全面投资协定》如何落地，还面临诸多挑战。2021年9月，中国宣布申请加入《全面与进步跨太平洋伙伴关系协定》（CPTPP）后，同年11月又宣布申请加入《数字经济伙伴关系协定》（DEPA），充分彰显了中国构建更高水平开放体系、坚持多边主义的决心。另一方面，针对2018年以来美国对中国企业和公民实施制裁、干涉的一系列措施，中方也采取了有理有节的反制措施。从2020年9月到2021年6月，《不可靠实体清单规定》、《阻断外国法律与措施不当域外适用办法》及《中华人民共和国反外国制裁法》相继公布实施。2021年9月，在中国政府努力下，被加拿大“应美国要求”无理拘押1000多天的华为公司首席财务官孟晚舟终于返回祖国，意味着美国“长臂管辖”遭遇了失败。可以预见，百年未有之大变局下的中美竞争，将成为未来相当长一段时间内全球治理中的焦点问题。而世界百年未有之大变局既为中国实现民族复兴提供了条件和机遇，也带来了潜在风险和挑战。

中国多次就坚持多边主义、携手共克疫情、实现经济复苏、应对气候变化等全面深入阐述中国主张、中国方案，充分彰显了大国大党对世界大势的深刻洞察和对人类命运的深厚情怀。党推动构建人类命运共同体，为解决人类重大问题，建设持久和平、普遍安全、共同繁荣、开放包容、清洁美丽的世界贡献更多中国智慧、中国方案、中国力量，成为推动人类发展进步的重要力量。党坚持把中国人民的利益同世界人民的利益统一起来，致力于与各国携手推动构建人类命运共同体。

第十二章　应对国际挑战

当今世界正经历百年未有之大变局。随着西方世界重拾“大国竞争”“美国优先”“欧洲优先”等论调，以零和博弈、二元对立、冲突对抗为特点的思维方式逐渐向全球扩散，冷战思维似又卷土重来。如果说2018年至2019年是世界秩序新旧转换的关键节点，那么由美国单方面挑起的中美贸易战乃至全面竞争，无疑是这一节点上最受瞩目也是影响最为深远的历史事件。而2020年突发的全球新冠肺炎疫情和2022年爆发的俄乌冲突，则加剧了世界秩序的结构性演变，撼动了美国霸权主导的全球格局。面对外部局势的急剧变化，中国始终保持战略定力。一方面，充分调动各种积极因素，团结可以团结的各方力量，努力开创中国特色大国外交新局面；另一方面，有理有节地应对美国挑战，推动中美关系重回健康稳定发展的正确轨道，为地区和世界和平发展注入正能量。尽管遭遇贸易保护主义夹击和疫情强烈冲击，中国还是始终秉持“构建人类命运共同体”理念，深度参与全球治理变革，坚定维护多边自由贸易体制，推动构建以区域国际合作为主体的全球经济网络。放眼未来，大变局为中国实现民族复兴提供了历史条件和重大机遇，但也意味着诸多风险挑战，需要我们从容谨慎地应对。

一、开创中国特色大国外交新局面

在庆祝中国共产党成立100周年大会上，习近平总书记向世界庄严宣誓："新的征程上，我们必须高举和平、发展、合作、共赢旗帜，奉行独立自主的和平外交政策，坚持走和平发展道路，推动建设新型国际关系，推动构建人类命运共同体，推动共建'一带一路'高质量发展，以中国的新发展为世界提供新机遇。"① 党的十九大报告提出了推动构建新型国际关系、推动构建人类命运共同体的"两个构建"的外交总目标，前者的核心内涵在于相互尊重、公平正义、合作共赢，后者则着眼于拿出解决各种全球性难题的方案。近年来，这两个主题在中国外交整体布局中全面展开、贯穿始终。例如，在2020年2月举行的第56届慕尼黑安全会议上，中方代表以"跨越东西差异、践行多边主义"为题发言，强调多边主义不认同一国优先，各国都享有平等发展权利，大国应当身体力行，不应热衷于划分势力范围、搞相互对抗拆台，而应努力保持世界的开放性，做《联合国宪章》和国际法的坚定维护者，在全球治理中增进国际协调。

中国是这么说的，也是这么做的。在庆祝中国共产党成立100周年大会上，习近平总书记深情回顾中国共产党百年奋斗的光辉历程，表达与世界一切进步力量携手开创美好未来的坚定决心，展现了中国共产党人的全球视野、天下情怀和大国担当。② 中国一直提倡构建相互尊重、公平正义、合作共赢的新型国际关系，坚定不移在和平共处五项原则基础上发展同各国的友好合作，秉持共商共建共享的全球治理观，倡导国际关系民主化，

① 习近平：在庆祝中国共产党成立100周年大会上的讲话［J］. 求是，2021（14）.

② 共同建设更加美好的世界（新时代的关键抉择）［EB］. 人民网，2021－11－09.

维护以联合国为核心的国际体系、以国际法为基础的国际秩序，维护多边主义和国际公平正义；发出“丝绸之路经济带”和“21 世纪海上丝绸之路”重大倡议，举办两届“一带一路”国际合作高峰论坛，还举办了进博会、服贸会、广交会、消博会等经贸盛会，以及二十国集团领导人杭州峰会、中非合作论坛北京峰会等重大主场外交活动。新的征程上，要坚持以习近平外交思想为指导，体现人类命运共同体大国担当，始终做世界和平的建设者、全球发展的贡献者、国际秩序的维护者，让和平与发展的曙光普照全球。中国还积极应对气候变化，填补美国一度退出《巴黎协定》所引发的“责任真空”，切实履行气候变化、生物多样性等环境相关条约义务，努力推动构建公平合理、合作共赢的全球环境治理体系。

2020 年以来，面对新冠肺炎疫情对全球化进程和世界经济的冲击，中国在积极助力全球抗疫的基础上，进一步推动区域性经济贸易合作。中国参与推动了由东盟十国发起的《区域全面经济伙伴关系协定》的签署。这标志着目前全球最大规模的自贸区扬帆起航，是中国自贸区战略进程中的重要里程碑。同时，该协定的顺利推进显示了在新冠肺炎疫情和逆全球化背景下，亚太国家通过加强区域经济一体化合作来支持多边贸易体系的决心。2021 年 4 月，中国向东盟秘书长正式交存《区域全面经济伙伴关系协定》核准书，标志着中国正式完成协定核准程序，成为非东盟国家中第一个正式完成核准程序的成员国。2020 年 12 月，中欧领导人共同宣布如期完成《中欧全面投资协定》谈判。2021 年 9 月，中国宣布申请加入《全面与进步跨太平洋伙伴关系协定》，11 月又宣布申请加入《数字经济伙伴关系协定》。

针对一些西方国家出于政治操纵需要和意识形态偏见，利用涉台、涉疆、涉港等各种借口对中国进行遏制打压，特别是违反国际法和国际关系基本准则，依据其本国法律对中国有关国家机关、组织和国家工作人员实施所谓“制裁”，粗暴干涉中国内政的突出问题，2021 年 6 月，十三届全国人大常委会第二十九次会议审议通过《中华人民共和国反外国制裁法》。该法开篇即阐明了中国的外交基本政策和原则立场，重申中国坚持独立自主的和平外交政策，坚持互相尊重主权和领土完整、互不侵犯、互不干涉内政、平等互利、和平共处的五项原则，维护以联合国为核心的国际体系和以国际法为基础的国际秩序，推动构建人类命运共同体，反对霸权主义和强权政治，反对任何国家以任何借口、任何方式干涉中国内政。

（一）确立习近平外交思想的指导地位

2018 年 6 月，中央外事工作会议在京召开，会议指出：当前中国正处于近代以来最好的发展时期，世界处于百年未有之大变局，两者同步交织、相互激荡，做好当前和今后一个时期对外工作具备很多国际有利条件。在此背景下，会议首次提出并确立了习近平新时代中国特色社会主义外交思想（即“习近平外交思想”）对我国外交的指导地位。

习近平外交思想以“十个坚持”为总体框架和核心要义：一是坚持以维护党中央权威为统领加强党对对外工作的集中统一领导；二是坚持以实现中华民族伟大复兴为使命推进中国特色大国外交；三是坚持以维护世界和平、促进共同发展为宗旨推动构建人类命运共同体；四是坚持以中国特色社会主义为根本增强战略自信；五是坚持以共商共建共享为原则推动“一带一路”建设；六是坚持以相互尊重、合作共赢为基础走和平发展道路；七是坚持以深化外交布局为依托打造全球伙伴关系；八是坚持以公平正义为理念引领全球治理体系改革；九是坚持以国家核心利益为底线维护国家主权、安全、发展利益；十是坚持以对外工作优良传统和时代特征相结合为方向塑造中国外交独特风范。“十个坚持”明确了新时代中国对外工作的历史使命、总体目标和必须坚持的一系列方针原则，体现了新时代中国特色大国外交的本质要求和前进方向。除了“十个坚持”，准确理解习近平外交思想，还要把握“三观”，即正确的历史观、大局观、角色观。所谓正确历史观，就是不仅要看现在国际形势什么样，而且要端起历史望远镜回顾过去、总结历史规律，展望未来、把握历史前进大势。所谓正确大局观，就是不仅要看到现象和细节怎么样，而且要把握本质和全局，抓住主要矛盾和矛盾的主要方面，避免在林林总总、纷纭多变的国际乱象中迷失方向、舍本逐末。所谓正确角色观，就是不仅要冷静分析各种国际现象，而且要把自己摆进去，在我国同世界的关系中看问题，弄清楚在世界格局演变中我国的地位和作用，科学制定我国对外方针政策。

（二）“两个构建”成为中国外交鲜明导向

构建新型国际关系和构建人类命运共同体是新时代中国外交的主线。近年来，从博鳌亚洲论坛到上海合作组织青岛峰会，从中非合作论坛北京峰会到历届中国国际进口博览会，构建人类命运共同体成为中国一系列外交活动的主旨理念。该理念也得到多方认同，被写入中非合作论坛北京峰会、上合组织青岛峰会、中阿合作论坛部长级会议以及诸多双多边高层交往的成果文件之中。与此同时，作为国际秩序的参与者、受益者、守护者和建设者，中国致力于通过维护国际规则，达成公平、共赢的目标。在金砖国家领导人会晤、亚太经合组织领导人非正式会议、二十国集团领导人峰会等国际多边平台，中国都积极发声，明确反对保护主义和单边主义，推动各方维护多边主义及全球主要多边机制的中心地位。

在中国人民解放军海军成立 70 周年多国海军活动海上阅兵中，习近平集体会见出席活动的外方代表团团长并发表讲话，首次提出“海洋命运共同体”概念，并从维护海洋安全、增进海洋福祉、海洋生态文明建设、涉海分歧协商机制 4 个方面阐释了“海洋命运共同体”的重要意义。① 在亚洲文明对话大会上，聚焦“亚洲文明交流互鉴与命运共同体”这一主题，来自亚洲 47 个国家和世界其他国家及国际组织的 1352 位会议代表共商亚洲文明发展之道，共话亚洲合作共赢大计。习近平在大会开幕式上发表了题为《深化文明交流互鉴 共建亚洲命运共同体》的演讲，强调今日之中国，不仅是中国之中国，而且是亚洲之中国、世界之中国；亚洲各国山水相连、人文相亲，有着相似的历史境遇、相同的梦想追求；亚洲人民期待一个和平安宁、共同繁荣、开放融通的亚洲；希望亚洲各国互尊互信、和睦共处，秉持开放精神，推进政策沟通、设施联通、贸易畅通、资金融通、民心相通，共同构建亚洲命运共同体、人类命运共同体。② 参会各国共同发表《亚洲文明对话大会 2019 北京共识》，提出亚洲人民应当树立起高度的文明自信，在先辈们铸就的光辉成就基础上，坚持同世界其他文明交流互鉴，努力续写亚洲文明新的辉煌。

2020 年以来，面对世纪疫情与百年变局的交织叠加，中国始终秉持构建人类命运共同体理念，积极推动国际抗疫合作，为全球抗疫贡献中国智慧和中国力量。一方面，中国作为世界人口第一大国，短时间内采取强有力措施，迅速控制住了疫情；另一方面，中国提出了构建“人类卫生健康共同体”的理念，在控制住了疫情后迅速复工复产，为世界提供各类抗疫物资和新冠疫苗，通过各种形式与各国和世卫组织分享疫情信息和抗疫经验，坚定支持世卫组织发挥领导作用。

截至 2021 年 5 月，中国已为受疫情影响的发展中国家抗疫及恢复经

---

① 人民海军 70 年 习近平集体会见出席海军成立 70 周年多国海军活动外方代表团团长［EB］. 新华网，2019－04－23.

② 深化文明交流互鉴 共建亚洲命运共同体——在亚洲文明对话大会开幕式上的主旨演讲［EB］. 人民网，2019－05－15.

济社会发展提供了20亿美元援助，向150多个国家和地区以及13个国际组织提供了抗疫物资援助，为全球供应了2800多亿只口罩、超34亿件防护服、40多亿份检测试剂盒，向80多个有急需的发展中国家提供疫苗援助，向43个国家出口疫苗。中国疫苗作为全球公共产品向世界供应超3.5亿剂，成为全球抗疫的有力武器。中国还向国际社会提供抗疫资金，减免或暂停发展中国家和地区的债务偿还等，为全球抗疫提供了切实助力。在运送大量抗疫物资的同时，中国还确保了全球供应链产业链的稳定和完整，海外千余个“一带一路”合作项目坚持运行，近10万名中国技术和工程人员坚守岗位，为保障各国民众的民生福祉做出了突出贡献。这些实际举动，正是“人类命运共同体”理念最为生动的写照。通过抗疫合作、“一带一路”建设、构建人类命运共同体等，我们也向世界表明，中国是国际社会的建设性力量，中国将给世界带来希望，而不是挑战。

（三）稳住大国互利合作关系“基本盘”

在中美关系处于十字路口之时，中国与其他大国或重要区域联合体的关系却实现了稳中有进。中俄关系在“背靠背”战略之下，全面战略协作伙伴关系不断深化，对维护世界和平与稳定持续发挥着重要作用。过去几年，中俄两国元首多次会晤并实现互访，就一系列重大国际问题进行战略沟通。在经济领域，习近平应邀赴俄罗斯出席第四届东方经济论坛①，中俄加快欧亚经济联盟与“一带一路”倡议的战略对接，两国双边贸易额创纪录地达到1000亿美元；在国际合作领域，中国发布《中国的北极政策》

① 习近平主席赴俄罗斯出席第四届东方经济论坛取得圆满成功［EB］. 央视网，2018－09－13.

白皮书，与俄罗斯携手共建“冰上丝绸之路”，计划中的北极航道与元首外交达成的其他协议一起，在增强能源安全、扩展发展潜力、增进优势互补、改善地缘政治格局、实现政治战略协同等方面具有广阔的空间。

值得注意的是，2019 年 3 月，欧盟委员会发布《欧盟 – 中国：战略展望》，提出了推动中欧合作的具体意见，同时，为应对中国的经济和政治影响力上升，也首次将中国称为“竞争者”。在此背景下，中国领导人对意大利、摩纳哥和法国进行国事访问，为推动中欧“一带一路”合作、强化中欧全面战略伙伴关系注入新动力。[①] 中意两国签署政府间关于共同推进“一带一路”建设的谅解备忘录，意大利由此成为七国集团中首个和中国签约支持“一带一路”的国家。中法两国签署了第三方市场合作第三轮示范项目清单，启动了第三方市场合作基金，共同打造两国“一带一路”合作支点。习近平还出席了中法首次全球治理论坛的闭幕式，提出破解“四大赤字”，即：坚持公正合理，破解治理赤字；坚持互商互谅，破解信任赤字；坚持同舟共济，破解和平赤字；坚持互利共赢，破解发展赤字。[②] 论坛期间，中德两国领导人还举行会谈，沟通讨论了推动中欧投资协定谈判、欧方参与“一带一路”倡议、共同维护多边主义、共商世界贸易组织等多边机构改革等重大事项。[③]

总体来看，中国积极探索对话而不对抗、结伴而不结盟的国际关系新路，引导大国关系沿着不冲突不对抗、相互尊重、合作共赢的轨道发展，推动构建总体稳定、均衡发展的大国关系框架，稳住了对外关系的“基本盘”。

---

① 习近平今年首访欧洲引高度期待，王毅：中欧合作为世界注入“暖流”［N］. 环球时报，2019 – 03 – 19.

② 今年首次外访，习近平见证的这些第一次［EB］. 央视新闻，2019 – 03 – 28.

③ 习近平出席中法全球治理论坛闭幕式并致辞［EB］. 新华网，2019 – 03 – 27.

（四）周边外交的新局面与潜在风险

中国周边外交有3条主线：一是睦邻外交，二是区域合作，三是应对美国在中国周边的战略布局所带来的挑战。这3条主线相互交织，双边关系是基础，地区合作是引导，外来因素是干扰。就整个周边而言，由于中俄战略伙伴关系的稳定以及中国与中亚国家关系的良好发展，加上上海合作组织的稳定发展，中国的西部和北部始终保持整体稳定的态势，挑战主要来自东部和南部。

近些年，美国为遏制中国崛起，试图利用周边国家及地区组织来抑制中国发展。尽管如此，中国与周边国家仍能克服困难实现稳步发展。继2017年中国与东盟国家通过“南海行为准则”框架后，2018年，在中国－东盟国家外长会上，中国和东盟国家形成了“南海行为准则”单一磋商文本草案，标志着南海问题正步入有效管控的轨道。中国与东盟在南海问题上取得的进展与中国和菲律宾关系的改善有着重要关系。杜特尔特当选菲律宾总统后，接受与中国通过对话协商解决南海问题的主张，不仅使中菲关系大幅度改善，而且使南海问题得以进入协商解决的轨道。在朝鲜半岛问题上，中朝领导人的3次会晤充分体现出中国在推动半岛局势转圜中的关键作用，也进一步巩固了中朝关系。2019年习近平再次会见金正恩时，双方共同提出，中朝关系已进入新的历史时期。①

2021年以来，随着美、日、澳、印（印度）四方机制的形成，日本对华政策呈现强硬态势，中日关系蒙上阴影。此外，中国也通过区域组织，加强与周边国家的合作。在各类论坛以及与多国代表会见过程中，中方均向国际社会表达了奉行多边主义、捍卫多边贸易体制、倡导

---

① 习近平会见金正恩［EB］．央视新闻，2019－06－21.

开放合作互利共赢的立场。

中国与印度关系方面，继中国稳妥处理“洞朗事件”之后，边境问题依然是阻碍两国关系健康发展的隐患。为改变现状，2019 年 10 月，印度政府正式在印度控克什米尔地区成立了“查谟－克什米尔中央直辖区”和“拉达克中央直辖区”。然而，所谓的“拉达克中央直辖区”涵盖了中印边界西段的部分中方领土。对此，中国外交部严正声明中方立场，反对印方将中印边界西段的中方领土划入印方行政管辖范围，指出印方以单方面修改国内法律的形式损害中方的领土主权，这一做法不可接受，也不会产生任何效力。印度这种造成边界问题复杂化的举动，也为未来可能的边境冲突埋下了伏笔。2020 年 5 月 6 日，印度边防部队在加勒万河谷地区越线进入中国领土。之后印度还公然打破 6 月 6 日军长级会晤达成的共识，再次跨越实控线蓄意挑衅，甚至暴力攻击交涉的官兵，进而引发激烈的肢体冲突并造成人员伤亡。中印边境摩擦引起两国关系恶化，印度政府随后单方面封杀 59 个中国互联网应用。如今，在美国“印太战略”的影响下，印度方面屡屡发出对华强硬信号。由于双方对历史边界争议尚未达成解决方案，中印关系的未来走向并不乐观。

二、在大国博弈中推动中美关系重回正确轨道

当今世界正在经历百年未有之大变局，我国发展的内部条件和外部环境正在发生深刻复杂变化，和平与发展仍是时代主题，发展不平衡不充分问题仍然突出。近几年，我国发展的国际环境明显恶化，这主要缘于 2017 年特朗普就任美国总统以来美国加强对中国的打压。美国先是挑起对华贸易摩擦，而后又通过发动科技战、设置“实体清单”、制定涉华法案、对华污名化攻击等手段破坏中国持续发展大局，遏制中国走近世界舞台中央。中美关系是世界上最重要的双边关系之一。继美国国家安全报告将中

国定位为“战略竞争对手”“修正主义大国”之后，2018 年美国国防部发布《国防战略报告》，不仅把美国同中国和俄罗斯的长期战略竞争列为“首要优先事项”，还把中国置于俄罗斯之前，确立为影响美国国家安全、威胁美国繁荣的首要挑战。该报告还强调整合外交、信息、经济、财政、情报、军事等各种力量来扩大竞争空间，形成一整套应对中国崛起的新战略，大有与中国在全球范围内进行全面竞争的阵势。

贸易战和科技战被美国视为这场全面竞争的突破口。2018 年底“孟晚舟事件”以来，美国特朗普政府通过产品禁售、切断供应链、技术封锁、市场限制及拉拢盟国打压等方式，对以华为为代表的中国高技术企业进行打压，截至 2020 年 8 月，累计有 10 个批次 296 家中国实体机构受到美国制裁。2020 年 5 月，美国参议院更是通过了《外国公司问责法案》，同一时间，白宫和国防部向美国国会提交了报告《美国对中国的战略方针》。有鉴于此，2021 年 6 月，十三届全国人大常委会第二十九次会议表决通过《中华人民共和国反外国制裁法》。作为对一些西方国家霸权主义和强权政治的法律回应，该法对于维护国家主权、安全、发展利益，统筹推进国内法治和涉外法治，具有重要的现实作用和长远意义。

拜登就任美国总统后，不少开明人士期待拜登政府能够恢复商业理性，着眼于中美两国商业利益而缓和对华关系，通过谈判解决中美两国的经贸分歧。然而，2021 年 3 月，在举世瞩目的中美阿拉斯加对话上，双方争论的并非经贸分歧，而是两国关系。拜登政府试图向世界表明，美国以“人权帝国”形象回归世界并继续领导世界，以扭转特朗普的“美国优先”政策给美国的世界帝国形象带来的损害。为此，拜登政府在中美会谈前一天以人权理由对中国香港施加进一步制裁。紧随其后，西方以“种族灭绝”“强迫劳动”之类的人权理由在联合国对中国展开围攻，并对新疆的棉花出口进行制裁。

尽管中方在坚决捍卫自身利益的基础上，对中美关系的发展仍然持积极正面的态度，但拜登政府在大的政策方向上仍然延续了特朗普政府的做法，包括打造制华“价值联盟”、打人权牌、对华进行“小院高墙”科技封锁以及加大在印太地区对中国的政治和军事施压等。可以预见的是，美国对中国的战略合围和“极限竞争”态势，仍将长期持续。总体而言，美国对华战略，已经从以往友好接触政策转向“新冷战”遏制政策，中美关系已经无法回到过去。这在客观上要求我们继续保持战略定力，稳住阵脚，做到处乱不惊、有效应对，努力成为创造世界和平、发展、合作最大的积极因素。

（一）特朗普政府单方面挑起中美之争

特朗普就任美国总统以来，“美国优先”“制造业回流”等保护主义理念左右了美国经济政策的制定过程，一个突出的表现是，美国的贸易政策陡然强硬：2017 年，特朗普签署行政备忘录，授权美国贸易代表审查“中国贸易行为”，其后美国贸易代表宣布正式对中国发起“301 调查”。2018 年，美国商务部公布针对进口钢铁和铝产品的国家安全“232 调查”报告；随后，特朗普宣布将对进口钢铁和铝产品全面征税，税率分别为 25% 和 10% ，其后，白宫正式签署对华贸易备忘录，宣布将可能对从中国进口的 600 亿美元商品加征关税，并限制中国企业对美国企业投资并购；美国贸易代表办公室则依据“301 调查”结果，公布拟加征关税的、价值 500 亿美元的中国商品清单，并建议对 1300 种商品加征 25% 的关税，主要涉及信息和通信技术、航天航空、机器人、医药、机械等行业；同时，特朗普还指示美国贸易代表办公室进行“301 调查”，宣扬正在考虑对从中国进口的额外 1000 亿美元商品加征关税。

中国在采取必要反制措施的同时，也部分回应了美国的经贸诉求，试图为贸易争端降温。针对美国率先宣布加征关税的行为，国务院关税税则委员会决定对原产于美国的大豆、汽车、化工品等 14 类、106 项价值约 500 亿美元的美国商品加征 25% 的关税。与此同时，在博鳌亚洲论坛年会开幕式上，中国宣布将相当幅度降低汽车进口关税，同时降低部分其他产品进口关税。

然而，中方释放的诚意并未获得对等的反馈。2018 年 4 月，美国商务部对中兴通讯实施制裁禁令，禁止所有美国企业在 7 年内与其开展任何往来业务，导致中兴通讯公司主要经营活动无法进行。美国对中兴通讯的定点狙击引发了中国社会的强烈担忧：一方面，美国政府无视国际规则，滥用“长臂管辖”的行为将中国企业置于巨大的不确定性之中；另一方面，如何突破“卡脖子”关键技术的瓶颈，成为中国政府、企业与民间的核心议题。针对此种情形变化，中方在继续对美国进口货物实施临时反倾销措施等的同时，促成了 2018 年 5 月初中方代表刘鹤与姆努钦所率美方代表团的接洽。而后刘鹤率团访美，与美方达成共识，不打贸易战，停止互相加征关税。此后中方释放诚意，表示将自 2018 年 7 月起降低汽车整车及零部件进口关税。

然而美方再次出尔反尔。2018 年 5 月，特朗普要求美国商务部长罗斯就进口车辆对于国家安全的影响进行调查。随后美国公布了将加征 25% 关税的价值 500 亿美元中国进口商品清单，并分批生效。此后美方更是变本加厉，9 月，特朗普宣布将对价值 2000 亿美元中国进口商品加征 10% 关税，并将于 2019 年起上升至 25%；声称如果中国针对美国农民或其他行业采取报复措施，将会立即启动“第三阶段”，对约 2670 亿美元的中国输美产品加征关税。对此，中国政府在表明立场、指责美国不公平做法的同时，展开对等反击，宣布对汽车等数千个税目加征关税。2018 年 9 月，国务院新闻办公室发布《关于中美经贸摩擦的事实与中方立场》，重申中国有信心、有决心、有能力应对各种风险挑战。

2018 年 12 月 1 日，中美两国领导人在二十国集团峰会上达成停止加征新关税的共识。但就在领导人会晤的同一天，加拿大政府应美国要求逮捕了华为技术有限公司主要创始人兼总裁任正非之女、华为副董事长兼首席财务官孟晚舟，并有可能将其引渡至美国。美、加两国披着法治外衣来实现政治经济目的的行径，引发中国政府和民众的强烈不满，对原本已经激化的经贸争端而言无疑是雪上加霜。通过这一事件，人们越发意识到，美国的利益诉求绝不仅仅是缩小、消除贸易逆差；精准狙击“中国制造2025”，遏制中国科技创新，使中国停留在产业链低端和经济附庸地位，进而维护美国的全球霸权地位，是其更为深层的战略目标。

为了在中美经贸争端中变被动为主动，2019 年 6 月，国务院新闻办公室发布《关于中美经贸磋商的中方立场》白皮书，全面介绍了中美经贸磋商基本情况，阐明中国对中美经贸磋商的政策立场。白皮书强调：美国宣布提高对华加征关税，不利于解决双边经贸问题，中国对此强烈反对，不得不做出反应，维护自身合法权益。中国的态度是一贯的、明确的。中美合则两利，斗则俱伤，合作是双方唯一正确的选择。对于两国经贸分歧和摩擦，中国愿意采取合作的方式加以解决，推动达成互利双赢的协议。但合作是有原则的，磋商是有底线的，在重大原则问题上中国决不让步。对于贸易战，中国不愿打，不怕打，必要时不得不打，这个态度一直没变。

在此基础上，白皮书从 3 方面加以论述：一是美国挑起对华经贸摩擦损害两国和全球利益。经济全球化时代，中美两国经济高度融合，美国加征关税的措施损人不利己，贸易战并未给美国带来所谓的“再次伟大”。美国贸易霸凌行径殃及全球，这样做既损害多边贸易体制权威，又威胁全球经济增长，同时还会扰乱全球产业链、供应链。二是美国在中美经贸磋商中出尔反尔、不讲诚信。自双方经贸磋商启动以来，3 次谈判，美国皆出尔反尔，违背之前达成的共识。中美经贸磋商严重受挫，责任完全在美国政府。三是中国始终坚持平等、互利、诚信的磋商立场。中国主张双方磋商时，要相互尊重、平等互利，同时还要相向而行、诚信为本。中国在原则问题上决不让步，任何挑战都不能阻挡中国前进的步伐。

白皮书的发布，对美国挑起冲突和出尔反尔的来龙去脉做了有事实有数据的介绍，及时澄清了事实，回击了“美国吃亏论”“关税有利论”“中国失信论”等错误论调，也表明了中国的立场和态度，有助于中国在国际环境中争取主动。

（二）拜登政府发起对华全面战略竞争

2021 年 11 月 16 日上午，中美两国领导人举行视频会晤，双方就事关中美关系发展的战略性、全局性、根本性问题以及共同关心的重要问题进行了深入沟通和交流。中方阐明新时期中美正确的相处之道，强调双方应遵守相互尊重、和平共处和合作共赢 3 项基本原则。美方表示应坦诚面对分歧，在有共同利益的地方加强合作，确保两国之间的竞争不会演变成冲突。两国就中美关系重要性、反对打“新冷战”等达成重要原则性共识。此次视频会晤，是继 2021 年 2 月和 9 月两次电话通话后，中美两国元首的又一次直接对话，这也是拜登政府上台后，两国最高领导人首次以视频形式举行会晤。舆论认为，此次会晤增进了双方相互了解，增加了国际社会对中美关系的正面预期。

但是，拜登政府在延续特朗普对华强硬政策的基础上，发起对华“全面战略竞争”，并利用结盟政治重新打造对华战略包围圈，准备与中国长期竞争。2021 年 3 月，拜登政府发布《国家安全战略过渡性指导方针》，强调民主制度和价值观是美国的核心竞争优势，美国将对内恢复国力，修复美国民主制度，对外联合盟友，在应对跨国挑战和大国竞争中担当领导角色。一方面，拜登政府通过打“中国牌”弥合国内分歧。拜登政府要求情报部门重新开展新冠病毒溯源，炒作涉疆、涉港、涉台事务，提出超2万亿美元的基建投资方案，推动国会制定《2021美国创新与竞争法案》，以应对中国挑战之名，加大对基建和高科技领域投资，将内政方案包装在“反华”方案中，以换取共和党和国内公众的支持。另一方面，拜登政府组建“价值观联盟”，打造排挤中国的各种“小圈子”。拜登政府吸收澳大利亚、印度和韩国，将七国集团发展为民主十国集团，在此基础上召开“民主国家峰会”。拜登政府倡议组建技术联盟，联合“民主国家”共同开发可信任的人工智能生态系统、5G/6G基础设施系统，制定互联网和其他技术的规则和标准。拜登政府将印太同盟和美欧跨大西洋同盟作为对华政策的两个战略支柱，在同盟框架内深化经济、技术、军事和安全合作。

从2021年3月美、日、澳、印（印度）四国领导人“四方安全对话”线上会议，到七国集团峰会、欧美峰会、北约峰会，拜登外交的一个核心主题就是以价值观和共同利益形成结盟政治，又以结盟政治压制中国。例如，在七国集团峰会上，拜登提出“重建更好世界”全球基建项目，试图与中国的“一带一路”倡议竞争；在欧美峰会上，欧美双方决定成立欧盟－美国贸易和技术委员会，开启跨大西洋伙伴关系新篇章；而北约峰会公报则宣称，中国对国际秩序和北约安全构成系统性挑战。这一系列动作，标志着美国倾举国之力围堵中国战略正式形成，不管中国如何应对，不管美国内部分歧如何，这一局面短期内不可能改变。

总的来看，拜登政府对华政策呈现出“竞争、合作、对抗”三轨并行的特点，希望在加强竞争的同时，在双边和多边框架内，在气候变化、疫情危机等全球议题上跟中国开展合作，以实现中美的“竞争性共存”。但在实践中，由于美国坚持价值观导向，厘清中美竞争与合作的边界和领域异常困难，美方的错误言论和激进行为，将逐渐挤压中美合作的空间，导致中美关系的天平一步步倒向竞争和冲突。①

（三）中美关系的历史转折与应对策略

第一，中美经贸争端是美国结构性、社会性问题的投射。

一方面，缩小贸易逆差只是特朗普政府的借口，其挑起贸易争端的首要原因是美国的国内矛盾。美国作为整体，无疑是从全球化中获得巨利，但利益并没有在国内各阶层、产业、部门之间均等分配。全球化过程中，资本、技术在美国之外获得高回报，而传统行业则面临激烈竞争，失落的中产阶层对赚得盆满钵满的华尔街、硅谷以及享受美国高福利的外来移民心生不满，传统制造业的外流和“铁锈地带”的形成是特朗普选举获胜的经济基础。根据2018年美国官方统计数据，中等收入和低收入家庭的财富复苏远低于高收入家庭，中产阶层的经济安全面临严重危机，储蓄率极低、负债率剧增等问题增加了阶层跌落的可能；住房、医保、教育的高成本加剧了阶层固化。财富的不均等和利益对立催生认同危机，差距的持续扩大导致美国梦破裂，并使社会进一步撕裂。所谓“传统制造业回流”就是在这样的背景下发生的，而“使美国再次伟大”在经济上的含义就是重建强大的中产阶层。然而正是在美国中产阶层所对应的传统行业，中国拥有明显的竞争优势。因此，在经贸领域对华发难，被特朗普政府视为解决困境的重要方法，成为凝聚其选民共识的一面大旗。

另一方面，中国崛起刺激美国重新调整对华政策。2008年金融危机以来，面对中国在经济复苏中的强劲表现和在国际事务中的重要地位，处

① 孔元．打中国牌：“拜登主义”外交的算盘［J］．文化纵横，2021（4）．

于战略萎缩期的美国颇为忌惮，将中美关系界定为崛起大国对守成大国的挑战。继奥巴马政府采取围堵中国的“亚太再平衡战略”之后，特朗普政府又给中国打上了各种污名化的标签，这完全背离了中美关系正常化40余年来超越意识形态分歧、回避中美对抗的主导思想。经贸争端的爆发，正是美国不满现有政治经济秩序变化的体现，也是其试图改变规则、强化霸权地位的一个表现。而就在中美争端激烈之际，美国还与加拿大和墨西哥达成新的北美自由贸易协定，与韩国达成美韩自由贸易协定，推动与欧盟实现无关税、无补贴、无非关税壁垒的“三无”自由贸易，开启美日双边自由贸易对话，这一系列举措事实上是要重塑以美国为主导的、发达国家之间的、屏蔽中国（以及其他发展中国家和竞争对手）的全球化经济霸权秩序。

第二，中美竞争不仅体现在贸易领域，美国已在多个领域对华展开全面遏制，成为美国不同党派、不同阶层的多数共识。美国遏制中国最关键的手段，是打压中国的高新技术产业，这是阻止中国解决当前问题、挖掘发展潜力和赢得未来主动性与话语权的精准打击策略。美国已在多个领域展开攻击。一方面，在经贸领域，美国已先后发动关税战、投资战和技术战，从不同维度堵截中国的技术研发和产业发展。关税战中，美国加征关税的商品价值超过2500亿美元，其中，通信设备、机器人等高科技产品是首批锁定目标。投资战中，美国外国投资委员会以“国家安全”为由，一再阻挠中企赴美投资，尤其是高端制造、互联网金融、新材料等高新技术领域的投资，进而带动其他国家兴起贸易保护主义风潮，对中资“走出去”战略形成严重挑战，而美国政策的变化，也客观上使得中国市场吸引外资的难度明显增加。技术战中，美国不仅运用“301”调查、出口管制等法律手段制裁中国企业，也通过拘捕威胁中企高管人员、收紧赴美学术交流和留学政策、动用外交手段进行讹诈、阻止他国采用中企产品等手段来实施对华技术封锁。① 另一方面，美国对中国的包围和压制还体现在地缘政治、外交、军事、文化等领域。从美国太平洋司令部更名为“美国印度洋－太平洋司令部”，到美国国防部和美国国务院先后发布印太战略报告，再到美国牵头组织美、日、澳、印（印度）四国领导人“四方安全对话”，美国加紧充实“印太战略”实质内容，试图进一步对中国形成压制。美国还在多个国际场合给中国贴上“债务外交”标签，指责中国采取所谓“掠夺性经济行为”，将中国的发展援助扭曲解释为制造“债务陷阱”。美国常驻联合国代表试图阻止中国外交官担任联合国秘书长地区特使，美军则禁止中国参加环太平洋军事演习，炒作所谓“南海军事化”议题，有意为两国军事交往制造障碍，美方甚至借口中国军方购买俄罗斯武器违反其对俄罗斯的武器出口制裁禁令，宣布对中国军方相关部门及人员实施制裁。美国还在涉港、涉台、涉疆、涉藏问题上屡次干涉中国内政。另外，近年来美国政府在军事领域的支出飙升，以军工订单定向支持高端装备、先进制造业、军工科技等的发展，加紧储备战略力量的态势愈加明显。

第三，中美竞争是充满了不确定性的持久战。一方面，在这一博弈中，中美两国各有优势，也各有短板。相比而言，巨大的市场使中国不仅拥有足够的挖潜空间，还使中国成为培育未来产业的重要基地。完整的产业链不仅是经济效率和安全性的保证，还意味着其他经济体对中国的依赖，例如美国在寻求替代或自己发展产业链时，就必将面临成本、技术和时间的多重挑战。相比美国，中国在高新科技研发、人才储备、人才培养上有较明显差距，但巨量的熟练技术工人和工程师是中国特有的优势。此

① 李巍，张玉环．国际经济秩序的危机与中国的选择——2018 年中国经济外交报告［J］．战略决策研究，2019（2）．

外，中国具有强大的社会动员能力。从全球范围内来看，世界经济深度勾连的总体趋势并未逆转，“你中有我、我中有你”的基本面也没有改变，这意味着短期内中美不可能完全“脱钩”。如今，不仅是中国，包括俄罗斯、伊朗、朝鲜、委内瑞拉、巴基斯坦、伊拉克、叙利亚，甚至是欧盟多国、日本、加拿大等美国盟友在内的一众国家，都事实上承受着美国的威胁。长期而言，“得道多助、失道寡助”的历史规律在中国一边，时间在中国一边。作为当今世界实力最强大的国家，美国携全球霸权联盟打压中国，不可否认具有明显优势，但中国自身也具有足够的空间、韧性和能力，未来中美还将迎来更为复杂多变的竞争。

第四，中美竞争不仅是中美之间的问题，也事关世界秩序变迁。中美关系是当今世界最重要的双边关系之一，中美问题的走势必将影响全球各国的利益，眼下进行的这场中美竞争，必将引发产业链在全球范围的重新布局。在这一过程中，欧盟、日本等国家和地区因与中国经济深度联系而受损，它们并不希望中止与中美的互联互通，更不希望被迫“选边站”，从而丧失市场和发展机遇。用更宏大的视野观察，事实上，全世界都在经历深刻变革，这种变革以2016年英国“脱欧”公投和特朗普当选为重要标志，以民粹主义的兴起为总体特征，以精英与民众、建制派与草根派的对立、分裂为美国国内政治表现，以技术发展为最大助推力量。当西方世界难民问题冲击、老牌资本主义国家整体衰落、宗教极端势力和恐怖主义威胁、多国国内经济积重难返、寡头政治危害国家利益、政治正确压抑社会活力、社会普遍焦虑等因素全部汇集到一起，右翼民粹主义浪潮便开始席卷全球。民粹主义主导的“变革”对内反对建制派精英，极端强调身份平等与个人主义，引导国内政治向“右”转向；对外则摒弃多元主义和文化包容，保护主义、民族主义、“零和博弈”思维大行其道，国家间纠纷势必随之更加频繁。由此可以理解，美国正在进行的不是战略收缩，而是在以另一种形式谋取全球霸权。美国希望摆脱全球霸权所附随的道德义务和政治、经济、军事责任，而只希望保留甚至扩大霸权所带来的现实利益，这种热切地将软实力和硬实力“套现”的行为，本质上也是自由主义霸权走向衰落的征兆，而新型霸权所引发的问题，需要全世界共同面对。

第五，中国近期策略是争取国际话语权与战略主动权，远期策略是统筹两个大局，集中力量办好自己的事。面对历史性的外部挑战，中央的应对思路逐渐清晰：一方面，妥善管控分歧，避免所谓的“新冷战”。对中国而言，中美竞争最坏的结局是走向经济脱钩、政治对立、军事冲突、文化敌视的全面对抗，比较好的结局是加深经济、人文、军事等的相互沟通，增进相互理解，消除战略互疑，达成相当程度的共识。中国发展和民族复兴需要稳定、可预期的国际环境，特别是建设性而非破坏性、积极而非消极的中美关系。中国一直强调，中美作为两个大国，都有重要影响，在促进世界和平和繁荣方面共同肩负着重要责任，合作是双方最好的选择。另一方面，积极争取国际话语权与战略主动权。因为我国发展仍处于并将长期处于重要战略机遇期，所以在妥善应对外部问题的同时，中国最重要的依然是保持战略定力，集中精力办好自己的事，这无疑是打好中美持久战的基础和根本。

三、全方位构建全球伙伴关系网络

近年来，中国大力推动“南南合作”，中拉、中阿（阿拉伯国家）、中非三大合作论坛相继办会，实现了中国同发展中国家集体对话机制全覆盖。中拉合作方面，中拉论坛部长级会议就支持和参与“一带一路”建设发表特别声明，制订了中拉优先领域合作共同计划。中国领导人访问拉美，引领新时代中拉关系实现历史性跨越，双方政治互信基础不断夯实，发展战略对接加快推进，中拉关系内涵更为丰富。中国已成为美国之后拉美的第二大贸易伙伴。中阿合作方面，中阿合作论坛部长级会议同意建立全面合作、共同发展、面向未来的中阿战略伙伴关系，并发表共建“一带一路”行动宣言，就经贸、能源等20个领域合作达成100多项共识。中非合作方面，中非合作论坛北京峰会助力中非合作迈向新高度，中非一致决定，携手构建责任共担、合作共赢、幸福共享、文化共兴、安全共筑、和谐共生的中非命运共同体，推进中非共建“一带一路”合作，将“一带一路”建设同非盟《2063年议程》、联合国《2030年可持续发展议程》、非洲各国发展战略紧密对接，重点实施“八大行动”，全面加强中非各领域务实合作。此次峰会重申坚持多边主义、抵制单边行径，通过了《关于构建更加紧密的中非命运共同体的北京宣言》和《中非合作论坛——北京行动计划（2019—2021年）》两个重要成果文件。值得注意的是，中国明确提出不干预非洲国家探索符合国情的发展道路、不干涉非洲内政、不把自己的意志强加于人、不在对非援助中附加任何政治条件、不在对非投资融资中谋取政治私利的“五不”原则，树立了中国对非合作的自律标杆，展示了国际发展合作的道德准则。

此外，近年来中国领导人对阿联酋、塞内加尔、卢旺达和南非进行国事访问，并出席在南非举办的金砖国家领导人第十次会晤，过境毛里求斯并进行友好访问。这一系列出访，旨在推动中国与受访地区各国的政治互信、经贸合作与人文交往，助力中阿、中非命运共同体的建设，共同推进“一带一路”建设与合作。在双边友好关系与战略合作领域，中方提出“一带一路”建设与合作国的发展战略相互契合，加强战略对接。2022年6月，习近平在北京以视频方式主持金砖国家领导人第十四次会晤并发表题为《构建高质量伙伴关系 开启金砖合作新征程》的重要讲话。与会领导人感谢中方主办此次领导人会晤以及为推进金砖合作所做努力，认为在当前充满不确定性的国际形势下，金砖国家应该加强团结，发扬金砖精神，巩固战略伙伴关系，共同应对各种挑战，把金砖合作提升至新水平，在国际事务中发挥更大作用。[①] 在世界形势复杂多变的环境下，这些外交行动对于改善中国自身发展的国际环境与国际战略地位，有着积极意义。

---

① 金砖国家领导人第十四次会晤举行 习近平主持会晤并发表重要讲话 强调构建更加全面、紧密、务实、包容的高质量伙伴关系 开启金砖合作新征程［EB］．中国经济网，2022－06－24.

第十三章　中国参与全球治理

随着改革开放，中国融入全球发展，全球影响力持续上升，并成为全球治理的重要角色。

近年来，中国积极参与并推动全球治理。2020 年新冠肺炎疫情在全球暴发后，习近平即提出，构建人类卫生健康共同体。[①] 这为国际社会战胜新冠肺炎疫情、健全完善全球卫生健康治理体系提供了新的理论指引，也是推进新时代中国特色大国外交、提升中国国际话语权的必然要求。2021 年 5 月，应二十国集团主席国意大利总理德拉吉和欧盟委员会主席冯德莱恩邀请，习近平以视频方式出席全球健康峰会并发表题为《携手共建人类卫生健康共同体》的重要讲话，提出推进全球抗疫合作的 5 点意见，即：坚持人民至上、生命至上；坚持科学施策，统筹系统应对；坚持同舟共济，倡导团结合作；坚持公平合理，弥合“免疫鸿沟”；坚持标本兼治，完善治理体系。[②]

与此同时，中国也积极推动数字领域的全球治理。2020 年 9 月，中方

---

① 构建人类卫生健康共同体 习近平提出中国方案——写在第 31 个世界人口日到来之际［EB］. 人民网，2020－07－10.

② 携手共建人类卫生健康共同体——在全球健康峰会上的讲话［EB］. 中国政府网，2021－05－21.

发起《全球数据安全倡议》，为全球数字治理规则制定贡献了中国方案。2021 年的世界互联网大会乌镇峰会，则进一步表明，中国愿同世界各国一道，共同担起为人类谋进步的历史责任，激发数字经济活力，增强数字政府效能，优化数字社会环境，构建数字合作格局，筑牢数字安全屏障，让数字文明造福各国人民，推动构建人类命运共同体。包括美国企业在内的各方均期待与中国合作，共享世界技术进步成果。未来，中国在参与全球治理过程中，将主要通过自愿平等、互利共赢来推动全球问题的解决。

一、《新时代的中国与世界》白皮书

近年来，随着中国综合国力日益增强、国际影响力不断提高，中国崛起受到全世界关注，西方的各种诋毁也随之产生。在“国强必霸”逻辑的诱导下，“中国威胁论”被频繁炒作，引发部分国家对中国崛起的强烈担忧。例如，特朗普就职美国总统时，就提出“美国优先”原则，这被视作“文明优越论”的再次泛起，成为“美国例外主义”的升级版本。美国的一些政客则声称中美之争是“两个文明和两个人种之间的战争”，将“文明冲突”描述为中美之间难以跨越的沟壑。为总结梳理新中国成立以来的历史性成就，回应国际社会关切，增进外界对中国道路的理解，2019 年 9 月，国务院新闻办公室以中、英、法、俄、德、西、阿、日 8 种语言发布了《新时代的中国与世界》白皮书。白皮书系统介绍了中国的发展成就、发展道路、发展走向，深入阐述了中国与世界的关系。其要点如下：

一是介绍中国的发展成就。白皮书指出，在经济发展方面，中国用几十年时间走完了发达国家几百年走过的发展历程，经济总量跃居世界第二，近 14 亿人民摆脱了物质短缺。在道路选择方面，中国发展的最大启示，就是一个国家选择什么样的道路，既要借鉴别国经验，更要立足本国实际，依据自己的历史传承、文化传统、经济社会发展水平，由这个国家的人民来决定。

二是阐述中国与世界的关系。白皮书指出，中国积极承担国际责任，在开展对外援助60多年来，共向166个国家和国际组织提供近4000亿元人民币援助，派遣了60多万名援助人员。中国经济发展不是“威胁”和“挑战”，使中国与世界经济“脱钩”，既不可行，而且有害。中国是世界经济稳定器，全方位对外开放为各国发展创造更多机会，中国为国际社会提供更多公共产品。中国不“输入”外国模式，也不“输出”中国模式，不会要求别国“复制”中国的做法，尊重其他国家选择不同发展道路。

三是释明中国的发展走向。白皮书表明，中国走和平发展道路，是坚定不移的战略选择和郑重承诺。中国提出构建人类命运共同体，以天下大同为目标，不搞强权独霸，能帮助更多新兴市场国家和发展中国家更好融入全球产业链、供应链、价值链，共享经济全球化红利。大国要以人类前途命运为要，对世界和平与发展担负更大责任，而不是依仗实力对地区和国际事务谋求垄断。

四是论述国际秩序和中国外交政策。白皮书提到，中美关系是世界上最重要的双边关系之一，合作是双方唯一正确选择；中俄关系始终是中国对外交往的优先方向，在历史考验中树立了新型国际关系典范；中欧关系应致力于和平、增长、改革、文明四大伙伴关系建设；中国视周边为安身立命之所、发展繁荣之基，始终将周边置于对外交往的首要位置，以促进周边和平、稳定、发展为己任；南南合作中，中国将加强中非、中拉、中阿关系建设，秉持真实亲诚理念和正确义利观，促进发展中国家共同进步。白皮书强调，坚持多边主义是国际社会的普遍诉求，世界多极化和国际关系民主化是大势所趋。中国主张，国际秩序和全球治理体系应由各国协商，而不是由少数人决定，对于经济全球化出现的矛盾，“退群”“脱钩”“筑墙”是不可取的，要在改革中解决问题。

白皮书对中国与世界的关系进行了更为深入、全面的阐述，有助于国际社会理解今日“世界之中国”，有助于世界理解“中国文明观”。白皮书以“中国文明观”否定了“文明冲突论”，为世界转换新视角、摈弃旧理念，进一步了解中国、理解中国提供了参考。

二、“一带一路”实现由量到质转变

由中国倡导和推动的“一带一路”为世界上百个国家和地区的经济全球化、区域一体化提供最大公共产品，已经成为世界上规模最大的合作平台。共建“一带一路”正成为我国参与全球开放合作、改善全球经济治理体系、促进全球共同发展繁荣、推动构建人类命运共同体的中国方案。“一带一路”精神也被写进联合国、中非合作论坛、上合组织、亚欧会议等重要国际机制成果文件，日益成为国际合作共识。

从数量来看，据国家国际发展合作署统计，截至 2022 年 1 月，中国已同 147 个国家和 32 个国际组织签署了 200 余份共建“一带一路”合作文件，建立了 90 多个双边合作机制。从周边外交成效来看，“一带一路”倡议的首要合作伙伴是周边国家，首要受益对象也是周边国家，共建“一带一路”为周边外交的突破提供了有力支撑。从国际贸易来看，据商务部统计，截至 2022 年 2 月，我国已与 26 个国家和地区签署 19 个自贸协定；尽管新冠肺炎疫情对全球贸易影响很大，但 2021 年，我国与协定已生效的自贸伙伴进出口总额达 10.8 万亿元，同比增长 23.6%，较同期我国外贸总体增速和与非自贸伙伴进出口增速分别高出 2.2 和 2.4 个百分点。①从民生项目建设来看，一大批项目陆续签约或开工，一批综合效益好、带

① 去年我国与自贸伙伴进出口总额 10.8 万亿元 同比增 23.6% ［EB］. 新华网，2022－02－18.

动作用大的项目完成建设，以实效回应了外部疑虑和误解。截至 2021 年 10 月底，亚投行经多次扩容，从最初 57 个创始成员已经扩容至 104 个成员，成员来自亚洲、欧洲、非洲、北美洲、南美洲、大洋洲六大洲，涵盖约 79% 的全球人口和 65% 的全球生产总值；已批准了 147 个项目，累计投资总额超过 289.7 亿美元，涉及 31 个域内、域外成员，覆盖了交通、能源、电信、城市发展等多个领域。

在此基础上，中国推动共建“一带一路”向高质量发展转变，以基础设施等重大项目建设和产能合作为重点，解决好重大项目、金融支撑、投资环境、风险管控、安全保障等关键问题，推动教育、科技、文化、体育、旅游、卫生、考古等领域交流蓬勃开展，进一步规范企业投资经营行为，高度重视境外风险防范。总的来看，作为“两个构建”的重要载体、周边外交的重要手段、中国所提供的重要国际公共产品和国际合作平台，“一带一路”已经全方位、多角度地贯穿于中国内政外交当中，成为反映中国外交动向的重要窗口。

在第二届“一带一路”国际合作高峰论坛上，中国宣布采取一系列重大改革开放举措，促进更高水平对外开放。一是更广领域扩大外资市场准入。中国将继续大幅缩减负面清单并在更多领域允许外资控股或独资经营，将新布局一批自由贸易试验区，将加快制定配套法规，将以公平竞争、开放合作推动国内供给侧结构性改革，提高供给体系质量和效率。二是更大力度加强知识产权保护国际合作。中国将着力营造尊重知识价值的营商环境，全面完善知识产权保护法律体系，大力强化执法，加强对外国知识产权人合法权益的保护，杜绝强制技术转让，完善商业秘密保护，依法严厉打击知识产权侵权行为，并与世界各国加强知识产权保护合作。三是更大规模增加商品和服务进口。中国将进一步降低关税水平，消除各种非关税壁垒，也愿意进口更多国外有竞争力的优质农产品、制成品和服务，促进贸易平衡发展。四是更加有效实施国际宏观经济政策协调。中国将保持人民币汇率在合理均衡水平上的基本稳定，并积极支持和参与世贸组织改革，共同构建更高水平的国际经贸规则。五是更加重视对外开放政策贯彻落实。中国将加强法治政府、诚信政府建设，建立有约束的国际协议履约执行机制，按照扩大开放的需要修改完善法律法规，完善市场化、法治化、便利化的营商环境。

三、中国提出世贸组织改革建议

2019 年 5 月，中国向世贸组织正式提交《中国关于世贸组织改革的建议文件》（以下简称《文件》）。《文件》充分肯定了世贸组织推动全球经济发展的重要作用，深刻分析了当前世贸组织面临的生存危机，进一步提出了中国推进世贸组织改革的原则、主张和建议，向世界表明中国积极维护多边贸易体制的决心，为世贸组织的进一步改革贡献了中国智慧。

（一）世贸组织的生存危机

《文件》指出，作为全球经济治理体系的重要支柱，世贸组织自成立以来，在推动全球贸易发展、保障充分就业、促进经济增长和提高生活水平等方面做出了重要贡献，但是也面临着前所未有的生存危机。当前世界经济格局深刻调整，单边主义、保护主义抬头，经济全球化遭遇波折，多边贸易体制的权威性和有效性受到严重挑战。同时，世贸组织自身谈判进展缓慢，机构运行效率亟待提高，贸易政策透明度也有待加强。在此背景下，中国支持对世贸组织进行必要改革，帮助世贸组织解决当前危机、回应时代发展需要，维护多边贸易体制，推动建设开放型世界经济。

（二）世贸组织改革的重点领域

在《文件》中，中国就世贸组织改革提出四大重点行动领域建议：一是解决危及世贸组织生存的关键和紧迫性问题；二是增加世贸组织在全球经济治理中的相关性；三是提高世贸组织的运行效率；四是增强多边贸易体制的包容性。针对上述领域的具体问题，中国提出了 12 条细化建议，其中有 3 条建议值得重点关注。

一是打破上诉机构成员遴选僵局。争端解决机制是世贸组织的核心支柱，在为多边贸易体制提供可靠性和可预测性方面发挥了关键作用。当前上诉机构成员遴选持续受阻，严重威胁争端解决机制正常运行，给整个世贸组织带来迫在眉睫的体制性风险。为维护以规则为基础的多边贸易体制，保障争端解决机制的有效运行，需要尽早启动上诉机构遴选程序并填补空缺。

二是加严对滥用国家安全例外的措施的纪律。当前，个别成员为保护国内产业，以国家安全为借口对钢铁、铝加征关税，并威胁对汽车及零部件加征关税；在实施出口管制时，不恰当地扩大相关措施范围。有必要加强对以国家安全为由加征进口关税等做法的通报纪律，并对措施开展多边审议；同时，为利益受影响成员提供更多快速且有力受救济的权利，以保障其在世贸组织项下权利和义务的平衡。

三是加严对不符合世贸组织规则的单边措施的纪律。个别成员采取单边主义措施，任意提高进口关税，擅自增加贸易壁垒，在没有联合国授权或其他国际条约支持情况下对他国实施经济制裁，连带对第三国国民或公司在海外的商业活动实施“次级制裁”，严重违反国际承诺和世贸组织规则。然而，现有世贸组织规则对个别成员实施的明显违反世贸组织规则并造成严重影响的单边主义措施，并没有提供及时、有效的监督和救济方式。建议考虑从以下方面对单边主义做法加以约束：加强多边监督机制，增加紧急情况下受影响方快速获得临时有力救济的权利，加快争端案件诉讼程序。

（三）世贸组织改革的中国立场

《文件》中所囊括的12点建议，充分体现了中国在此前提出的世贸组织改革的三大原则：一是要维护和加强多边贸易体制核心价值即非歧视和开放性；二是要保障发展中成员的发展利益，解决发展中成员在融入经济全球化方面的困难；三是要遵循协商一致的决策机制，保证广大成员特别是发展中成员共同参与改革进程。世贸组织所代表的多边贸易体制，对中国下一步发展、“两个一百年”奋斗目标的实现以及整个外交格局至关重要。为此，中国必须在世贸组织改革的谈判上发挥积极作用，力推世贸组织做出必要改革，全力维系其在全球经贸治理中的核心作用。

四、首部白皮书凸显经略北极新思路

2018年1月，国务院新闻办公室发表白皮书《中国的北极政策》。作为中国官方公开发布的首份北极政策文件，白皮书不仅为国内相关部门及机构进一步开展北极活动提供了政策指引，也向世界各国特别是北极国家表明了中方立场和政策主张，有望为北极治理乃至全球治理贡献中国方案。

（一）运筹北极

运筹北极是中国参与全球治理、拓展海外利益的重要一步。“北极”通常指北极圈以北的广阔区域。19世纪20年代《斯匹次卑尔根群岛条约》（即《斯瓦尔巴条约》）签署生效以后，特别是冷战结束以来，北极区域国际秩序总体稳定，加之地理及气候上的特殊原因，该区域的治理问题尚未凸显。近年来，国际政经形势发生深刻变化，全球气候条件逐渐变暖，伴随北极冰川逐渐融化的事实以及将在未来10年或20年内彻底消融的预言，北极丰富的资源和便利的航道越来越具实际利用价值，对其规模化开发利用有望重塑全球航运、国际贸易和世界能源供应格局，因而其战略地位进一步凸显。不断“发热”的北冰洋，正成为影响世界格局走向的又一角力场。而对于北极地区的共享共治，也愈发成为全球治理的重要组成部分。作为地缘意义上的“近北极国家”，中国是《斯匹次卑尔根群岛条约》的缔约方之一，在北极特定区域内与其他缔约国平等享有开展科研以及从事生产和商业活动的权利。中国参与北极事务由来已久，目前已由单纯的科学研究拓展至北极事务的诸多方面，涉及全球治理、区域合作、多边和双边机制等多个层面，涵盖科学研究、生态环境、气候变化、经济开发和人文交流等多个领域。特别是北极航道及区域内各类资源的开发利用，直接关系到中国的切身利益。中国积极参与北极治理，既是国内社会经济发展的必然要求，也是参与全球治理，维护自身海外利益和北极稳定秩序的必然选择。

（二）政策主旨

中国在北极治理中既不越位也不缺位。《中国的北极政策》白皮书由北极的形势与变化、中国与北极的关系、中国的北极政策目标和基本原则、中国参与北极事务的主要政策主张4个部分组成，其重点包括3个方面。

其一，明确定位中国与北极关系，正式提出“中国是北极事务的重要利益攸关方”。这种关系体现在：地缘层面，中国是“近北极国家”，是陆上最接近北极圈的国家之一；现实层面，北极关系到中国的经济利益，中国与北极的跨区域和全球性问题息息相关；历史层面，中国参与北极事务由来已久。1925 年，中国加入《斯匹次卑尔根群岛条约》，正式开启参与北极事务的进程。此后，中国关于北极的探索不断深入，实践不断增加，活动不断扩展，合作不断深化。1996 年，中国成为国际北极科学委员会成员，中国的北极科研活动日趋活跃。从 1999 年起，中国以“雪龙号”科考船为平台，成功进行了多次北极科学考察。2004 年，中国在斯匹次卑尔根群岛的新奥尔松地区建成“中国北极黄河站”。截至 2017 年底，中国在北极地区已成功开展了 8 次北冰洋科学考察和 14 个年度的黄河站站基科学考察。借助船站平台，中国在北极地区逐步建立起海洋、冰雪、大气、生物、地质等多学科观测体系。2005 年，中国成功承办了涉北极事务高级别会议的北极科学高峰周活动，开亚洲国家承办之先河。2013 年，中国成为北极理事会正式观察员。中国对北极国际规则的制定和北极治理机制的构建发挥了积极作用。

其二，设定北极政策目标，强调奉行“尊重、合作、共赢、可持续”的基本原则。中国的北极政策目标是：认识北极、保护北极、利用北极和参与治理北极，维护各国和国际社会在北极的共同利益，推动北极的可持续发展。针对国际社会对中国参与北极事务是“另有所图或者掠夺资源、破坏环境”的质疑，时任外交部副部长孔铉佑在白皮书发表当天的新闻发布会上做出回应，强调“中国在北极事务中所发挥的作用一是不越位，二是不缺位”。

其三，聚焦核心利益，在兼顾科研、环保、资源利用、治理合作、安全维护等多重诉求的基础上提出政策主张。对于如何依法合理利用北极资源，白皮书重点围绕北极航道、油气和矿产等非生物资源、渔业等生物资源、旅游资源阐述具体主张，尤其提出中国鼓励企业参与北极航道基础设施建设，将依法开展商业试航，稳步推进北极航道的商业化利用和常态化运行，并支持企业通过各种合作形式，在保护北极生态环境的前提下参与北极油气和矿产资源开发。对于如何参与北极治理和国际合作，白皮书提出，中国将在北极国际规则的制定、解释、适用和发展中发挥建设性作用，并在共建“一带一路”倡议框架下加强北极领域的国际合作。

（三）中国方案

白皮书提出，中国愿与各方共建“冰上丝绸之路”，积极推动“一带一路”倡议涉北极合作，积极推动人类命运共同体的构建。而在此前，中国已明确提出要与拉美和加勒比国家建设“太平洋海上丝绸之路”。对此外媒评论称，北极和拉美被陆续纳入“一带一路”倡议，标志着中国提出的“一带一路”倡议成为真正的全球方案。“冰上丝绸之路”的构想延续了“一带一路”共商共享、互利共赢的基本理念，进一步将构建人类命运共同体的思路延伸到了更为具体的北极事务之中。

人类只有一个世界，各国共处一个地球，无论是应对北极环境问题，还是实现北极的可持续发展，都需要世界各国逐步摒弃“小团体”思维，接纳作为人类命运共同体一分子的共同利益观，从而避免将北极变为利益争夺的“角斗场”甚至“火药桶”，最终实现北极区域的和平稳定和共同繁荣。

中国道路丛书

学　术

《解放生命》
《谁是农民》
《香港社会的民主与管治》
《香港社会的政制改革》
《香港人的政治心态》
《币缘论》
《如何认识当代中国》
《俄罗斯之路 30 年》
《大国新路》
《论企业形象》
《能源资本论》
《中国崛起的世界意义》
《美元病——悬崖边缘的美元本位制》
《财政预算治理》
《预见未来——2049 中国综合国力研究》

译　丛

《西方如何“营销”民主》
《走向繁荣的新长征》
《国家发展进程中的国企角色》
《美国社会经济五个基本问题》
《资本与共谋》
《国家发展动力》

智库报告

《新时代：中国道路的延伸与使命》
《新开局：中国制度的变革与巩固》
《新常态：全面深化改革的战略布局》
《新模式：走向共享共治的多元治理》
《新征程：迈向现代化的国家治理》
《新动能：再造国家治理能力》
《全面依法治国新战略》
《大变局——从“中国之制”到“中国之治”》

企业史

《与改革开放同行》
《黎明与宝钢之路》
《海信史（2003—2019）》

企业经营

《寻路征途》
《中信创造力》

专　访

《中国道路与中国学派》
《21 世纪的中国与非洲》

人　物

《重读毛泽东，从 1893 到 1949》

政　治

《创新中国集体领导体制》

战　略

《国家创新战略与企业家精神》

金　融

《新时代下的中国金融使命》
《中国系统性金融风险预警与防范》
《新时代中国资本市场：创新发展、治理与开放》
《本原与初心——中国资本市场之问》

管　理

《中国与西方的管理学比较》